Chronique du procès Jésus

Weddig Fricke

Chronique du procès Jésus

Traduit de l'allemand par Véra et Marion Guth

Liana Levi

Sont cités en italique les extraits de l'Ancien et du Nouveau Testament (*Tob*, traduction œcuménique de la Bible, Paris, 1972), ainsi que les citations d'auteurs contemporains ou légèrement postérieurs à Jésus, tels Flavius Josèphe et Tacite.

Titre original : Standrechtlich gekreuzigt
Publié par : Mai Verlag, 6072 Dreieich bei Frankfurt

Maquette de couverture : Yves Le Houerf
Illustration de couverture : Mignard – *Ecce Homo.* Détail
Musée des Beaux-Arts-Rouen. © Lauros-Giraudon

ABRÉVIATIONS POUR LES LIVRES BIBLIQUES

Ancien Testament

Am	Amos
2 Ch	Deuxième livre des Chroniques
Dn	Daniel
Dt	Deutéronome
Es	Esaïe
Est	Esther
Ex	Exode
Éz	Ézéchiel
Gn	Genèse
Ha	Habaquq
Jg	Juges
Jos	Josué
Jr	Jérémie
Lv	Lévitique
Mi	Michée
Ml	Malachie
Nb	Nombres
Os	Osée
Ps	Psaumes
1 R	Premier livre des Rois
2 S	Deuxième livre de Samuel
Za	Zacharie

Nouveau Testament

Ac	Actes des Apôtres
1 Co	Première épître aux Corinthiens
Ép	Épître aux Éphésiens
Ga	Épître aux Galates
He	Épître aux Hébreux
Jn	Évangile selon Jean
Lc	Évangile selon Luc
Mc	Évangile selon Marc
Mt	Évangile selon Matthieu
Rm	Épître aux Romains
1 Th	Première épître aux Thessaloniciens
1 Tm	Première épître à Timothée

Préface

L'idée originelle du présent ouvrage m'est venue à l'occasion d'une affaire judiciaire que j'ai eu à traiter en ma qualité d'avocat. Dans les années 1970-1974, je fus commis d'office à la défense dans un procès pour crimes de guerre nazis, procès qui se déroulait en cour d'assises à Fribourg. Il était reproché à l'accusé d'avoir fait fusiller huit Juifs, alors qu'il était policier dans le ghetto juif de Tschenstochau, en 1942, sans aucune raison ou pour des motifs insignifiants. L'homme qui se trouvait sur le banc des accusés était un brave maître serrurier, honorable père de famille et grand-père attendrissant. C'est au temps de sa jeunesse – trente-deux ans s'étaient écoulés depuis lors – qu'il s'était rendu coupable des faits. Les déclarations des témoins permirent d'établir sa pleine et entière responsabilité. Il fut condamné à la réclusion perpétuelle pour meurtre.

Je fus bouleversé, lors d'un tel procès, par le scénario d'horreur qui, à travers les souvenirs évoqués par les témoins, prenait forme dans la salle d'audience. Mais j'ai pris aussi conscience que cet accusé à l'apparence absolument anodine n'avait pu commettre ses actes que dans un contexte mental perverti, qui échappait à sa responsabilité tout autant qu'à celle des personnes qui doivent, à présent, débattre de ces mêmes actes.

Alors que le meurtrier, dans l'acception courante du terme, agit à l'encontre de l'ordre public et des représentations sociales fondées sur lui, et se met au ban des institutions et de la société, un policier qui, en 1942, exécute des Juifs dans le ghetto pour quelque infraction mineure aux ordonnances de l'époque, est, lui, en droit de se croire en accord avec les institutions et la société. C'est précisément cette contradiction qui marque la différence entre un État au sein duquel les crimes font seulement partie des choses possibles et un État au sein duquel le crime est érigé en vertu.

C'est ainsi que, dans le cadre de mon travail en tant qu'avocat de la défense, j'eus affaire à l'antisémitisme historique (le terme d'« antijudaïsme » serait cependant plus exact que celui d'antisémitisme.) Il s'agit d'un phénomène qui a certes atteint des sommets atroces sous Hitler, mais dont l'origine est bien plus ancienne et les manifestations nullement limitées à l'Allemagne. La marque de l'antisémitisme est présente dans tous les pays de culture chrétienne tout au long des siècles. En remontant à la source, on se trouve pour finir en face – il faut, hélas, le dire! – des auteurs du Nouveau Testament. C'est à partir de la thèse, posée par les évangélistes, de la responsabilité des Juifs dans la mort de Jésus, et à partir du texte de Matthieu selon lequel les Juifs auraient appelé la malédiction sur eux-mêmes, qu'on a puisé au cours des siècles les arguments pour justifier la persécution, l'exclusion et l'assassinat des Juifs. Chaque fois que des chrétiens ont donné libre cours à leur haine des Juifs, ils ont, pour ce faire, invoqué l'Évangile selon Matthieu et selon Jean.

Pourtant, si l'on prend la peine de lire les Évangiles sans aucun parti pris théologique, de nombreuses inexactitudes historiques ne tardent pas à se présenter; et surtout on perçoit aisément le motif qui incitait les auteurs du Nouveau Testament à désigner pour responsables de la mort de Jésus, non pas les Romains, mais les Juifs.

C'est ce premier constat qui m'a conduit à approfondir l'étude des sources, pour finalement céder à la fascination qu'exerce la personnalité de Jésus de Nazareth, lors même qu'elle est abordée dans une démarche historique.

Peu nombreux sont, jusqu'à présent, les avocats qui ont étudié la personnalité historique de Jésus de Nazareth et les circonstances de sa mort violente. Il y a là de quoi surprendre, dans la mesure où l'homme de loi devrait être le premier à se sentir concerné par les faits. En effet, si l'on en croit la tradition, l'affaire Jésus est un cas de condamnation à mort d'un innocent et, peut-on ajouter, l'exemple le plus lourd de conséquences que l'on ait jamais rapporté.

Il est impossible de prendre position sur le déroulement de ce procès, sans considérer les éléments biographiques concernant l'accusé, accessibles au moins dans leurs grandes lignes dans le cadre d'un examen critique du contexte historico-géographique. C'est pourquoi, prenant appui sur le déroulement d'un procès contemporain en cour d'assises, j'ai fait précéder l'étude des faits incriminés d'une « enquête de personnalité ».

Bien sûr, il ne saurait être question ici de retracer la vie de Jésus sous forme d'un curriculum vitæ, ni de reconstruire en imagination le procès de Jérusalem, comme s'il s'agissait d'en obtenir la révision théorique. Aucune des trois théories en présence – les seules pertinentes d'un point de vue historique – sur les motifs sous-jacents à la crucifixion de Jésus n'est démontrable en dernière analyse : ni celle qui voudrait que les Juifs disposant de quelque autorité aient souhaité se débarrasser du prophète indésirable venu de Galilée en le livrant aux Romains; ni celle soutenant que Jésus était en réalité un partisan de la résistance zélote, dressé, comme tel, contre le régime d'occupation des Romains, et pour cette raison arrêté, puis exécuté; ni celle enfin, qui présente Jésus comme un agitateur et, à ce titre, condamné et exécuté au terme d'une procédure expéditive conduite par un tribunal militaire.

Les Évangiles ne nous renseignent guère sur la vie de Jésus, ni sur les circonstances qui ont amené sa condamnation et son exécution. En revanche, ils présentent une abondance de détails pour lesquels le récit biblique est inconciliable avec les critères objectifs dont nous disposons, et appelle donc des mises au point. Le fait qu'en dehors des Évangiles, il ne soit nulle part fait état d'un procès à Jérusalem vers l'an 30 de notre ère, ayant au centre une personnalité de tout premier plan, donne à penser que, pour les contemporains, l'événement du Golgotha n'a pu être un fait important.

Ni Paul, ni les Évangiles, ni les autres sources du Nouveau Testament ne s'intéressent particulièrement à une biographie de Jésus. L'extraordinaire minceur des informations a même soulevé la question, maintes fois réitérée, de la réalité de l'existence historique de Jésus et ce n'est que grâce aux découvertes apportées par la recherche historico-critique que l'on a pu dépasser une fois pour toutes ce scepticisme.

Les récits des évangélistes avaient pour but de proclamer le message chrétien dans l'Empire romain, aussi la question de savoir qui était responsable de la mort de Jésus a-t-elle été, dès l'origine, traitée de façon tendancieuse. Le Romain Ponce Pilate, que les sources historiques montrent comme particulièrement cruel et hostile aux Juifs, est décrit comme un juge plutôt clément, qui aurait tout mis en œuvre pour obtenir la mise en liberté de l'accusé Jésus que l'on présentait à son tribunal.

Les données portées à la connaissance du lecteur dans le cadre du débat lui paraîtront peut-être se prêter à différentes interprétations, surtout prises isolément. Il n'existe assurément aucune pensée en la matière, dont les reflets ne soient apparus sur la large palette de la controverse théologique. Pourtant, il n'existe, à ma connaissance, aucune présentation de ces théories prises dans leur ensemble. L'approche méthodologique, elle aussi, se distingue de celle que l'on trouvera dans d'autres publications.

Bien que toute prise de position sur la personne historique de Jésus porte l'empreinte, au moins partielle, de la philosophie et des orientations religieuses de l'auteur, je me suis efforcé de ne pas aborder les questions relatives à ma croyance personnelle. Le lecteur chrétien ne se sentira pas, je le pense, menacé dans son adhésion au message fondamental du christianisme. Ce à quoi nous nous opposons, c'est à une foi qui, niant les résultats de la recherche historique, ne pourrait être que naïve. L'histoire nous enseigne qu'une foi naïve peut, trop aisément, dégénérer en fanatisme et en persécution d'autrui. Pour rendre justice au présent ouvrage, il convient de s'attacher, non à ses aspects théologiques, mais à ses aspects historico-juridiques.

J'aimerais adresser mes remerciements à tous ceux qui m'ont encouragé à concevoir ce livre, tous ceux dont l'aide et les conseils m'ont soutenu tout au long de sa rédaction, me stimulant quand, par suite des obligations de mon activité professionnelle, le manuscrit faisait de trop longs séjours au fond d'un tiroir.

Ma gratitude va tout particulièrement à mon ami Georg Thamm. C'est lui qui, lors de conversations qui se prolongeaient jusqu'à une heure avancée, m'a prodigué ses conseils d'érudit, a bien voulu relire le manuscrit et vérifier les citations; et c'est grâce à ses nombreuses indications que j'ai pu persévérer dans mes recherches. Un cordial merci, également, à Elke Lenski, qui, au sortir de sa formation de secrétaire juridique, a dactylographié le manuscrit, en prenant souvent sur le temps réservé à ses loisirs, et qui savait garder sa bonne humeur même quand la nécessité des retouches stylistiques l'obligeait à récrire plusieurs fois la même page. Je remercie tous ceux qui, pour l'amour de la vérité historique, contribuent à la diffusion de ce livre.

Weddig Fricke

Fribourg, le 9 novembre 1986

LA PALESTINE DU TEMPS DE JÉSUS

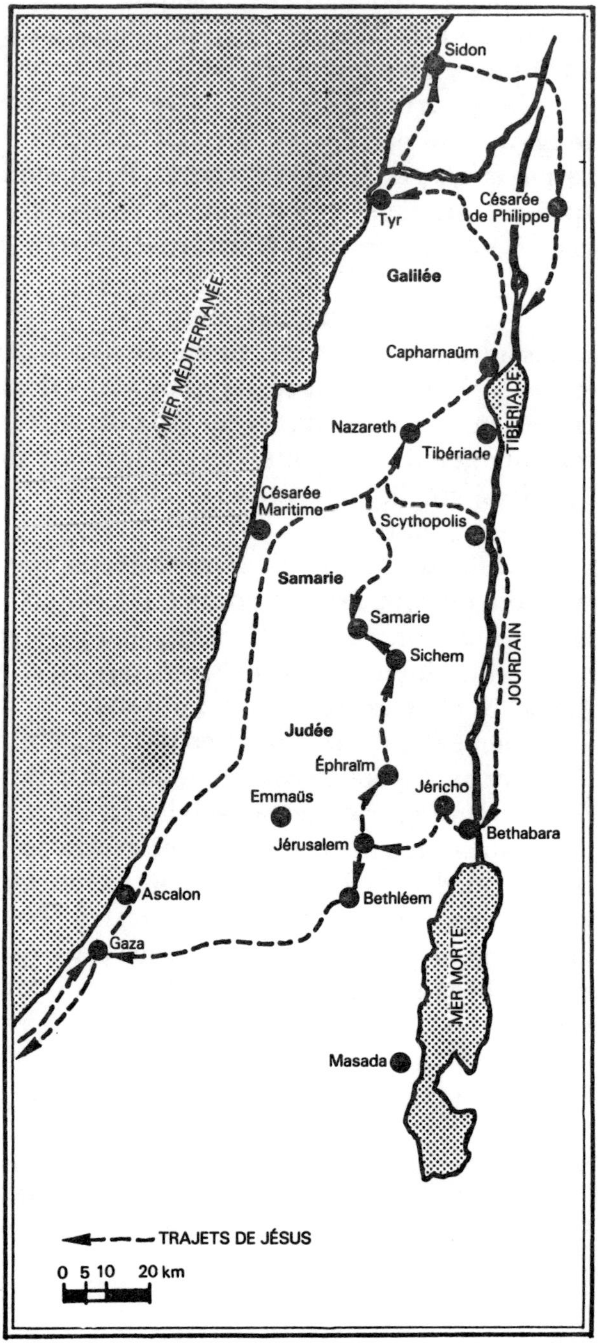

Première partie

Enquête de personnalité

L'historicité de Jésus

Les sources et leur valeur historique

La biographie de Jésus reste enveloppée de mystère. Sur Alexandre, César ou Auguste, le chercheur dispose d'une masse de détails importante. Pour Jésus, il doit se contenter de suppositions, car la plus grande incertitude demeure quant à la date, la langue, la façon dont aurait été rédigé le Nouveau Testament, source essentielle d'information. Jésus lui-même n'a pas laissé à la postérité de documents écrits et il n'est cité nulle part dans les récits de l'époque [1]. Le Nouveau Testament constitue l'unique source d'information. Mais aucun des chroniqueurs de Jésus ne l'a jamais rencontré. Pas même Paul, qui fut son contemporain. Le franciscain Dautzenberg exprime ce qui, à des degrés divers, fait désormais partie de la pensée généralement admise chez les théologiens de notre temps : « Pas un seul des Évangiles n'a été écrit par un témoin oculaire. » Quant aux auteurs des Évangiles d'une génération postérieure, les historiens n'en parlent pas...

Les Épîtres de Paul constituent les plus anciens témoignages que l'on possède. On pense généralement que la première de ces missives fut envoyée en l'an 50 de Corinthe à Salonique (communauté des Thessaloniciens). Mais Paul ne s'intéresse pas d'abord à l'homme Jésus. C'est pour cela qu'il en fait si peu cas dans son récit.

Bien que la majorité des historiens s'accordent aujourd'hui sur la chronologie des Évangiles, on ignore toujours la date précise de leur parution. Selon les thèses actuelles, Marc (abstraction faite de la seconde moitié du chapitre final qui ne fut rédigée que cent ans plus tard) aurait écrit vers l'an 70; Matthieu (excepté le chapitre final qui ne fut ajouté que cent cinquante ans plus tard) dans les années 80, suivi de près par Luc, aux alentours de l'an 90 et de Jean, dix à trente ans après, c'est-à-dire vers la fin du siècle. Les Actes des apôtres (dont la paternité fut finalement attribuée à Luc) furent écrits vers 95. L'Évangile selon Marc (13.2) comme l'Évangile selon Luc (19.43) font état de la conquête de Jérusalem et de la destruction du Temple, de l'an 70.

Les disciples, comme la majorité de ceux qui auraient pu entourer Jésus pendant sa brève existence, possédaient tout au plus quelques rudiments de lecture et d'écriture et, comme Pierre, étaient sans doute pour la plupart des pêcheurs galiléens. Même si l'on fait abstraction du fait qu'ils ne nous ont laissé aucun témoignage écrit, il est difficile d'imaginer que l'un des disciples ait pu être à même d'élaborer une réflexion théologique telle qu'elle s'exprime dans le Nouveau Testament. Dans les Actes des apôtres (4.13), Pierre et Jean sont nommément décrits comme des *hommes sans instruction et* des *gens quelconques,* ce qui conforte la thèse selon laquelle l'Épître de Pierre n'aurait pas été écrite par l'apôtre Pierre, pas plus que l'Évangile selon Jean n'aurait été rédigé par l'apôtre Jean. Les auteurs des Évangiles et des autres récits du Nouveau Testament ont peut-être écrit en grec [2]. Il n'existe aucune preuve philologique ni aucun raisonnement pertinent susceptible de nous faire admettre que les seuls documents dont on dispose furent, à l'origine, rédigés en hébreu ou en araméen, pas plus qu'ils ne permettent de penser qu'il s'agissait de traductions de textes grecs. En Palestine, au temps de Jésus, le grec était la langue parlée par les classes aisées.

Nul ne sait si Jésus possédait le grec. Comme son entourage, il parlait l'araméen, une langue proche de l'hébreu. On peut penser qu'il s'agissait d'un araméen à l'accent un peu rugueux, typique de la Galilée. Nous ne disposons pas d'indications écrites sur ce que Jésus a pu dire en privé, sur ce qu'il a transmis de sa vie, sur les rapports avec sa famille. La plupart des auteurs du Nouveau Testament ne donnent jamais la parole à Jésus, ce qui est particulièrement frappant dans les Épîtres de Paul. Seuls, les Évangiles font parler Jésus. Ses dires furent traduits en grec, langue universelle de l'époque... Le besoin d'une retraduction à l'usage de tous ceux, parmi les partisans du jeune mouvement, qui ne parlaient pas l'araméen se fit sentir.

Plus tard furent rédigés les Évangiles tels que nous les connaissons aujourd'hui, destinés à l'origine à un public d'un univers linguistique grec.

Les originaux des Évangiles, ainsi que ceux des autres écrits du Nouveau Testament, ont disparu. Il ne subsiste même pas de copie de première main. Les documents actuels sont des copies de copies de copies. Personne ne saurait garantir que ces copies ne contiennent pas d'additions puisées dans les enseignements ultérieurs de l'Église. Les plus anciennes copies disponibles des Évangiles synoptiques * datent du IIIe et du IVe siècle. Le Nouveau Testament, tel qu'il nous est présenté aujourd'hui, est conforme à celui répandu vers l'an 380 dans la chrétienté orientale.

Au début, les Évangiles furent transmis de façon anonyme; ce n'est que plus tard, au cours du IIe siècle, que les Pères de l'Église leur attribuèrent leurs appellations spécifiques selon des principes qui nous échappent encore. On est toutefois en droit de penser que l'Évangile selon Jean doit son nom au fait que le disciple Jean y est nommément désigné comme *le disciple cher à Jésus.* Les Évangiles et les Épîtres des missionnaires chrétiens firent l'objet de nombreuses copies, dans un but de propagation. Ce

* On appelle synoptiques les Évangiles de Marc, Matthieu et Luc car ils présentent des éléments communs dans leur rédaction *(NDE).*

processus a forcément engendré des déviations. Une autre cause d'erreurs réside dans le fait que les pieux chroniqueurs tenaient leur matière première de sources orales. Au cours des trois siècles qui séparent la mort de Jésus de la reconnaissance du christianisme en tant qu'Église officielle, une confusion totale règne dans l'interprétation de l'enseignement reçu. Un manuscrit découvert à Istanbul en 1966 fournit de précieux renseignements sur les premiers siècles de l'ère chrétienne et nous apprend qu'il existait près de quatre-vingts versions des Évangiles. Il nous en est parvenu un certain nombre, mais elles sont considérées comme apocryphes et n'ont pas été incluses dans le Nouveau Testament.

Les premières communautés pauliniennes s'interrogeaient déjà sur ce qu'il fallait retenir ou non de l'immense variété de rédactions et de textes. À intervalles plus ou moins réguliers, le besoin d'un « choix » ou d'une « épuration » se faisait sentir. Ces choix ou épurations obéissaient à des règles variables. Vers l'an 140, l'évêque Papias mentionne un rassemblement des Pères de l'Église au cours duquel tous les textes existants furent déposés au pied d'un autel. Comme il était devenu impossible de distinguer les vrais des faux, les Pères se réunirent en prière pour demander à Dieu de permettre aux livres *vrais* de s'élever et de se poser, sans intervention extérieure, sur l'autel. Selon Papias, cette prière aurait été exaucée. Il a malheureusement omis de mentionner quels furent les livres sélectionnés.

À l'issue d'un processus s'étendant sur deux siècles, la préséance fut enfin accordée aux Évangiles qui devaient désormais figurer dans le Nouveau Testament. Ces textes furent longtemps controversés. Il y en eut d'autres dont le sort fut inverse : on souhaitait leur acceptation sans réussir à l'imposer. Ainsi, Tertullien et Origène demandaient l'insertion de l'Évangile des Hébreux et des Égyptiens dans le canon. Lors d'une étape antérieure du canon chrétien, on consentit à admettre l'Évangile selon Luc (expurgé, toutefois, de toute trace de « judaïsme ») et une dizaine d'Épîtres de Paul (également expurgées). Cette revendication (rejetée plus tard comme hérésie) avait été formulée par Marcion, hérésiarque gnostique, excommunié, le contestataire chrétien le plus virulent du IIe siècle.

Cette confusion ne trouva sa solution qu'en 383, lorsque le pape Damase chargea son secrétaire Jérôme de la rédaction de la Vulgate, texte rédigé en latin et comprenant les vingt-sept ouvrages qui devaient désormais constituer le Canon du Nouveau Testament. Depuis, ils sont considérés comme les écrits des apôtres, inspirés par le Saint-Esprit, donc d'essence divine. Toute remise en question est exclue. En ce qui concerne les quatre Évangiles, leur admission dans le canon fut basée sur un raisonnement bien singulier : puisqu'il y avait quatre points cardinaux et, selon le prophète Ézéchiel, quatre bêtes attelées au chariot du Dieu tout-puissant, pourquoi n'y aurait-il pas également quatre Évangiles?

Les recherches sur l'historicité des paroles de Jésus se trouvent encore compliquées par le fait qu'il n'existe aucun enseignement spécifique directement issu de Jésus. Depuis la découverte des manuscrits de la mer Morte en 1947, aucun doute n'est plus permis à ce sujet. Même Thielicke, théologien de tendance plutôt conservatrice, résume : « Jésus n'a pas prononcé une seule parole qu'on n'aurait pu lire dans la littérature rabbinique antérieure sous une forme ou sous une autre [3]. » Küng cite Barth, Bultmann et Tillich que leur scepticisme entraîna encore plus loin, si bien qu'à la fin toute parole de Jésus, transmise comme telle, leur sembla entachée d'un doute historique. D'après leur conviction religieuse, la véritable foi ne se manifeste que face à l'incertitude historique. Küng ne les suit pourtant pas jusqu'au bout, dans la mesure où il considère (en accord, en cela, avec la pensée dominante actuelle) que les Évangiles ne contiennent pas uniquement des témoignages de foi, mais constituent également des sources d'informations historiques permettant de retracer le Jésus de l'histoire [4].

En lisant les Évangiles, on ne doit jamais oublier que leurs auteurs se souciaient peu de la vérité historique et étaient surtout attachés à la formulation d'une vérité porteuse d'un message de salut à tous les hommes. Küng compare les Évangiles à un drame shakespearien [5]. Ici, comme là, on ne propose pas des données historiques rigoureusement exactes, mais la promesse annonciatrice d'une ère nouvelle. Vue sous cet angle, la légende pourrait être considérée comme chargée de plus de vérité significative que le récit historique.

La fragilité des éléments concernant l'homme de Nazareth nous permet de conclure que sa personne ne présentait aucun intérêt particulier pour les communautés primitives. Le personnage historique a été systématiquement vidé de son contenu en vue de créer – sur les bases pauliniennes – le *Christ divin.* La description n'avait pas été conçue pour tracer un tableau de Jésus vivant. Elle était destinée à soutenir la foi des croyants. Cette évolution se manifeste également de manière très nette dans les Évangiles : fils de charpentier chez Marc, fils de David chez Matthieu, prophète et sauveur chez Luc et fils de Dieu chez Jean, il fut déclaré personne divine au Concile de Nicée en 325 et au Concile de Chalcédoine en 451.

On constate une interdépendance chez les évangélistes. Les auteurs de l'Évangile selon Matthieu et de l'Évangile selon Luc se sont servis de l'Évangile selon Marc. Tous les deux ont allongé le texte d'un tiers, ce qui leur vaut l'appellation ironique de « deuxième et troisième édition allongée de l'Évangile selon Marc ». Cependant de nombreux points ne sont pas concordants. L'Évangile selon Jean propose une démarche tout à fait opposée. On se trouve en face d'un texte purement christologique qualifié par les théologiens d'Évangile pneumatique, c'est-à-dire inspiré par l'Esprit Saint.

Les chroniqueurs restent muets

Les historiens du Ier siècle se contentent de quelques lignes anecdotiques sur les chrétiens. Aucune source non chrétienne de l'époque ne fait mention de Jésus de Nazareth. Cela surprend d'autant plus que de nombreux auteurs, parmi lesquels Pline l'Ancien (23-79) et l'écrivain philosophe juif Philon d'Alexandrie (20 av. J.-C.-50 ap. J.-C.), ont retracé abondamment la situation de la Palestine de l'époque. Philon surtout s'est distingué comme médiateur entre la tradition juive et la culture hellénique. Il vivait à l'écoute des événements captivants dont Jésus est supposé avoir été le point central. Cependant, le Nazaréen n'apparaît nulle part dans ses écrits. Philon dénonce des exécutions injustifiées ordonnées par Pilate, mais ne parle pas de la crucifixion de Jésus. Dans ce contexte, il faudrait également citer Pline le Jeune qui, en l'an 111, alors proconsul de Bithynie, adressa une lettre à l'empereur Trajan dans laquelle il attirait l'attention sur l'ampleur grandissante de la nouvelle religion. Aucune mention de Jésus. Jésus ne figure pas davantage dans les rares fragments des écrits de Juste de Tibériade qui nous sont parvenus. Juste était contemporain de Jésus et originaire de la même région.

Cela est également vrai pour les écrits des esséniens, secte établie dans un monastère important du désert de Judée, Qumrân, distant de quelques kilomètres seulement de l'extrémité nord-ouest de la mer Morte. Les documents de Qumrân, écrits en partie à une époque où Jésus est censé avoir exercé ses activités et qui, de surcroît, ont été rédigés à proximité de son rayon d'action, ne le mentionnent pas.

Dans ses *Annales*, datant de l'an 115 environ, Tacite nous parle d'une persécution de chrétiens ayant eu lieu cinquante ans plus tôt à Rome sous le règne de Néron : *Mais aucun moyen humain, ni les largesses du Prince, ni les cérémonies pour apaiser les Dieux, ne faisaient céder l'opinion infamante d'après laquelle l'incendie avait été ordonné. En conséquence, pour étouffer la rumeur, Néron produisit comme inculpés et livra aux tourments les plus raffinés des gens, détestés pour leurs turpitudes, que la foule appelait* chrétiens. *Ce nom leur vient de Christ, que, sous le principat de Tibère, le procureur Ponce Pilate avait livré au supplice; réprimée sur le moment, cette exécrable superstition faisait de nouveau irruption, non seulement en Judée, berceau du mal, mais encore à Rome, où tout ce qu'il y a d'affreux ou de honteux dans le monde, converge et se répand.* (Tacite, *les Annales,* Livre XV.44.) C'est tout ce que le plus grand historien de Rome nous rapporte quatre-vingt-cinq ans après la mort de Jésus. On est en droit de supposer qu'il s'agissait là d'une communauté chrétienne très restreinte. Que l'empereur ait eu connaissance de son existence paraît surprenant et plus surprenante encore l'idée de l'avoir considérée comme un groupe dissident de la communauté juive. Néron n'a jamais persécuté les Juifs, sa très influente épouse Poppaea Sabina elle-même s'étant convertie au judaïsme. De nombreux auteurs ont formulé des réserves quant à l'authenticité de ce passage des *Annales* [6] qu'ils considèrent comme une insertion ultérieure. La communauté de Rome avait été fondée plus tard que celles d'Antioche et d'Alexandrie, au plus tôt vers la fin des années 50. Les communautés chrétiennes primitives étaient très soucieuses d'éviter tout conflit avec les autorités locales. Elles suivaient en cela les recommandations expresses de Paul de Tarse (Rm 13.1 et passages suivants).

Le nom de Jésus apparaît dans une publication de Celse, politicien et philosophe romain réputé vers le milieu du IIe siècle. Mais ce que relate Celse est teinté de parti pris et basé de toute évidence sur des pamphlets talmudiques diffusés dès la fin du Ier siècle contre les chrétiens. Celse déclare froidement (Orig. *Contra Celsum* 1.28) que Marie, répudiée pour cause d'adultère par son époux, charpentier de son état, aurait accouché en secret de Jésus qui, par la suite, totalement démuni, se serait engagé comme journalier en Égypte où il aurait appris la sorcellerie. Bien plus tard, il serait rentré au pays où, grâce à ce pouvoir, il se serait proclamé Dieu publiquement [7].

Le Talmud rapporte une discussion rabbinique ayant eu lieu en l'an 95. Jésus y est traité de bouffon; sa mère Miriam, la tresseuse de nattes, était une épouse infidèle, son concubin s'appelait Panthéra. Craveri : « On a pris la peine de vérifier l'éventuel bien-fondé de ces faits transmis par le Talmud. A Bingerbrück (Allemagne) on a découvert une pierre tombale qui fut attribuée à un soldat de l'armée romaine originaire de Sidon en Phénicie, du nom de Tiberius Julius Panther, attaché à une cohorte stationnée en Palestine jusqu'en l'an 9. » L'autorité du Talmud était telle que les Pères de l'Église ont éprouvé pendant longtemps le besoin d'éclaircir dans toute la mesure du possible le rapport entre cet individu indésirable et Jésus [8]. Est-ce que cela permet de conclure que vers la fin du Iᵉʳ siècle même le Talmud ne mettait plus en doute l'existence historique de Jésus? La question reste posée. Les calomnies pourraient tout aussi bien se référer à un personnage fictif.

Flavius Josèphe (37-95) fut le plus grand écrivain de son époque. Dans ses deux volumineux ouvrages *Antiquités judaïques* et *La Guerre des Juifs*, rédigés après la destruction de l'État hébreu, il décrit longuement les événements en Palestine du temps de Jésus [9]. Dans ses écrits, il signale spécifiquement le moindre trouble de l'ordre public, chaque rébellion, chaque condamnation à mort, juste ou injuste, dès lors qu'il s'agit d'un fait de portée politique. Il énumère et relate chacune des cruelles exactions du procureur Ponce Pilate à l'encontre de la population juive. Toutes les tendances et tous les courants spirituels du temps sont minutieusement rapportés, mais Flavius Josèphe ne cite aucune communauté chrétienne ni Jésus de Nazareth en tant que personnage historique. Jésus le Nazaréen n'apparaît qu'une seule fois dans l'œuvre de Josèphe. Dans *Antiquités judaïques*, terminé vers l'an 90, il parle du grand-prêtre Ananos [10] qui avait été destitué par le roi Agrippa II pour avoir condamné à mort et fait exécuter Jacques, le frère de Jésus, à l'issue d'une procédure arbitraire : *Il réunit un Sanhédrin, traduisit devant lui Jacques, frère de Jésus appelé le Christ, et certains autres, en les accusant d'avoir trompé la loi, et il les fit lapider.* (Flavius Josèphe XX.9.1.) La première communauté chrétienne hors des frontières de la Palestine s'établit à Antioche, ville romaine à très forte population juive en Asie Mineure. Cette communauté avait été fondée par Paul vers le milieu des années 40. Les frères qui s'y étaient réunis en association furent appelés les *christianoi* (les chrétiens). C'est là que ce terme fut utilisé pour la première fois (Ac 11.26), alors que la branche hébraïque à Jérusalem était appelée *la secte des Nazôréens* (Ac 24.5). Dix ans après l'implantation de la communauté d'Antioche, se constitua la communauté d'Alexandrie et, à quelques années d'intervalle, celle de Rome.

Tant que la jeune Église chrétienne dut lutter pour s'imposer et se faire reconnaître, voire survivre, le fait que son fondateur ait été un personnage historique inconnu n'avait troublé personne. Des questions autrement importantes occupaient l'avant de la scène. Mais c'est au IVe siècle, lorsque Eusèbe de Césarée réussit le coup magistral d'une alliance avec l'empereur Constantin – soit dit en passant, pour le plus grand bénéfice des deux intéressés – que la toute jeune Église officielle prit conscience du déficit historique qui grevait le personnage central de la religion naissante. Eusèbe de Césarée, qui entre-temps avait atteint le rang de théologien de la cour de Constantin (Jacob Burckhardt appelle l'évêque « le premier historien totalement dépourvu de scrupules de l'Antiquité [11] »), composa pour le compte de l'empereur, vers l'an 320, une *Histoire ecclésiastique* dans laquelle il glissa un extrait des *Antiquités judaïques* de Josèphe. Constantin put ainsi prendre connaissance des phrases suivantes attribuées à la plume d'un Josèphe dont la réputation dans l'Empire n'était plus à faire : *Vers le même temps vivait Jésus, homme sage, si toutefois il faut l'appeler un homme. Car il était un faiseur de remèdes et le maître des hommes qui reçoivent avec joie la vérité. Et il attira à lui beaucoup de Juifs et beaucoup de gens. C'était le Christ. Et lorsque sur la dénonciation de nos premiers citoyens, Pilate l'avait condamné à la crucifixion, ceux qui l'avaient d'abord chéri ne cessèrent pas de le faire, car il leur apparut trois jours après ressuscité, alors que les prophètes divins avaient annoncé cela et moult autres merveilles à son sujet. Et le groupe appelé d'après lui celui des chrétiens n'a pas encore disparu.* (Flavius Josèphe, *Antiquités judaïques* XVIII.3.3.)

Aucun chercheur sérieux ne doute plus de nos jours qu'il s'agit là d'une falsification flagrante. Seul un chrétien aurait pu écrire ces phrases. Or Josèphe n'était pas chrétien. Tout en étant au service de Rome, il était resté fidèle à la religion juive et ne croyait nullement en la messianité de Jésus. Flavius Josèphe était issu d'une famille aristocratique de Jérusalem. Son père était prêtre (et donc probablement membre du Sanhédrin) au moment présumé du procès de Jérusalem. Josèphe fut d'abord pharisien. Lorsque la guerre éclata en 66, il occupait le poste de commandant en chef des troupes juives en Galilée. Après la conquête de la forteresse de Jotapata par les Romains, il fut fait prisonnier et amené devant son antagoniste romain, le vieux baroudeur Vespasien. Josèphe sut gagner la sympathie du conquérant et obtint rapidement – Vespasien étant devenu empereur dans l'intervalle – la citoyenneté romaine. C'est ainsi qu'il acquit les nom et prénom de Vespasien, Titus Flavius, auxquels il ajouta son nom juif assorti d'une terminaison latine. En tant que citoyen romain il s'appelait désormais Titus Flavius Josephus, alors que son nom juif était Joseph ben Matthias ha-Kohen.

Par les récits de son père et les nouvelles rapportées par des membres de sa famille et les familiers de la maison, Josèphe, plus que tout autre, aurait dû entendre parler d'une personnalité notoire à Jérusalem, condamnée à mort par le Sanhédrin et la cour martiale, dans un procès sans précédent, au cours des dernières années du règne de l'empereur Tibère.

Nicodème, membre du Sanhédrin, dont l'histoire a retenu un certain nombre de réflexions, ne consacre pas la moindre phrase à un procès au cours duquel il aurait dû être en contact étroit avec le futur crucifié [12]. Selon Jean (Jn 19.39), il se serait chargé, assisté du conseiller Joseph d'Arimathie, d'enterrer Jésus dignement.

Un autre membre réputé du Sanhédrin, le scribe Gamaliel, maître à penser de Paul, dont certains écrits nous sont parvenus, reste également muet sur ce sujet. Selon les Actes des apôtres, Gamaliel, tout comme Nicodème, aurait voté en faveur de la condamnation de Jésus. Tous les deux faisaient partie du Sanhédrin dont tous les membres – à l'exception de Joseph d'Arimathée que seul Luc mentionne (Lc 23.51) – ont voté la mise à mort.

Pour finir, même Paul se tait sur les faits historiques, bien que toute sa théologie soit basée sur la Passion. Il n'écrit rien sur ce procès. Cela est d'autant plus étonnant qu'au moment du prétendu procès il poursuivait à Jérusalem des études religieuses et assistait aux cours d'un membre du tribunal collectif, Gamaliel, qui aurait prononcé la condamnation à mort.

À en croire les évangélistes, des événements étranges se seraient déroulés après l'exécution : *à partir de midi, il y eut des ténèbres sur toute la terre jusqu'à trois heures... Et voici que le voile du Sanctuaire se déchira en deux du haut en bas; la terre trembla, les rochers se fendirent; les tombeaux s'ouvrirent, les corps de nombreux saints défunts ressuscitèrent : sortis des tombeaux, après sa résurrection, ils entrèrent dans la Ville Sainte et apparurent à un grand nombre de gens.* (Mt 27.45, 51-53.)

Ce passage n'a évidemment aucune valeur historique, mais doit être considéré comme une légende chargée de menaces et un présage de grands périls. La prétendue éclipse de soleil n'aurait jamais pu avoir lieu ne serait-ce que pour la simple raison qu'à la pleine lune cet astre ne peut s'interposer entre le soleil et la terre [13]. La déchirure du voile du Temple signifie que Dieu a quitté ce lieu et que les Juifs sont désormais un peuple abandonné de lui. L'idéologie chrétienne courante en conclut : les Juifs ont récusé Jésus, et c'est ainsi que Dieu a décidé de quitter le Temple de Jérusalem. Il s'est tourné vers les chrétiens dont les églises seront désormais la demeure.

Arrêtons-nous un instant. Même à supposer que l'éclipse ou les événements fabuleux s'y rattachant n'aient pas eu lieu, les membres du Haut Conseil tels que Nicodème et Gamaliel ou Paul, l'étudiant de Jérusalem, ou encore Josèphe, l'historien engagé, n'auraient pas manqué de parler d'un procès contre Jésus de Nazareth, s'il s'était agi d'un événement public différent des expéditifs procès militaires habituels à l'époque.

L'Église, une fois reconnue comme Église officielle, a ressenti l'absence d'un rapport de Pilate comme une lacune demandant à être comblée. On eut alors recours au même stratagème qui avait déjà servi pour authentifier l'existence et l'action de Jésus. On avait alors inventé et accrédité une citation de Josèphe. En l'occurrence, on produisit les *Acta Pilati*, un récit de la mort et de la résurrection de Jésus, inventé de toutes pièces [14].

De toute évidence, Pilate n'a pas éprouvé le besoin de faire un rapport à Rome sur un dénommé Jésus de Nazareth. Les historiens de l'Église n'hésitent plus, depuis longtemps, à reconnaître ce fait comme acquis. Des exégètes tels que Dibelius, Rahner ou Küng confirmeraient, sans aucun doute, l'insignifiance du procès de Jésus aux yeux du gouverneur Pilate. La plupart des théologiens observent cependant une attitude conservatrice, attachés à taire ou à voiler cet aspect des faits.

La Palestine, la Syrie, la Gaule et la Germanie ont toutes connu une succession de gouverneurs militaires romains. Les preuves de leur existence historique ont été établies, mais leurs noms ne sont connus que des seuls spécialistes. Ponce Pilate, obscur fonctionnaire parmi tant d'autres, aurait sans doute subi le même sort, si la petite troupe des propagateurs de l'Évangile ne lui avait pas attribué une place de choix. Goguel, éminent théologien protestant, souligne que Pilate aurait été très étonné d'apprendre que l'interrogatoire d'un petit Juif galiléen lui vaudrait d'entrer dans l'histoire. De même, Kolping, théologien catholique, ne voit dans l'exécution de Jésus qu'un épisode insignifiant de l'histoire officielle de l'Empire romain, épisode qui serait tombé dans l'oubli s'il n'avait pas servi de fondement à l'établissement de l'Église post-pascale [15]. Peu importe l'angle sous lequel on juge les rares mentions, ou absences de mentions, de la personne de Jésus, un fait reste acquis : même en admettant que de son vivant sa personnalité ait largement débordé le cadre provincial, aucun de ses contemporains n'aurait pu imaginer que la vie de ce Galiléen allait changer la face du monde.

La recherche historique à un tournant

La thèse qui prévalait parmi les exégètes au tournant du siècle dernier pourrait se résumer ainsi : Jésus de Nazareth n'a jamais existé. Son personnage est une pure fiction et repose sur une interprétation erronée des premiers propagandistes de la croyance chrétienne. Il ne s'agit nullement de la divinisation d'un personnage historique mais bien plutôt d'un mythe primitif qui, grâce à la foi, aurait donné naissance à un personnage historique.

De nombreux historiens, tant allemands, anglais, français qu'américains ont défendu cette thèse de la non-historicité de Jésus. D'après ces spécialistes, la personne de Jésus, son histoire et ses paraboles ne seraient que l'aboutissement d'anciennes perceptions symboliques. Albert Schweitzer, chrétien convaincu et fortement engagé, note à ce propos : « Le christianisme contemporain doit envisager l'éventualité d'un renoncement à l'historicité de Jésus [16]. » En fin de compte, Schweitzer accepte l'historicité de Jésus comme point de départ, non sans toutefois laisser percer une note de résignation : une analyse critique des résultats de recherches faites devrait conclure plutôt à la reconnaissance de l'existence de Jésus. Schweitzer ajoute cependant que la foi ne saurait être subordonnée à la question, somme toute secondaire, de l'historicité de Jésus.

Preuve par accumulation d'indices

Aujourd'hui, aucun historien réputé ne conteste plus l'historicité de Jésus. Le mérite en revient largement aux exégètes américains, anglais, français et scandinaves qui, s'appuyant sur des recherches littéraires poussées, se sont engagés dans des voies nouvelles. Leur démarche part d'une réflexion très simple : le personnage central des Écritures est beaucoup trop marqué pour qu'il puisse s'agir d'une figure inventée pour les besoins de la cause. De plus, sa vie et sa mort auraient pu coïncider dans le temps avec les activités des premiers propagateurs du message chrétien. Par exemple, dans le discours de Pierre basé sur des traditions anciennes et cité dans les Actes des apôtres, il n'est question ni de *Seigneur* ni de *ressuscité* mais, tout simplement, de *Jésus* ou de *Jésus de Nazareth.*

Tout nous permet de conclure que, si les Évangiles avaient eu pour centre d'intérêt un personnage purement fictif, la description des événements dont il fut l'instigateur aurait sans doute été formulée autrement. La glorification aurait pris une dimension plus vaste et plus profonde. Les auteurs, attachés à louanger et à encenser le personnage, auraient cherché à éviter d'en souligner les faiblesses. Ils auraient choisi de ne pas décrire un homme, un être humain comme les autres, seul à supporter sa douleur, mais bien plutôt un héros pour qui la mort n'est qu'un défi auquel il oppose une foi inébranlable en sa victoire sur ses ennemis. Le Nouveau Testament devait constituer un document irréfutable.

La méthode de recherche de l'historicité de Jésus, initiée par Käsemann – méthode qualifiée tantôt d'historico-rédactionnelle, d'historico-formelle ou d'historico-critique – a reçu l'approbation quasi unanime des chercheurs. Käsemann a élaboré une méthode « indirecte » comportant deux points de départ : d'une part, la chronique contemporaine non chrétienne relatant les situations, les événements, les figures ayant joué un rôle dans la vie et l'activité de Jésus ; d'autre part, les Évangiles et notamment les passages faisant allusion (souvent très brièvement) à ces mêmes situations.

En confrontant ces deux données, on dispose alors d'un moyen de contrôler les informations données par le Nouveau Testament, et de vérifier si les Évangiles contiennent des renseignements sur Jésus qui ne font partie ni de la culture juive ni de la conception religieuse des premiers chrétiens. Si, sur un détail précis, on réussit à établir cette concordance, on est en droit de conclure à une certaine historicité. Il s'agit du principe de croisement d'informations *(cross-section)*. Nous ne citerons pour exemple que le goût prononcé de Jésus pour la bonne chère et la boisson [17], sa fréquentation des pécheurs et le simple fait qu'il y ait eu des femmes dans son entourage.

Le second point de départ – complément et prolongement du premier – admet comme postulat que les évangélistes (plus précisément les évangélistes et toutes les autorités ecclésiastiques qui ont procédé plus tard à des modifications rédactionnelles sous forme de corrections et d'additifs) s'étaient donné trois priorités. Présenter Jésus comme le Christ envoyé de Dieu et investi de pouvoirs divins lui permettant d'accomplir des miracles : *Mais ces choses ont été écrites afin que vous croyiez que Jésus est le Christ, le Fils de Dieu.* (Jn 20.31.) Prouver que l'avènement de

Jésus était en tout point conforme aux prophéties. Chez Matthieu, c'est la même formule qui revient sans cesse : *Tout ceci est arrivé pour que soient accomplies les prédictions que le Seigneur a inspirées aux prophètes.* Décrire un Jésus constamment en butte aux pharisiens et rendre les Juifs responsables de sa mort pour atténuer la part de responsabilité des Romains.

Tout ce qui dans les textes contraste avec la présumée puissance et le pouvoir divin de Jésus, tout ce qui s'éloigne de la thèse selon laquelle son apparition concrétiserait les promesses prophétiques, conforte, paradoxalement, la véracité historique. Cette historicité transparaît également chaque fois que les récits omettent de parler d'un antagonisme possible entre Jésus et les Juifs ou qu'ils soulignent l'appartenance de Jésus au judaïsme ou même une attitude critique, voire hostile, à l'égard des Romains. C'est ainsi qu'on présente la mort de Jésus sur une croix romaine comme un événement pleuré par toute la population juive.

La description détaillée de la crucifixion de Jésus fournie par les évangélistes est considérée comme la meilleure preuve de l'historicité de Jésus. Aux yeux des évangélistes, la mort sur la croix ne pouvait apparaître comme la glorieuse mort d'un martyr. Tout au contraire, une telle mise à mort doit avoir été ressentie comme un scandale inacceptable, la honte suprême infligée au Messie. Dans l'optique de l'époque, la crucifixion constituait le mode d'exécution le plus infamant : *Celui qui est pendu est un objet de malédiction.* (Dt 21.23.) Bien entendu Moïse n'a pas parlé d'une crucifixion par les Romains ou autres troupes d'occupation (les Perses ou les Grecs par exemple) pratiquant ce mode d'exécution. À l'origine, la malédiction ne concernait que les blasphémateurs lapidés ou autres malfrats condamnés à la strangulation dont les cadavres étaient exposés sur une potence. Dans leur stricte observation de la parole écrite les Juifs étendirent l'anathème et son cortège d'humiliations à tous ceux qui avaient été attachés ou cloués sur la croix. Le refus d'une sépulture religieuse contribuait à accentuer le caractère dégradant de la crucifixion, de sorte que les crucifiés servaient de pâture aux chiens errants, hyènes, ours sauvages et vautours.

Cette conception des faits répandue dans la sphère romano-hellénistique, c'est-à-dire parmi des populations aux yeux desquelles un crucifié est forcément un truand, semble recueillir l'assentiment général. Paul n'hésite pas à se référer à Moïse, selon lequel un crucifié est un *maudit de Dieu,* pour ancrer plus profondément son propre enseignement : en acceptant la crucifixion *infamante,* Jésus a assumé la malédiction infligée à tous les hommes et s'est imposé ainsi comme libérateur des païens, c'est-à-dire libérateur de tous ceux à qui s'adressait, en premier lieu, le message de Paul et de ses successeurs. En d'autres termes, même Paul (Ga 5.11) a recours à l'infamie de la croix et n'hésite pas à écrire : *scandale pour les Juifs et folie pour les païens.* (1 Co 1.23.) Mais c'est cette malédiction, dont Jésus a assumé la charge, qui, d'après Paul aurait libéré l'humanité de l'anathème de Dieu, en conférant à Jésus, du seul fait de la crucifixion subie, le rôle de libérateur : *Christ a payé pour nous libérer de la malédiction de la loi, en devenant lui-même malédiction pour nous, puisqu'il est écrit :* Maudit quiconque est pendu au bois. *Cela pour que la bénédiction d'Abraham parvienne aux païens en Jésus Christ et qu'ainsi, nous recevions, par la foi, l'Esprit, objet de la promesse.* (Ga 3.13/14.)

L'auteur de l'Évangile de Jean suit le même raisonnement. Pour lui, *l'heure de crucifixion* est aussi l'heure de *l'élévation* et de la *glorification* (Jn 3.14; 8.28; 12.32,34; 17.1,5). L'Épître aux Hébreux (12.2) nous apprend que Jésus, *lui qui, renonçant à la joie qui lui revenait, endura la croix au mépris de la honte.*

La jeune communauté chrétienne avait choisi le poisson pour symbole – rappel des origines : les pêcheurs et le lac de Génézareth – la croix restait un symbole trop infamant à leurs yeux. Il s'y ajoutait une signification secrète. En additionnant les initiales de la version grecque des mots « Jésus-Christ, Fils de Dieu et Sauveur » on obtient le vocable grec signifiant « poisson ». Ce n'est que très timidement que la croix fut introduite dans la liturgie et seulement après l'abolition de ce mode d'exécution par l'empereur Constantin. C'est l'agneau immolé qui prit la place du symbole prédominant à partir du IIe siècle. En 692, au cours du synode Quinisextum, la représentation de la figure humaine du Seigneur fut revendiquée. Dès le Ve siècle, on avait vu apparaître des représentations de Jésus sur la croix, mais une certaine crainte de le montrer comme « le crucifié » persistait. On le représentait plutôt en gloire sur la croix, les yeux ouverts, les bras étendus dans un geste de bénédiction et la tête auréolée d'un disque solaire – caractéristique mystique du rôle de Sauveur. L'art chrétien n'intègre Jésus mort sur la croix qu'à partir du VIIIe siècle.

La croix livre trois indices précieux aux chercheurs. Premièrement, la marque d'infamie est a priori inutilisable pour la glorification. Deuxièmement, aucune des prophéties ne prévoit la crucifixion du Messie. Troisièmement, la croix constitue la preuve que Jésus n'a pas été exécuté par les Juifs, mais est mort en patriote au poteau de torture dressé par les Romains.

Les petites erreurs de raisonnement commises par les évangélistes, les négligences et oublis, les imprécisions et incohérences dans la rédaction de leurs textes, tout cela constitue une source d'indices inestimable en faveur de l'historicité de Jésus [18]. Un exemple : lorsqu'on présente Jésus comme le Messie, on oublie que le Messie n'a d'importance que pour Israël; il est une figure nationale du judaïsme, thèse totalement opposée aux tendances christologiques soucieuses de dégager Jésus du « joug de la judaïcité » et de le faire apparaître comme le Sauveur de l'humanité entière.

Prenons un autre exemple, encore plus frappant : Jésus était profondément convaincu que la fin des temps était proche et qu'avec lui, ses disciples et tout le peuple d'Israël verraient l'avènement de Dieu, la Parousie. Il va sans dire que Jésus s'est trompé sur ce point, et certains exégètes, non sans une pointe d'humour, parlent de la « Parousie en retard » [19]. Il est curieux que la censure de l'Église n'ait pas cherché à dissimuler cette erreur capitale qui affecte pourtant un des piliers de son enseignement.

Heureusement, ni Paul, ni la vaste censure ecclésiastique après lui, n'ont complètement escamoté les fondements historiques, bien qu'ils aient eu pour but commun d'effacer les traces de tout ce qui risquait de nuire à la glorification du ressuscité. C'est ainsi que, en dépit des manipulations, nous disposons encore aujourd'hui de renseignements biographiques, certes insuffisants, mais nous permettant d'esquisser la personnalité de Jésus.

Né où, quand et comment?

Né d'une vierge?

Ce n'est que chez Matthieu et Luc que nous trouvons un récit de la nativité et des circonstances de la naissance de Jésus. Les deux évangélistes mettent en exergue (Mt 1.18 et la suite; Lc 1.26 et la suite) la conception de Jésus par intervention divine du Saint-Esprit et présentent Marie comme vierge. Marc, Jean et Paul, en revanche, ignorent tout d'une naissance virginale. Matthieu et Luc eux-même dans la suite de leur récit présupposent comme allant de soi que le père de Jésus était charpentier (Mt 13.55) et s'appelait Joseph (Lc 4.22). Il faut relever que dans la description bien connue de la nativité par Luc, il n'est pas question de la virginité de Marie : *...pour se faire recenser avec Marie son épouse, qui était enceinte* [20]. (Lc 2.5.) En de nombreux passages, l'auteur de cet Évangile présente une image des rapports parents/enfant tout à fait naturelle. Ce sont les parents qui conduisent l'enfant au Temple (Lc 2.26). *Le père et la mère de l'enfant étaient étonnés de ce qu'on disait de lui.* (Lc 2.33.) Ce sont encore les parents qui chaque année se rendent à Jérusalem, à la fête de Pâque. (Lc 2.41.)

Matthieu va un peu plus loin sur cette question de la virginité de Marie (1.23). Il pense y voir une preuve scripturaire, l'accomplissement de la prophétie d'Ésaïe : *Voici que la jeune femme est enceinte et enfante un fils.* (Es 7.14.)

Pourtant les paroles d'Ésaïe ne peuvent pas se rapporter à la naissance de Jésus, car le prophète prédit simplement au roi Akhaz que son épouse donnera un héritier au trône, le futur roi Ezéchias – événement antérieur d'environ sept siècles à la naissance du Christ. Ésaïe n'évoque d'ailleurs pas une vierge (de toute manière, l'épouse d'Akhaz ne l'était plus), mais une *jeune femme*, désignant ainsi la toute jeune reine.

Matthieu se sert de la traduction grecque des écrits des prophètes, le texte hébreu original n'étant plus utilisé dans la lecture courante. L'hébreu évoquait une *alma*, qui signifie *jeune femme*. Les rouleaux découverts près de Qumrân, parmi lesquels figure l'intégralité des textes hébreux d'Ésaïe, ne laissent aucun doute à ce sujet. Par une erreur de traduction, le terme grec *parthenos* signifiant *vierge* (comme le mot latin *virgo*) est introduit dans la Septante [21]. Si le prophète avait voulu parler d'une vierge, il aurait choisi le vocable hébraïque *betulla* et non *alma*. Matthieu a-t-il été victime d'une simple maladresse de traduction ou s'est-il accommodé de cette erreur qui servait si bien ses fins?

Les apôtres de la communauté primitive ignorent tout de l'histoire de la vierge. Paul ne consacre pas une seule ligne à une naissance miraculeuse; il écrit, plutôt lapidaire : *Né d'une femme.* (Ga 4.4.) Chez Marc non plus il n'est pas question d'une naissance virginale. Au contraire, il suppose, en toute simplicité, qu'il s'agit d'une naissance normale. Rien d'étonnant alors à ce que les gens qui assistent au premier office tenu par Jésus dans la synagogue de son village natal se posent la question : *N'est-ce pas le charpentier, le fils de Marie?* (Mc 6.3.) Ce qui est surprenant, en revanche, c'est que ce passage ait été repris par Jean (6.42), l'évangéliste qui avait tant à cœur de présenter Jésus non pas en tant qu'homme mais sous les traits d'un être d'essence divine.

Si la plupart de ceux qui ont proclamé l'Évangile ont négligé, voire contesté, un événement aussi sensationnel et unique qu'une naissance virginale, si Jésus lui-même n'a jamais prétendu être né d'une vierge, il ne reste à l'historien qu'une seule conclusion possible : la naissance virginale est à reléguer dans le domaine de la légende. C'est aussi l'opinion généralement admise par les théologiens comme Küng [22] qui écrit que la filiation divine de Jésus ne dépend pas de la naissance virginale. Être né de Dieu et engendré par un être humain sont deux concepts nullement incompatibles.

Il est difficile de dater avec précision l'apparition de la foi en la virginité de Marie. Les Actes des apôtres (1.14) nous apprennent seulement que Marie s'est jointe à l'assemblée des disciples de Jésus; en fait, elle n'a jamais occupé une place prépondérante dans la communauté. Jacques ou Pierre auraient considéré cette histoire de virginité comme une absurdité [23]. Il semblerait pourtant que la croyance en la naissance virginale ait acquis une certaine notoriété bien avant l'entrée en scène du véritable culte marial. Faire le rapprochement entre une vierge et la naissance d'un être doté de pouvoirs divins était un usage répandu dans toute l'Antiquité. Dans la mythologie égyptienne, le pharaon est engendré de manière mystérieuse, et dans la mythologie grecque les dieux contractent des *unions sacrées* pour concevoir des héros tels que Persée et Hercule. Une naissance virginale de plus n'a donc pas de quoi surprendre. N'avait-on pas dit d'Alexandre le Grand qu'il n'était pas le fils de Philippe II de Macédoine, mais avait été engendré par Zeus qui avait pris l'aspect d'un éclair? Dès lors, pourquoi ne pas placer la naissance de Jésus dans des circonstances analogues [24]?

Le culte de Marie prit son essor sous Eusèbe et l'empereur Constantin lorsque la religion chrétienne fut reconnue par l'État qui éprouvait le besoin d'offrir une alternative au culte païen d'Isis répandu dans toute la zone romano-hellénistique. Marie, mère de Dieu, remplaça Isis, déesse-mère. Les temples d'Isis furent transformés en églises dédiées à Marie. On alla jusqu'à consacrer à celle-ci les temples de Cérès, Minerve et Vénus après l'avoir dotée de toutes les vertus de ces déesses. Présenter la nouvelle divinité sous les traits d'une épouse de charpentier aurait fait moins d'effet. C'est ainsi que cette femme qui n'occupait qu'une place modeste parmi les disciples de la communauté chrétienne primitive (Ac 1.14), la simple *femme* comme dit Paul qui donna le jour à Jésus, la *mère de Jésus* mentionnée avec réserve par Jean, fut transformée par l'Église à partir du IVe siècle (image renforcée plus tard par la Contre-Réforme) en un être céleste que l'on pouvait adorer comme une déesse antique.

En 1854, Pie IX proclama le dogme de l'Immaculée Conception selon lequel la conception de Marie elle-même devait désormais être considérée comme immaculée, ce qui la mettait à l'abri du péché originel. Enfin, en 1964, le cardinal Wyszinski amena Paul VI, contre la volonté du Concile, à déclarer Marie *Mater Ecclesiae.* Ainsi Marie, *mère de Dieu* et reine du ciel, se trouvait placée formellement à la tête de l'Église.

Il faut bien comprendre que dans la mesure où cette virginité jouait déjà un rôle avant l'entrée en scène du culte de Marie [25], ce rôle ne dépassait pas le cadre qui lui avait été assigné par Matthieu et Luc : c'est la conception qui compte, elle seule saurait être considérée comme virginale *(virginitas ante partum)* – ce qui est conforme au message transmis par l'ange (Mt 1.20) : *À son réveil, Joseph fit ce que l'Ange du Seigneur lui avait prescrit : il prit chez lui son épouse mais il ne la connut pas jusqu'à ce qu'elle eût enfanté un fils auquel il donna le nom de Jésus.* (Mt 1.24/25.) Dans son récit de la nativité, Luc insiste : *Elle accoucha de son fils premier-né.* (Lc 2.7.)

Pendant trois siècles l'Église se désintéresse de l'évolution de la vie quotidienne de Marie et de son mariage. Cela explique pourquoi, sur les premières peintures, Joseph nous apparaît toujours jeune, frais et imberbe. Ce n'est que dans le sillage du culte marial que Joseph sera progressivement écarté et cantonné au rôle quelque peu dégradant de *père nourricier.* Les tableaux nous montrent désormais l'image d'un homme âgé portant la barbe, très doux, apparemment trop vieux pour procréer et se contentant de mener une vie conjugale seulement en apparence. C'est à partir de cette époque que l'on affirme que Marie n'a jamais perdu sa virginité. De vénérables Pères de l'Église comme Tertullien et Ambroise [26] s'affrontent très sérieusement pour définir la véritable signification de termes tels que *vulva reservata* et *uterus clausus.* En optant pour *vulva reservata,* on n'excluait pas toute éventualité de rapports sexuels qui par la suite auraient pu conduire à la naissance d'autres enfants. S'impose alors la notion mariale de l'*uterus clausus;* Marie devient et reste la *vierge éternelle (semper virgo).* Au Concile du Latran, en 649, cette allégation est élevée en dogme : Marie n'a jamais eu de rapports sexuels et n'a donc pu avoir d'autres enfants [27]. Le concile de Latran tranche et conclut : Marie ne peut donc être mère de plusieurs enfants.

Si l'on replace Marie dans le contexte de l'époque, on aboutit à un point de vue diamétralement opposé : une jeune juive aspirait autant au mariage et à la perte de sa virginité qu'à la procréation des enfants. La retenue sexuelle est une invention de l'Église, invention parfaitement conforme à l'idéologie de l'Empire romain au IVe siècle : les humains avaient parfaitement le droit de s'accoupler, mais pour une déesse c'eût été inconvenant.

Date de naissance

Nous ignorons le jour de la naissance de Jésus. Le calendrier chrétien a fixé le 25 décembre (ou la nuit du 24 au 25 décembre). Personne ne conteste qu'il s'agit là d'un choix arbitraire. De toute manière, l'anniversaire de la naissance de Jésus n'est célébré que depuis le IVe siècle, la fête de Noël date de cette époque. Pendant trois siècles l'Évangile fut propagé sans qu'il en fût fait mention.

Par une ironie de l'histoire, le choix du 25 décembre n'est pas d'origine chrétienne mais païenne. Cette date avait été choisie pour célébrer le « Dieu Soleil invaincu » et introduite comme fête nationale au IIIe siècle pour suppléer à l'idée d'Empereur-Dieu, qui commençait à s'essouffler. C'est l'empereur Constantin qui, après son alliance avec les chrétiens, avait transformé ce jour solennel pour les païens en fête chrétienne à la mémoire du jour de naissance du Sauveur : Noël. Pendant de longs siècles l'Église fit coïncider le jour de l'an avec le 25 décembre; le 1er janvier fut instauré plus tard pour des raisons pratiques.

L'Église orthodoxe, à son tour, érigea le jour anniversaire de la naissance de Jésus en jour de fête. Elle choisit comme date le 6 janvier. Elle avait abouti à cette date par un raisonnement très complexe en se basant sur un passage de l'Évangile de Luc (3.23), où l'auteur affirme que Jésus aurait eu 30 ans *environ* au début de son activité publique. On calcula qu'il avait dû être âgé d'une trentaine d'années au moment de sa mort, comptée à partir du jour de sa conception. On supposa que le décès avait dû intervenir le 6 avril. En tenant compte des neuf mois de grossesse, on arriva à la date du 6 janvier.

Du temps où Quirinius était gouverneur de Syrie

En ce qui concerne l'année de naissance, nous devons, hélas! admettre que ce serait pur hasard si Jésus avait vu le jour dans l'année officiellement retenue au VIe siècle sur la base des calculs du moine Denis [28]. Il aurait pu naître quelques années plus tard, mais il semble plus probable qu'il soit né quelques années plus tôt.

L'Évangile de Luc situe la naissance de Jésus dans l'année du recensement en Palestine ordonné par l'empereur Auguste. On place cet événement généralement dans la période où Quirinius occupait le poste de gouverneur en Syrie. *Or, en ce temps-là, parut un décret de César Auguste pour faire recenser le monde entier. Ce premier recensement eut lieu à l'époque où Quirinius était gouverneur de Syrie. Tous allaient se faire recenser, chacun dans sa propre ville; Joseph aussi monta de la ville de Nazareth en Galilée à la ville de David qui s'appelle Bethléem en Judée, parce qu'il était de la famille et de la descendance de David, pour se faire recenser avec Marie son épouse, qui était enceinte.* (Lc 2.1/5.)

De nombreuses sources historiques mentionnent Quirinius, successeur de Quinctilius Varus à qui le fameux Hermann avait infligé une défaite cuisante dans les défilés du Teutberg, en Westphalie en l'an 9 ap. J.-C.

Le roi Hérode avait régné sur toute la Palestine jusqu'à sa mort en l'an 4 av. J.-C. Bien qu'il dépendît de Rome, le pays jouissait d'une autonomie totale pendant toute la durée de son mandat. Après sa mort, le territoire fut partagé entre plusieurs de ses fils qui reçurent le titre de tétrarques. Le nord-est, c'est-à-dire la zone des sources du Jourdain et des hauteurs du Golan, surmontées du mont Hermon, revint à Philippe. La Galilée, la Pérée et une partie de la Jordanie orientale, y compris la mer Morte et la ville de Jéricho, furent attribuées à Hérode Antipas. Archélaüs hérita de la Samarie, de la Judée et de Jérusalem. Archélaüs était considéré comme un homme cruel et Hérode Antipas comme un homme rusé, en revanche Philippe passait pour un souverain doux et juste. Archélaüs fut destitué par les Romains en l'an 6. Son territoire fut intégré à la Syrie, alors province romaine.

Un gouverneur de province devait obligatoirement être sénateur. Il portait le titre de *Legatus Augusti* et résidait à Damas. Il était le supérieur hiérarchique immédiat du procurateur de Judée, avec siège à Césarée Maritime. Alors que le gouverneur de la province avait sous ses ordres des légions régulières qu'il pouvait engager à chaque instant à sa guise, selon les nécessités de la situation politique du moment, le procurateur ne disposait que de troupes auxiliaires dont le nombre se réduisait à une demi-légion. Quatre de ces cohortes étaient stationnées à Césarée Maritime; une autre cohorte occupait la forteresse Antonia à Jérusalem. Chacune avait à sa tête un tribun *(chiliarchos);* les subalternes portaient le grade de *centurion.*

La Judée bénéficiait d'un statut particulier, comparable à celui d'une province autonome, ce qui se traduisait dans les faits par l'obligation pour le plus haut administrateur, le procurateur, d'être issu de la chevalerie, qui faisait de lui l'égal d'un proconsul. En l'an 6, le gouverneur Quirinius avait nommé Coponius procurateur. Le procurateur Pilate prit ses fonctions en l'an 26. Il était sous les ordres du gouverneur Vitellius qui, en l'an 36, devait provoquer le rappel de Pilate par l'empereur Tibère [29].

Quirinius avait effectivement fait procéder à un recensement – non pas en Galilée, territoire du tétrarque Hérode Antipas, mais exclusivement en Judée, province sous la dépendance directe de Rome. Flavius Josèphe nous fournit plusieurs preuves irréfutables à ce sujet. Il s'agit là de l'unique recensement de l'époque. Luc parle de *premier recensement.* Il eut lieu en l'an 6 et 7 ap. J.-C. Cette mesure avait pour but de permettre aux autorités romaines de dénombrer et de ficher les habitants aux seules fins de taxation. On cherchait à établir un état des populations locales et de leurs sources de revenus. Pour ce faire, il n'était pas nécessaire de se déplacer; il convenait de s'inscrire sur son lieu de résidence.

En général, on ne situe pas la naissance de Jésus vers l'an 6 ou 7 de notre ère, car cela reviendrait à dire qu'au moment de la crucifixion il n'aurait eu que 24 ans. Il existe pourtant un certain rapport entre ces indications et le Jésus historique. Luc a écrit son Évangile environ cent ans après la naissance de Jésus, et le recensement de Quirinius n'était pour lui sans doute qu'un vague point de référence pour créer une apparence historique – tout comme il situe les grossesses simultanées de la mère de Jésus et de la mère de Jean le Baptiste sous le règne d'Hérode (Lc 1.1/25), en oubliant que dix ans se sont écoulés entre le décès d'Hérode et le recensement de Quirinius.

Le massacre des Innocents par Hérode

Le massacre des Innocents ordonné par Hérode, décrit dans l'Évangile de Matthieu, pourrait nous fournir un autre point de référence. Il faudrait alors placer la naissance de Jésus au plus tard en l'an 4 av. J.-C. – année de la mort d'Hérode. *Jésus étant né à Bethléem de Judée, au temps du roi Hérode, voici que des mages venus d'Orient arrivèrent à Jérusalem et demandèrent : « Où est le roi des Juifs qui vient de naître? Nous avons vu son astre à l'Orient et nous sommes venus lui rendre hommage. » À cette nouvelle, le roi Hérode fut troublé, et tout Jérusalem avec lui.* (Mt 2.1/3.) Alors qu'Hérode fit par la suite tuer tous les enfants mâles jusqu'à deux ans, et que la Sainte Famille ne dut son salut qu'à une fuite éperdue vers l'Égypte.

Ce massacre de nouveau-nés appartient au monde de la légende. Le parallèle avec d'autres fables de l'Antiquité, comme par exemple, la naissance d'Œdipe, n'est que trop évident. Moïse aussi aurait été sauvé du cruel pharaon d'une manière tout aussi miraculeuse. Si l'on se rapporte aux Écritures de l'Ancien Testament, le massacre des Innocents à Bethléem se présente comme l'accomplissement de la prédiction du prophète Jérémie : *Ainsi par le Seigneur : Dans Rama on entend une voix plaintive, des pleurs amers : Rachel pleure sur ses enfants, elle refuse tout réconfort, car ses enfants sont disparus.* (Jr 31.15.)

Il n'existe aucune preuve historique d'un massacre d'enfants à Bethléem ordonné par Hérode. Si cet événement avait eu lieu, il n'aurait pas manqué d'attirer l'attention des historiens de l'époque, de Flavius Josèphe surtout qui parle longuement d'Hérode et de ses méfaits. Il est frappant qu'en dehors de Matthieu, aucun évangéliste, pas même Luc – le seul à accorder une importance à l'enfance et à l'adolescence de Jésus –, ne relate un épisode aussi sensationnel qui, à moins d'un miracle, aurait dû coûter la vie à Jésus.

Cependant Hérode a laissé de lui l'image d'un homme cruel, sans scrupules, parfaitement capable d'ordonner une action aussi barbare que le massacre des jeunes enfants à Bethléem. Il fit exécuter deux de ses épouses et trois de ses enfants. L'empereur Auguste aurait déclaré quant à lui, qu'*il préférait être porc plutôt qu'enfant dans la maison d'Hérode*. On pourrait voir là une allusion à l'interdiction faite aux Juifs de ne pas consommer de viande de porc et insinuant qu'Hérode aurait éprouvé plus de scrupules à tuer un porc qu'un enfant.

En l'an 7 av. J.-C. Hérode fit étrangler ses fils Alexandre et Aristobole après avoir déjoué à temps une rébellion dont ils étaient les instigateurs. Il est possible que cet acte soit resté dans la mémoire populaire comme « un massacre d'enfants » [30] et transformé ensuite en massacre tout court car, après l'exécution de ses fils, Hérode avait fait lyncher trois cents de leurs partisans (presque tous des adolescents) par la plèbe de Jéricho. Si le rôle joué par Hérode devait être pris en considération, l'an 7 av. J.-C. serait la seule référence à retenir, mais, dans ce cas, Jésus serait né quatre ans avant l'année traditionnelle retenue : l'année de la mort d'Hérode.

L'étoile de Bethléem

L'étoile de Bethléem, mentionnée par Matthieu, n'a pas laissé les chercheurs indifférents. Il est exact qu'une constellation extraordinaire s'est manifestée à cette époque. L'astronome Johannes Kepler (1571-1630) a examiné ce phénomène de très près. Environ tous les huit cents ans, il se présente dans le signe des Poissons une constellation dans laquelle les planètes Jupiter et Saturne apparaissent sur la même longitude *(Conjunctio Magna)* et se montrent à l'œil de l'observateur comme un seul astre très grand et très brillant. Kepler a situé une formation de cette conjonction en l'an 7 av. J.-C., affirmation dont l'exactitude a été confirmée par la science moderne.

Bien entendu, cette étoile ne s'est jamais placée au-dessus de Bethléem et encore moins au-dessus d'une quelconque étable. Il est cependant permis de supposer que cette conjonction astrale ait pu être partiellement visible dans la région méditerranéenne et qu'elle ait fortement impressionné les habitants. L'auteur de l'Évangile de Matthieu, qui fait coïncider cette constellation avec la naissance de Jésus, semble avoir rencontré des personnes qui, après l'événement et bien que n'ayant pu être témoins oculaires, en parlaient encore.

S'il fallait considérer l'année de cette conjonction stellaire comme élément décisif dans la détermination de l'année de la naissance de Jésus, celui-ci serait né en l'an 7 av. J.-C. Il y aurait donc concordance avec la date du massacre présumé d'enfants. Cela signifierait aussi que Jésus aurait atteint l'âge de trente-sept ans [31].

Lieu de naissance

Le lieu de naissance de Jésus est aussi incertain que l'année. Du haut des chaires, surtout à Noël, on proclame que Jésus est né à Bethléem, bourgade de Judée petite, mais bien connue. L'impression largement dominante est que Nazareth paraît plus vraisemblable. On cite également le nom de Capharnaüm au bord du lac de Génézareth.

Certains arguments non négligeables ont été avancés en faveur de Capharnaüm. Contrairement à Nazareth,

Capharnaüm est une ville de Galilée dont l'existence a été historiquement prouvée. Jésus à ses débuts enseigne dans la synagogue locale (Mc 1.21). D'après Marc (2.1; 3.20), il vit dans la maison de sa famille à Capharnaüm; il y est chez lui. C'est là que se trouve *sa parenté* (3.21), sa mère et ses frères et sœurs. D'après Matthieu, Jésus monte dans une barque, traverse la mer et vient dans *sa ville,* c'est-à-dire à Capharnaüm. Matthieu dit également (4.13) qu'abandonnant Nazareth, il vient habiter à Capharnaüm.

Paul et Marc, les plus anciens auteurs du Nouveau Testament, n'ont jamais entendu parler de Bethléem comme lieu de naissance de Jésus. Jean en a eu vaguement connaissance, car au moment de la rédaction de son Évangile, les textes de Matthieu et de Luc avaient déjà été publiés; il prend toutefois ses distances à leur égard [32].

Que le Nouveau Testament passe le nom de Bethléem pratiquement sous silence revêt une signification particulière, car pour la propagation de la Bonne Nouvelle, Bethléem en Judée aurait fourni une adresse bien plus convenable qu'une localité de Galilée. Le prophète Ésaïe évoque avec mépris la Galilée des païens [33], et Nazareth n'est après tout qu'un coin perdu. Chez Jean, un pêcheur galiléen que l'on cherche à recruter comme disciple, prononce sans ambages : *« De Nazareth... peut-il sortir quelque chose de bon? »* (Jn 1.46.) Lorsque à la fête des Tabernacles certains affirment que Jésus est le Messie, d'autres s'écrient avec colère : *« Le Christ pourrait-il venir de la Galilée? L'Écriture ne dit-elle pas qu'il sera de la lignée de David et qu'il viendra de Bethléem, la petite cité dont David était originaire? »* (Jn 7.41/42.)

Pour Paul, Marc et Jean il va de soi que Jésus n'est pas originaire de Judée, province du centre, mais de Galilée, province située au nord-ouest du pays (Mc 1.9; Jn 1.45) : il descend de Galiléens; c'est dans ce pays qu'il a vu le jour et c'est encore en Galilée que s'est déroulée toute son activité publique – à l'exception du baptême reçu en Jordanie occidentale et de son entrée à Jérusalem, où il est arrêté et exécuté. Ses disciples viennent également de Galilée.

La raison pour laquelle Matthieu (et Luc aussi) indique Bethléem, la cité de David, comme ville natale de Jésus, apparaît clairement : les prophètes (2 S 7 ; Es 9.5/6 ; Mi 5.1) l'ont désignée comme la ville où le futur Messie verrait le jour. Le Messie né à Bethléem doit être un descendant de la maison royale de David. D'après Kolping : « Les différences dans les récits respectifs que nous proposent Matthieu et Luc des circonstances de la naissance du Christ semblent indiquer que Bethléem fut choisie pour des motifs plus dogmatiques qu'historiques [34]. »

Matthieu cite le prophète Michée et dévoile ainsi clairement pour quelle raison il fait naître Jésus à Bethléem : *Et toi, Bethléem, terre de Juda, tu n'es certes pas le plus petit des chefs-lieux de Juda : car c'est de toi que sortira le chef qui fera paître Israël, mon peuple.* (Mt. 2.6.) Il subsiste cependant une faille : le prophète Michée ne veut pas parler de la localité de Bethléem, bien connue, située à quinze kilomètres au sud-ouest de Jérusalem, mais de Bethléem Ephrata, une petite commune près de Rama, située au nord-ouest de Jérusalem : *Et toi, Bethléem Ephrata, trop petite pour compter parmi les clans de Juda, de toi sortira pour moi celui qui doit gouverner Israël.* (Mi 5.1.)

Au contraire de Luc qui fait voyager Marie et Joseph de Nazareth à Bethléem, Matthieu part du principe que les parents de Jésus ont toujours vécu à Bethléem et que celui-ci est né dans une maison et non dans une étable. (Mt 2.11.) Il vient donc au monde dans la maison familiale. Matthieu ne rapporte rien des premières semaines du nourrisson, il se contente d'affirmer que le séjour à Bethléem ne peut pas se prolonger : l'Ange du Seigneur qui, à peine un an auparavant, était apparu à Marie en songe pour lui annoncer sa grossesse, vient visiter Joseph en rêve pour le mettre en garde contre une menace de mort émanant d'Hérode. Joseph prend alors la décision de s'enfuir avec sa famille.

D'après le récit de Matthieu, tout cela se passe immédiatement après la naissance de Jésus et aurait un rapport avec l'adoration du nouveau-né par les mages d'Orient (qui, inopinément, mettent Hérode sur la piste de l'enfant) ; mais certains théologiens, s'appuyant sur un Évangile apocryphe, le « Pseudo-Matthieu », situent la visite des Mages et, par conséquent, le massacre ordonné par Hérode, deux ans plus tard. Cela revient à dire que Jésus passe les deux premières années de sa vie chez ses parents à Bethléem.

La famille s'enfuit en Égypte, et si un jour elle doit retourner en Palestine, elle ne fera qu'accomplir une autre prédiction : *La vigne que tu as retirée d'Égypte, tu l'as replantée en chassant des nations.* (Ps. 80.9.) Toujours d'après Matthieu, la Sainte Famille rentre effectivement en Judée après l'annonce de la mort d'Hérode. Une fois sur place, elle apprend qu'Archélaüs vient de succéder à son père. Comme il lui inspire la même crainte, elle part pour la Galilée. Là, un autre fils d'Hérode, Hérode Antipas, moins menaçant, ayant pris la charge de son père, elle s'installe désormais à Nazareth. Matthieu ne considère donc pas Jésus et les siens comme galiléens, mais comme des *nouveaux venus* dans la ville.

Une tout autre interprétation chez Luc, qui raconte que, pour une raison profane (recensement), Joseph, le père, est obligé de se rendre à Bethléem. Ce qui donne de l'importance à cette affirmation, c'est que Marie, en état de grossesse très avancée, accompagne son mari sur la route. À cause de cela Jésus naît à Bethléem, cité de David.

Marie comme de coutume doit rester alitée pendant huit jours au bout desquels on procède à la circoncision de l'enfant à qui on donne le nom de Jésus. Comme ils se trouvent à proximité de la Ville sainte, Marie et Joseph profitent de l'occasion pour se rendre au Temple et y accomplir les gestes rituels prescrits par la loi de Moïse dans les délais légaux (Lv. 12.1/8). Pendant les quarante jours qui suivent la naissance d'un fils (délai réduit de moitié après la naissance d'une fille), la femme n'a le droit ni de toucher un objet sacré ni de pénétrer dans le Temple.

À la sortie de cette quarantaine, elle doit offrir un animal en sacrifice. Le plus souvent, il s'agit d'un agneau de douze mois. L'immolation d'un simple couple de tourterelles décrite par Luc illustre bien la pauvreté de la famille [35]. Jésus serait donc âgé d'à peine six semaines au moment du retour de la famille en Galilée.

La toile de fond politique sur laquelle se joue l'histoire de la nativité ne résiste pas à un examen historique sérieux, indépendamment du fait que le recensement ordonné par l'empereur Auguste ne concernait pas la Galilée mais la Samarie et la Judée, provinces incorporées à la Syrie.

Le récit de Luc se greffe sur un événement dont le déroulement réel était en fait tout autre. À l'époque du recensement en Judée sur ordre de l'empereur, les autorités romaines de Galilée ne reculaient devant aucune exaction dans l'encaissement des taxes. Ils se servaient à cette fin d'agents auxiliaires, juifs pour la plupart, appelés communément les *publicains.* Une rébellion des zélotes se produisit alors sous la conduite de Judas de Gamala. Cette rébellion fut maîtrisée par les troupes romaines stationnées en Syrie. De nombreuses localités galiléennes furent détruites et deux mille partisans de Judas de Gamala finirent sur la croix – lui-même réussissant à s'enfuir.

Nul doute que le jeune Jésus, qui devait avoir entre treize et quatorze ans, aura vécu ces événements intensément. Joseph, son père, aurait-il fait partie de ces pieux francs-tireurs tombés entre les mains de leurs adversaires et crucifiés par la suite? Lapide pense que la chose n'est pas impossible. Elle pourrait même expliquer pourquoi Joseph disparaît de l'Évangile sans laisser de trace, alors que Jésus n'est encore qu'un tout jeune enfant : son sort doit à tout prix être étouffé pour exclure un lien familial entre Jésus et les zélotes [36].

Lapide propose une version très différente du récit chrétien de la nativité. Selon sa propre expression, il prend le texte grec à contre-poil : le départ de Joseph n'aurait pas été un départ en voyage, mais une fuite. Lui qui, pour le moins, était proche des patriotes galiléens et manifesta son opposition par son refus de payer le tribut exigible, se serait caché avec sa femme en état de grossesse avancée dans une grotte, refuge typique des révoltés. C'est dans une grotte (et non dans une crèche comme le veut une traduction erronée de la Vulgate) que Jésus serait venu au monde. Si, toutefois, on souhaitait retenir la thèse de la crèche, cela signifierait que les parents en fuite auraient déposé le nouveau-né dans une mangeoire en espérant que des bergers ne tarderaient pas à le découvrir et à le prendre en charge [37].

S'il est établi que Bethléem n'est pas la ville natale de Jésus, si l'on admet que Jésus est venu de Galilée, que la ville de Nazareth existait déjà dans la Galilée de l'époque et que tous les Évangiles aussi bien que les Actes des apôtres établissent un lien entre Jésus et Nazareth (seul Paul n'en parle nulle part) – on serait tenté de considérer Nazareth comme lieu de naissance de Jésus. Reste le fait que, contrairement à Capharnaüm, Nazareth ne joue aucun rôle dans la vie de Jésus. De nombreux historiens affirment que ni une localité nommée Nazareth ni aucune autre petite ville que l'on aurait pu confondre avec elle, n'a existé à l'époque de Jésus. On l'aurait inventée par la suite. Et, une fois de plus, on se réfère à Flavius Josèphe, pour la bonne raison qu'il a pratiquement établi une carte de la Galilée et relevé soixante-trois localités parmi lesquelles Nazareth ne figure pas. On est forcé de conclure, soit que Nazareth a échappé à la vigilance du cartographe (peut-être à cause du peu d'importance du lieu), soit que les Évangiles en ont fait mention plus tard, à une époque où cette ville existait réellement.

Le Nazaréen et la prophétie du Naziréen

On avance que le surnom de Nazaréen pourrait exprimer autre chose que les origines d'un homme venu de

Nazareth. À l'origine et aussi dans le texte grec primitif, il était question d'un *Jésus le Nazôréen,* nom que l'on aurait transformé en *Nazaréen,* appellation qui, finalement, aurait abouti à *Jésus de Nazareth.* Le terme de *Nazaréen* ne serait, en réalité, qu'une variante dialectale du terme *Nazôréen.* Albert Schweitzer parle de deux tendances qui se seraient manifestées parmi les chrétiens de l'époque post-paulinienne, l'une prêchant l'ascèse et l'autre s'y opposant [38].

Samson, réputé pour sa force, est présenté par l'Ancien Testament comme naziréen (Jg 13.5/7). Les naziréens étaient les *bénis de Dieu,* des ascètes observant une grande réserve dans la consommation de la nourriture et de la boisson. Ils ne buvaient pas de vin et ne se faisaient pas raser les cheveux. Cette description semble peu convenir à Jésus; elle s'appliquerait bien plutôt à Jean le Baptiste qui menait une vie d'ascète et se rattachait à l'ancienne secte des naziréens dans le désert et qui prêchait l'abstinence et la pénitence.

On pourrait imaginer que le nom de Naziréen fut associé à celui de Jésus parce qu'à ses débuts il avait été disciple de Baptiste et qu'il avait pratiquement été formé à son école avant de prendre sa succession. Bultmann parle de la littérature d'une certaine secte gnostique (les mandéens) dont les membres s'appelaient les nazôréens [39].

La description des naziréens pourrait s'appliquer également à Jacques, frère de Jésus. Jacques se trouvait à la tête de la communauté primitive de Jérusalem. Il avait rejoint les disciples qui s'y étaient assemblés en attendant le retour de leur maître crucifié. (Ga 2.9; 1 Co 15.7; Ac 1.14). Eusèbe de Césarée le décrit ainsi : *Il était saint dès sa sortie du ventre de sa mère. Il ne buvait pas et il s'abstenait de viande. Jamais ses cheveux ne furent coupés, et il ne prenait pas de bain. Lui seul avait le droit de pénétrer dans le sanctuaire car ses vêtements n'étaient pas de laine mais de lin. Il allait toujours seul au Temple où l'on pouvait le trouver agenouillé et priant Dieu de pardonner à son peuple. Ses genoux étaient aussi calleux que ceux d'un chameau* [40].

Une autre explication du surnom de Nazôréen paraît possible. Jean (1.45) et Matthieu (2.23) affirment que le Messie viendrait de Nazareth. Cela surprend, car aucun prophète ne parle de Nazareth, et c'est d'autant plus étonnant venant de la part de Matthieu qui, dans le deuxième chapitre de son Évangile, se fixe spécifiquement sur Bethléem, en citant le prophète Michée [41]. On serait donc en droit de supposer qu'il ne s'agit pas de Nazareth dans la prophétie évoquée à la fin du deuxième chapitre. Ce raisonnement s'applique également à l'auteur de l'Évangile selon Jean. Les exégètes ont recherché dans cette prédiction une éventuelle raison à cette affirmation, pour découvrir lequel des prophètes avait pu être à l'origine de cette assertion. Ils ont fini par découvrir certains passages chez Ésaïe et chez Jérémie dans lesquels les deux évangélistes ont pu puiser leurs renseignements : *Un rameau sortira de la souche de Jessé, un rejeton jaillira de ses racines. Sur lui repose l'Esprit du Seigneur : esprit de sagesse et de discernement, esprit de conseil et de vaillance, esprit de connaissance et de crainte du Seigneur.* (Es 11.1/2.) Quand Ésaïe parle de la souche de Jessé, il désigne la maison royale de David, puisque Jessé est le père du roi David. De cette maison doit sortir un rameau qui fructifiera et de ce fruit naîtra le Messie. Chez Jérémie, le passage correspondant est formulé ainsi : *Des jours viennent – oracle du Seigneur – où je susciterai pour David un rejeton légitime : « Un roi règne avec compétence, il défend le droit et la justice dans le pays. »* (Jr 23.5.)

Ben-Chorin remarque qu'en hébreu, la plante issue de la racine est appelée *nezer*, qu'il s'agit d'un drageon. Le terme *nezer* signifie également « pousse », « branche » et « rejeton ».

Le prophète Ézéchiel (17.3/4) parle d'une « pousse » désignant par là le plus élevé des rameaux qu'un seul aigle arracha à un cèdre du Liban pour l'emporter à Jérusalem, où il prit racine; d'où le cantique : « Une rose est née d'une tendre racine. » On pourrait supposer que c'est à ce très grand détour linguistique que le nazaréen est redevable de ce surnom.

Où Jésus est-il né? A Capharnaüm, à Nazareth ou à quelque autre endroit en Galilée? On l'ignore, tout comme on ignore le jour et la date de sa naissance.

Pour Küng les récits sur la naissance de Jésus étaient inclus dans la propagation de la bonne parole et n'avaient pas été conçus comme témoignage historique, mais comme affirmation du message évangélique. Toujours est-il que Jésus n'est pas né à Bethléem. Personne n'a encore eu l'idée de dire « Jésus de Bethléem » à la place de « Jésus de Nazareth ». De plus, à moins d'un hasard extraordinaire, il n'est pas né dans la première année de l'ère chrétienne mais au plus tôt sept ans avant et au plus tard six ans après. Il est impossible de déterminer une date plus précise [41bis].

Pour conclure, il n'existe aucune preuve certaine permettant d'établir le lieu de naissance de Jésus. Cela aurait pu être Capharnaüm, Nazareth ou tout autre localité galiléenne. Le jour et la date de sa venue au monde n'ont jamais pu être déterminés [42].

La famille et les ancêtres

Tout le monde connaît les noms des parents de Jésus : Joseph et Marie, mais ces noms sont sujets à caution. Seuls, les Évangiles de Matthieu et de Luc appellent chacun des deux parents par leur nom. Paul passe les noms du père et de la mère sous silence. Marc mentionne Marie, mais pas Joseph. Jean mentionne Joseph et la *mère de Jésus*, sans la désigner par son nom.

Les arbres généalogiques dans les Évangiles

Les évangélistes Matthieu et Luc sont les seuls à mettre l'accent sur la descendance davidique de Jésus. Les arbres généalogiques exposés dans leurs Évangiles respectifs (Mt 1.1/16 ; Lc 3.23/38) sont censés démontrer le lien de parenté entre Joseph – et donc son fils Jésus – et le roi David. Mais qu'en est-il alors de la thèse de la virginité de Marie [43] ?

Le registre des ancêtres fait apparaître plus d'un nom difficilement compatible avec le puritanisme de l'enseignement de l'Église [44]. Il y fait figurer une certaine Rahab et Ruth, la Moabite, qui épousa Booz. Rahab est désignée comme la « prostituée de Jéricho » (Jos 2.1). De Salomon, fils de David et, par conséquent, ancêtre présumé de Jésus, on loue non seulement la sagesse mais également l'étendue du harem.

David est mort en l'an 961 av. J.-C. Du vivant de Jésus il ne devait plus y avoir personne capable d'établir la descendance de cette maison royale, et même le plus croyant des chrétiens ne peut imaginer Jésus sous les traits d'un prince. De toute évidence, les arbres généalogiques sont pure reconstruction. La divergence de vue devient flagrante dès qu'il est question du père de Joseph : Jacob pour Matthieu, il devient Élie chez Luc [45].

Cadre de vie et discordes familiales

Marc présente Jésus, tout simplement, *comme le fils de Marie.* Chez lui, nulle mention de Joseph, le père. Contrairement à Matthieu et à Luc, Marc ne cherche pas à prouver que Jésus appartient à la lignée de David. Dans deux passages seulement (Mc 10.48; 11.10) il fait allusion – et encore de manière indirecte – au « Fils de David ». Mis à part l'absence de la figure du père, Marc nous décrit une situation familiale parfaitement classique : Jésus a quatre frères et plusieurs sœurs. Lorsqu'il enseigne dans la synagogue locale, les gens ironisent : *« N'est-ce pas le charpentier, le fils de Marie et le frère de Jacques, de Josès, de Jude et de Simon? et ses sœurs ne sont-elles pas ici chez nous? »* (Mc 6.3.) Ce rapport de faits très clair (concordant avec Mt 13.53/57) nous autorise à penser que dans ses premières années de mariage la mère de Jésus donne naissance à de nombreux enfants, obéissant en cela à la Loi (Gn 1.28).

L'opinion généralement admise que Marie n'aurait donné naissance qu'à un seul enfant, Jésus n'est peut-être pas tout à fait fondée. Cette affirmation doit être considérée comme une exagération due au culte de Marie qui tend à la présenter comme une jeune femme asexuée, en dépit du passage où Luc (Lc 2.7) dit qu'elle accoucha de son « fils premier-né ». Les frères et sœurs de Jésus se trouvent alors transformés en cousins et cousines, sinon en parents éloignés [46]. On ne doit pas oublier que si la langue hébraïque ne fait pas la distinction entre frères, cousins, demi-frères et demi-sœurs, les évangélistes n'ont pas écrit en hébreu mais en grec, où cette distinction existe parfaitement. Les évangélistes ont employé le terme d'*adelphos* qui ne peut désigner qu'un frère germain. Rudolf Pesch affirme : « Une exégèse objective permet seulement de constater que les noms des quatre frères et l'existence de sœurs de Jésus sont attestés historiquement [47]. »

Marc nous apprend que Jésus est charpentier, simple ouvrier manuel, menuisier à la rigueur. Les menuisiers sont tenus pour une corporation particulièrement savante. Dans la discussion d'une question difficile, on avait coutume de dire : « N'y a-t-il pas parmi nous un charpentier, fils de charpentier, pour résoudre cette question [48]? » Sans aucun doute, Jésus est un autodidacte. C'est cette caractéristique que Luc entend souligner quand il introduit la légende de la performance du garçonnet de douze ans dans le Temple. L'enfance et les jeunes années de Jésus sont restées obscures, excepté une mention de Luc (2.52) qui note que *Jésus progressait en sagesse et en taille et en faveur auprès de Dieu et des hommes.* Son enfance semble avoir été banale.

De nombreux chercheurs ont tenté de comprendre pourquoi le père de Jésus n'est pas mentionné chez Marc. Cette constatation est d'autant plus surprenante que dans la famille juive le père occupe une position de force. Aussi bien Kolping, théologien catholique, que Stauffer, théologien protestant, n'excluent pas une intention *diffamatoire* dans la formulation de Marc (6.3) [49]. L'un et l'autre pensent pouvoir induire de certains passages que les évangélistes cherchent avant tout à prouver que Jésus n'est pas issu d'une « liaison illégitime ». Stauffer sous-entend que « tous ces commérages autour de Marie » ont été répandus par la secte baptiste de Jérusalem, c'est-à-dire par les adeptes de Jean le Baptiste.

En dépit des aspirations présumées des évangélistes, certains auteurs ont tiré du passage (Mc 6.3) des conclusions qui vont loin. Il n'y aurait jamais eu d'union durable entre Marie et Joseph. D'après eux, Joseph aurait répudié sa fiancée dès l'aveu de sa grossesse. Jésus serait donc un enfant illégitime. Dans l'Évangile de Jean (8.41), les interlocuteurs de Jésus ironisent : *Nous ne sommes pas nés de la prostitution.* Cette présentation d'une naissance illégitime peut s'appuyer sur ce passage de l'évangéliste Matthieu : *Voici quelle fut l'origine de Jésus-Christ. Marie, sa mère, était accordée en mariage à Joseph; or, avant qu'ils aient habité ensemble, elle se trouva enceinte par le fait de l'Esprit Saint. Joseph, son époux, qui était un homme juste et ne voulait pas la diffamer publiquement, résolut de la répudier secrètement.* (Mt 1.18/19.)

Deux Évangiles apocryphes, le proto-Évangile de Jacques et le pseudo-Évangile de Matthieu, nous offrent une description encore plus dramatique de la situation de Joseph. Il souhaite mourir lorsqu'il apprend que Marie est enceinte sans qu'il y soit pour quelque chose. Il se sent incapable de croire aux affirmations de sa bonne foi. Des amies de Marie, se trouvant là par hasard, interviennent pour lui apprendre que cette grossesse n'est nullement le fruit d'une infidélité, mais d'une intervention de Dieu qui a agi par l'intermédiaire de l'ange. Le pauvre Joseph ne réussit pas à croire ces explications qui lui semblent bien précaires : *Pourquoi vous moquez-vous de moi et pourquoi voulez-vous me faire croire que Marie a été engrossée par un ange de Dieu? Mais, je l'admets, il se pourrait que quelqu'un se soit fait passer pour un ange de Dieu, trompant ainsi sa bonne foi* [50].

On en conclut qu'après sa répudiation, Marie aurait épousé un autre homme dont elle aurait eu ses autres enfants. Bien entendu, il ne s'agit là que de suppositions. On pourrait tout aussi bien déduire, par toute absence de mention de la présence du père à l'occasion du premier enseignement de Jésus au Temple, que Joseph était décédé depuis longtemps et qu'il n'était plus vivant dans la mémoire des gens. Toutes ces spéculations reposent finalement sur l'acceptation de la thèse introduite dans les Évangiles de Matthieu et de Luc, propagée par les Pères de l'Église et élevée plus tard au rang de dogme, selon laquelle Jésus n'aurait pas été conçu de manière naturelle et que sa naissance aurait été virginale [51].

On est en droit de supposer que la vie de Jésus s'est prolongée dans le milieu familial bien au-delà de son adolescence. Il s'agit là d'une de ces grandes familles que les Juifs affectionnaient tellement. Étant donné son titre d'aîné, il prend très normalement la succession de son père (Mc 6.3) et assure ainsi le bien-être des siens. Tout en travaillant, il poursuit des études intensives de la Bible hébraïque. La famille se montre très déçue lorsqu'il décide de renoncer à l'exercice de son métier pour se consacrer désormais à l'enseignement et à la thérapie (psychothérapeute en quelque sorte). Ses proches auraient préféré le voir perpétuer la tradition artisanale familiale. Les discours ingénieux dont il abreuve ses frères n'évoquent rien pour eux, pas plus que les miracles accomplis. À leur avis, il n'est qu'un beau parleur et un thaumaturge de plus parmi tous ceux qui sillonnent la Galilée et d'autres provinces.

La famille a pu même éprouver un certain malaise, en constatant que leur fils et frère était la risée de sa ville natale. À cela, Jésus doit répondre par la phrase restée célèbre : *Un prophète n'est méprisé que dans sa patrie, parmi ses parents et dans sa maison.* (Mc 6.4.)

L'affaire dépasse bientôt le cadre de la simple moquerie; elle devient sérieuse : Jésus attire sur lui l'attention d'Hérode Antipas qui vient de faire arrêter Jean le Baptiste à cause de ses discours révolutionnaires. Pour lui éviter un sort identique (Mc 3.6), l'entourage de Jésus use d'un dernier recours : il déclare Jésus fou et cherche à le retenir : *À cette nouvelle les gens de sa parenté vinrent pour s'emparer de lui. Car ils disaient : « Il a perdu la tête. »* (Mc 3.21.) Jésus réussit ainsi à échapper à Hérode, d'autant plus que les scribes, représentants de la Loi, n'hésitent pas à lui accorder une attestation d'irresponsabilité : *Cela parce qu'ils disaient : « Il a un esprit impur. »* (Mc 3.30.)

Jésus ne veut plus avoir de rapports avec sa famille et la quitte. Lorsque sa mère, ses frères et ses sœurs tentent d'arranger une réconciliation, il ne veut rien entendre : *Arrivent sa mère et ses frères. Restant dehors, ils le firent appeler. La foule était assise autour de lui. On lui dit : « Voici que ta mère et tes frères sont dehors, ils te cherchent. » Il leur répond : « Qui sont ma mère et mes frères? » Et parcourant du regard ceux qui étaient assis en cercle autour de lui, il dit : « Voici ma mère et mes frères. Quiconque fait la volonté de Dieu, voilà mon frère, ma sœur, ma mère. »* (Mc 3.31/34.)

Cette attitude de dédain vis-à-vis de sa famille semble s'être accentuée au cours des activités publiques de Jésus. Il aurait exigé la même intransigeance de la part de ses disciples. Ce n'est plus Marc, mais Matthieu et Luc qui nous le rapportent : *N'allez pas croire que je sois venu apporter la paix sur la terre; je ne suis pas venu apporter la paix, mais bien le glaive. Oui, je suis venu séparer l'homme de son père, la fille de sa mère, la belle-fille de sa belle-mère : on aura pour ennemis les gens de sa maison.* (Mt 10.34/36.) Luc se fait encore plus violent : *« Si quelqu'un vient à moi sans me préférer à son père, à sa mère, sa femme, ses enfants, ses frères, ses sœurs, et même à sa propre vie, il ne peut être mon disciple. »* (Lc 14.26.) Seuls des conflits graves à l'intérieur de la famille peuvent justifier de tels propos et de telles exigences, difficilement compatibles avec le quatrième commandement : *Honore ton père et ta mère afin que tes jours se prolongent que te donne le Seigneur, ton Dieu.* (Ex 20.12.)

Une explication chrétienne de ses fortes paroles de Jésus sera donnée par la suite. D'après elle, Jésus ne voulait pas semer la discorde dans les familles mais seulement insinuer à ses disciples que l'union entre eux devait être encore plus étroite qu'une alliance basée sur les liens de parenté.

Il faut également retenir que les évangélistes ne mentionnent Marie que très rarement, bien qu'elle ait rejoint son fils prédicateur et le cercle de ses disciples (Jn 2.12). Aucun passage ne nous apporte le témoignage d'un amour filial particulier; par contre, plusieurs endroits font apparaître une distance très prononcée dans les rapports entre Jésus et sa mère.

À la noce de Cana, Jésus n'hésite pas à humilier sa mère devant les convives attablés. Jean est le seul à rapporter cette noce villageoise. Il s'agit vraisemblablement du mariage d'un des frères ou d'une des sœurs de Jésus. Son activité publique vient à peine de commencer et il est explicitement « invité » à y assister, accompagné de ses disciples. La présence de la mère semble aller de soi; c'est elle qui joue le rôle d'hôtesse. Il est question des serveurs auxquels elle donne des ordres. Comme le vin manque, Marie demande à son fils d'en fournir. Cette demande provoque une querelle pénible entre le fils et la mère, mais grâce à son attitude conciliante, Marie évite tout éclat devant les invités réunis. *Comme le vin manquait, la mère de Jésus lui dit : « Ils n'ont pas de vin. » Mais Jésus lui répondit : « Que me veux-tu, femme? Mon heure n'est pas encore venue. » Sa mère dit aux servants : « Quoi qu'il vous dise, faites-le. »* (Jn 2.3/5.)

Ben-Chorin commente que s'il ne devait y avoir qu'une seule parole authentique de Jésus, ce serait bien cette invective lancée contre sa mère [52]. Jésus ne s'adresse jamais à elle sur un ton respectueux ou affectueux [53]. Il utilise toujours le même terme : *Gunè*. Pour lui, elle est la « reproductrice », la « femme », comme l'appelle Luther. Même sur la croix, l'évangéliste fait apparaître une très nette réserve lorsque le fils dit à sa mère : *Femme, voici ton fils.* Selon Salcia Landmann : « On ne peut pas exprimer plus clairement combien ténu était le lien entre Jésus et sa mère et combien peu le Jésus historique se prête au rôle de générateur d'un culte religieux de la mère [54]. »

Jésus, cet inconnu

Bien que l'on puisse considérer l'existence de Jésus comme un fait acquis, il n'en reste pas moins que nous ignorons pratiquement tout de sa manière de vivre et de son caractère. La tradition aussi bien que le culte contemporain de Jésus ne nous proposent qu'un seul cliché : un Dieu que l'on pourrait toucher du doigt. Le tendre garçonnet à la tête bouclée ; le fils d'une jeune fille vierge ; le seul et vrai ami, toujours présent ; le bon berger, énergique et décidé – mais en même temps infiniment doux. *My sweet Lord* *. Jésus-Christ Superstar.

L'écrivain théologien Adolf Holl le voit comme un marginal, fréquentant des milieux douteux. Ses sympathies seraient allées vers les prisonniers et les condamnés et l'auraient porté à éviter les nantis. Jésus aurait été un « faiseur de scandales ». C'est l'Église qui aurait transformé « cet épouvantail à bourgeois » [55] en notable respecté de tous. Hans Küng, tout en approuvant le titre du livre de Holl : *Jesus in schlechter Gesellschaft* (« Jésus en mauvaise compagnie »), prend ses distances vis-à-vis du contenu de l'ouvrage. « Jésus n'avait rien d'un personnage conventionnel... Son mode de vie ressemblait beaucoup à celui des hippies... Bien que fils de charpentier et prétendument charpentier lui-même, il n'exerçait aucun métier. C'est l'errance. Il prêche et enseigne sur la place publique,

* En anglais dans le texte.

mange, boit, prie et dort le plus souvent à la belle étoile. Un homme qui a quitté son pays et qui s'est détaché de sa famille... Il ne fait rien pour gagner sa vie. Les évangélistes nous disent que des amis l'auraient soutenu et qu'un groupe de femmes veillait à son bien-être... Ne faut-il pas voir là comme une fuite du monde, une démarche d'exalté, voire insensée [56]? »

Le sociologue Anton Mayer fait ressortir le caractère résolument prolétarien de la rédaction de l'Évangile selon Marc et en tire parti pour prouver que Jésus serait né parmi les couches les plus humbles de la population. Ainsi trouve-t-on chez Marc le terme plutôt rude d'*aphédron* que Jésus aurait employé sans gêne aucune. Mayer précise : l'*aphédron* ne désignait pas des cabinets, mais des lieux d'aisances qui ne sauraient en aucun cas être comparés à un W.-C. On désignait par là le *merdoir* des prolétaires, terme qu'aucun auteur classique de l'Antiquité ne se serait permis d'employer.

Pourtant, plus on cherche à cerner la personnalité du Nazaréen dans les Évangiles, plus elle semble se soustraire à tout regard critique. Elle devient sublime, vénérable, abstraite. Excepté la scène de Gethsémani où sa peur et son angoisse le rapprochent de nous sur le plan humain, nous rencontrons partout la même réserve. Impossible d'imaginer un Jésus éclatant de rire ou racontant une blague juive. Lui est-il seulement arrivé de parler de la pluie et du beau temps, de se laisser aller à une franche gaieté? Personne n'en parle.

Conjectures sur l'apparence physique

On ignore tout de l'apparence physique du Nazaréen [57]. Ses traits accusaient peut-être beaucoup plus que son âge véritable : *Sur quoi les Juifs lui dirent : « Tu n'as même pas cinquante ans et tu as vu Abraham! »* (Jn 8.57.)

Les descriptions tirées des Livres prophétiques et des Psaumes et appliquées plus tard à Jésus visent aussi bien une personne d'aspect repoussant qu'un homme d'une grande beauté : *Voici que mon Serviteur triomphera, il sera haut placé, élevé, exalté à l'extrême. De même que les foules ont été horrifiées à son sujet – à ce point détruite, son apparence n'était plus celle d'un homme, et son aspect n'était plus celui des fils d'Adam... Devant Lui, celui-là végétait comme un rejet, comme une racine sortant d'une terre aride; il n'avait ni aspect, ni prestance tels que nous le remarquions, ni apparence telle que nous le recherchions.* (Es 52.13/14; 53.2.) *Tu es le plus beau des hommes, la grâce coule de tes lèvres, aussi Dieu t'a béni à tout jamais.* (Ps 45.3.)

Au Moyen Âge, on lui donnait une taille de 1,66 m, c'est-à-dire le triple de la mesure de longueur palestinienne. Le Codex Laurentianus du XIVe siècle se fixe sur trois aunes florentines, soit 1,75 m [58].

Chez les Juifs, non seulement toute reproduction de Dieu était rigoureusement interdite, mais également la représentation des êtres humains. Les communautés établies en Europe furent les premières à franchir le pas et oser représenter Jésus en image. La plus ancienne conservée se trouve sur une fresque de la catacombe Domitille à Rome; elle remonte à la première moitié du IVe siècle.

À l'encontre de Jean le Baptiste, que les évangélistes nous présentent plutôt comme un homme de la campagne – portant un vêtement rudimentaire de poil de chameau et se nourrissant de miel sauvage et de sauterelles (Mt 3.1/4) – Jésus a dû accorder un certain intérêt à son apparence extérieure. La simplicité de ses habits, nous dit Stauffer, était voulue : ni somptueux ni pauvres (Lc 7.25; Jn 19.23), une tunique sans manches avec ceinture (Mc 6.8; Jn 19.23), le vêtement à franges usuel (Lc 8.44), des sandales (Mc 1.7; 6.9) et un bâton lors de ses voyages. (Mc 6.8.) Sa tunique sans coutures était tissée d'une seule pièce, semblable en cela au chiton du grand prêtre. Il se peut aussi que Jésus ait porté sur la tête un voile blanc, comme on aimait déjà les porter dans l'ancienne Palestine, noué avec un cordon et pendant dans le dos à hauteur d'épaule [59].

Bien entendu, il ne s'agit là que de conjectures, mais dont certaines – ne serait-ce que sur des points de détail – pourraient bien correspondre à la réalité.

Jésus, Israël et les païens

Le portrait de Jésus dressé par Jean n'est pas compatible avec les données historiques. Pour les synoptiques, Jésus, à la manière des rabbins de son époque, expose les commandements de Dieu sous forme de paraboles et de proverbes tout en annonçant l'avènement du royaume de Dieu, approche très bien perçue et allant droit au cœur des gens. En revanche, Jean fait prononcer à Jésus de longues phrases répétitives gravitant autour de sa propre personne. Difficile d'imaginer que Jésus se serait adressé à ses compatriotes en ces termes : *« Je suis le pain vivant qui descend du ciel. Celui qui mangera de ce pain vivra pour l'éternité. Et le pain que je donnerai, c'est ma chair, donnée pour que le monde ait la vie. » Sur quoi, les Juifs se mirent à discuter violemment entre eux : « Comment celui-là peut-il nous donner sa chair à manger? » Jésus leur dit alors : « En vérité, en vérité, je vous le dis, si vous ne mangez pas la chair du Fils de l'homme et si vous ne buvez pas son sang, vous n'aurez pas en vous la vie. Celui qui mange ma chair et boit mon sang a la vie éternelle, et moi, je le ressusciterai au dernier jour. Car ma chair est vraie nourriture et mon sang vraie boisson. Celui qui mange ma chair et boit mon sang demeure en moi et moi en lui. Et comme le Père qui est vivant m'a envoyé et que je vis par le Père, ainsi celui qui me mangera vivra par moi. Tel est le pain qui est descendu du ciel : il est bien différent de celui que vos pères ont mangé; ils sont morts, eux, mais celui qui mangera du pain que voici vivra pour l'éternité. »* (Jn 6.51/58.)

Si l'on en croit Jean, Jésus aurait profité de la moindre occasion pour insulter et condamner ses compatriotes. Il conteste leur capacité à comprendre Dieu (Jn 5.37/38). À certains moments, il va jusqu'à les traiter en étrangers. Il parle de *votre Loi* (Jn 10.34) ou de *leur Loi* (Jn 15.25) et de la *fête juive des Tentes.* (Jn 7.2.) Même sur les Juifs *qui avaient cru en lui* (Jn 8.31), il jette l'anathème : *Votre père, c'est le diable, et vous avez la volonté de réaliser les désirs de votre père. Dès le commencement il s'est attaché à faire mourir l'homme.* (Jn 8.44.)

Lapide n'y va pas par quatre chemins : quelqu'un qui devrait ses connaissances du christianisme uniquement au quatrième Évangile serait en droit de conclure que pour des raisons mystérieuses Jésus s'est fourvoyé dans la compagnie douteuse de Juifs perfides, infidèles, assoiffés de sang et animés d'une haine qui devait, tôt ou tard, lui être fatale. Il serait complètement inaccessible à l'idée qu'une quelconque affinité ait pu exister entre ce Jésus et « les Juifs » [60].

Pourtant, le message et l'enseignement de Jésus sont destinés au peuple d'Israël.

Ce n'est pas par indifférence que Jésus exclut les païens du bénéfice de son message. Tout au contraire. Il envoie ses disciples en mission avec les instructions suivantes : *Ne prenez pas le chemin des païens et n'entrez pas dans une ville de Samaritains; allez plutôt vers les brebis perdues de la maison d'Israël.* (Mt 10.5/6.) Cette prise de position mérite attention, car Jésus devait être parfaitement conscient de ce que sa démarche religieuse ne lui interdisait nullement d'aller vers les païens. Le Dieu d'Israël s'est tourné vers tous les hommes ainsi que le proclament le Premier Livre des Rois et le prophète Ésaïe [61].

En langage moderne, certaines remarques de Jésus seraient sans aucun doute taxées de parti pris. Il n'hésite pas à dire que les Juifs *rabâchent* lorsqu'ils prient (Mt 6.7). Il traite les païens de *chiens* et de *porcs : Ne donnez pas aux chiens ce qui est sacré; ne jetez pas vos perles aux porcs de peur qu'ils ne les piétinent et que, se retournant, ils ne vous déchirent.* (Mt 7.6.) Pourtant, le fier patriote qu'il est restreint au monde juif le commandement de l'amour : lorsqu'une païenne de naissance phénicienne le supplie de guérir sa fille malade, elle entend de la bouche de Jésus ces paroles amères : *Laisse d'abord les enfants se rassasier, car ce n'est pas bien de prendre le pain des enfants pour le jeter aux petits chiens.* (Mc 7.27.) Les *enfants,* ce sont les enfants d'Israël; les *chiens,* ce sont, une fois de plus, les païens [62]. Les Évangiles ne parlent que d'un seul non-Juif à qui Jésus avait prodigué son miraculeux pouvoir de guérison : le serviteur d'un centurion romain (Mt 8.10; Lc 7.9).

Jésus aurait dit de lui-même qu'il était venu pour que la Loi soit accomplie : *N'allez pas croire que je sois venu abroger la Loi ou les prophètes; je ne suis pas venu abroger, mais accomplir. Car, en vérité, je vous le déclare, avant que ne passent le ciel et la terre, pas un i, pas un point sur le i ne passera de la Loi que tout ne soit arrivé. Dès lors celui qui transgressera un seul de ces plus petits commandements et enseignera aux hommes à faire de même sera déclaré le plus petit dans le royaume des cieux.* (Mt 5.17/19.) Jésus considérait *que nul n'est bon que Dieu seul.* (Mc 10.18.) Ben-Chorin décrit Jésus comme Juif de Palestine à part entière, vivant parmi son peuple et dans son pays [63].

Jésus ne cherche pas à créer une nouvelle religion et n'a nullement le sentiment d'être le fondateur d'une religion englobant la terre entière; il se sent investi d'une mission précise : *Je n'ai été envoyé qu'aux brebis perdues de la maison d'Israël.* (Mt 15.24.)

Paul renverse radicalement cette position. Son message ne s'adresse plus aux Juifs, mais aux païens. Abandonnée également la vision d'un Dieu qui, bien qu'inaccessible, reste toujours assez proche des siens pour se faire appeler *Père* ou même *Abba,* comme les Psaumes, les prophètes et Jésus l'ont enseigné.

Le Jésus de Nazareth crucifié au Golgotha se serait difficilement reconnu dans le miroir du message paulinien.

Le fils de charpentier de Galilée, qui avait appelé Israël à se réconcilier avec Dieu, devient subitement le Sauveur, le Sauveur de tous les hommes. Vu sous cet angle, on pourrait aller jusqu'à imaginer un Jésus de Nazareth écoutant un sermon de Paul dans le seul but d'apprendre le mystère messianique du Christ préexistant [64]. Car c'est Paul qui procède à un renversement de la signification de la crucifixion de Jésus de Nazareth d'une manière sans précédent dans l'histoire. Matthieu met dans la bouche de Jésus les mots suivants : *Allez donc : de toutes les nations faites des disciples, les baptisant au nom du Père et du Fils et du Saint-Esprit.* (Mt 28.19.) *Car il faut d'abord que l'Évangile soit proclamé à toutes les nations* [65]. (Mc 13.10.) Ces deux « ordres » sont insérés dans l'Évangile pour justifier les déplacements missionnaires de Paul. L'instigation au baptême n'est qu'un développement dogmatique de la pensée paulinienne. Elle est intégrée dans le concept de la Trinité avancé par Tertullien au IIIe siècle et adoptée par les conciles du IVe siècle (Nicée et Constantinople).

On reconnaît à Paul, le plus grand théologien de tous les temps, la gloire d'être le véritable fondateur du christianisme [65]. Il a assurément altéré par sa doctrine le monothéisme juif et donc celui de Jésus dans sa forme originelle. En principe, il n'est cependant pas éloigné de la croyance qu'il n'y a qu'un seul Dieu et Créateur. Voici le sentiment de deux érudits juifs : Rosenzweig : « C'est Paul qui a apporté la Bible hébraïque jusqu'aux îles les plus éloignées, tout à fait dans le sens du prophète Isaïe »; Lapide : « En fin de compte, il faut être reconnaissant à Paul d'avoir pu séduire l'Occident avec la croyance en un Dieu unique. »

Jésus, un ascète?

Jésus ne saurait en aucun cas servir de caution aux contestataires de la société de consommation et autres adeptes d'un mode de vie puritain. Les affirmations de Marc (1.12/13), de Matthieu (4.1/2) et de Luc (4.1/2) selon lesquelles Jésus aurait passé quarante jours dans le désert sans absorber de nourriture ne sont pas à prendre au pied de la lettre. Le chiffre quarante a une connotation symbolique, et le jeûne est une antique coutume juive; celui qui renonçait à l'absorption de certains plats – de viande, par exemple – devait observer une discipline très stricte. Le miel et les sauterelles étaient tolérés; les sauterelles grillées passaient pour un mets de choix.

Le nombre de fois où l'on évoque la boisson et la nourriture à propos de Jésus est stupéfiant; il raconte lui-même que les gens le traitent de *glouton* et d'*ivrogne.* (Mt 11.19; Lc 7.34.) Le vin en question devait être un vin résiné très sucré, source, sans doute, d'innombrables maux de tête et gueules de bois. Le jour où l'on reproche à Jésus ainsi qu'à ses disciples leur penchant pour les plaisirs de la table en lui faisant remarquer que les disciples de Jean Baptiste et ceux des pharisiens observaient le jeûne, Jésus réplique par une parabole : *Les invités à la noce peuvent-ils jeûner pendant que l'époux est avec eux? Tant qu'ils ont l'époux avec eux, ils ne peuvent pas jeûner.* (Mc 2.19.) Commentaire de Küng : si pour le Baptiste, le baptême de repentance revêtait un caractère symbolique, pour Jésus et ses disciples leur participation à un joyeux festin symbolisait leur appartenance commune au royaume à venir.

Dans ses rapports avec les femmes, Jésus ne semble pas faire preuve d'une plus grande abstinence. À ce propos, Luc (7.37) nous rapporte une anecdote piquante : dans la maison du pharisien Simon, Jésus accepte qu'une femme (qualifiée par Luc de pécheresse) s'approche de lui et verse sur ses pieds du parfum. Son hôte, tolérant, trouve qu'il passe les bornes. *Puis, se tournant vers la femme, il dit à Simon : « Tu vois cette femme. Je suis entré dans ta maison : tu ne m'as pas versé d'eau sur les pieds, mais elle, elle a baigné mes pieds de ses larmes et les a essuyés avec ses cheveux. »* (Lc 7.44.) Plus d'un grand peintre a succombé à la tentation de représenter cette scène entachée d'érotisme. Bien que personne ne puisse citer Luc en référence, la *belle pécheresse* est le plus souvent identifiée à Marie-Madeleine.

En mettant en exergue cette facette de la personnalité de Jésus, Luc se propose délibérément de donner une leçon à tous les moralistes bornés, passés et à venir. L'enseignement de l'Église, marqué par la peur de la chair, s'efforce de relater cet événement non pas comme un jovial hommage érotique, mais plutôt comme un exemple de *pécheur pénitent*, sans prêter attention au fait que cette femme, dont Jésus a accepté l'onction, n'est pas considérée comme pécheresse chez Marc et Matthieu et que chez Jean elle ne s'appelle pas Marie de Magdala, mais Marie de Béthanie, sœur du Lazare que Jésus avait fait revenir à la vie. Au puits de Jacob, cette même tolérance apparaît dans la conversation entre Jésus et la femme de Samarie (Jn 4.17) qui avait tout de même eu cinq maris et vivait, au moment de la rencontre, avec un homme qui n'était pas son époux.

L'attitude indulgente de Jésus est très clairement mise en évidence par la manière dont il traite la femme surprise en flagrant délit d'adultère et qui, d'après la loi de Moïse, doit être condamnée à la lapidation : *« Que celui d'entre vous qui n'a jamais péché lui jette la première pierre »... et Jésus lui dit : « Moi non plus, je ne te condamne pas : va, et désormais ne pèche plus* [67]*. »* (Jn 8.7 et 11.) Déjà, Augustin trouve là matière à critiquer la tolérance exagérée de Jésus [68]. Jamais l'Église n'a permis à une femme adultère de s'en tirer à si bon compte. Dès le départ, elle a préféré l'idéal de chasteté paulinien à la tolérance du Nazaréen.

Bien que le sujet de la sexualité de Jésus ait été rendu tabou par la tradition ecclésiastique qui tend à l'idéaliser comme une sorte de *vierge masculine* [69], la question des rapports de Jésus avec le sexe opposé n'a pas toujours été considérée comme inconvenante, voire non chrétienne. À tel point que dans certains Évangiles non canoniques dédiés à la gloire du Christ, on trouve, par instants, utile de décrire Jésus comme un homme dont la sexualité ne différait en rien de celle de ses congénères. Dans l'Évangile de Philippe, nous pouvons lire : *Il y en avait trois qui marchaient toujours avec le Seigneur : Marie, sa Mère, et sa sœur et Madeleine qui est appelée sa compagne. Car Marie est sa sœur, sa mère et sa compagne. Le Seigneur aimait Marie-Madeleine plus que tous les disciples et il l'embrassait souvent sur la bouche. Les autres disciples le virent aimant Marie, ils lui dirent : « Pourquoi l'aimes-tu plus que nous tous*[70] *? »* (Évangile de Philippe §§ 32/35.)

Pour Ben-Chorin, le doute n'est pas permis : Jésus a bel et bien été marié. Le fait que dans ses paraboles il choisit volontiers *l'époux* comme figure principale, allant jusqu'à s'identifier à l'époux (Mt 9.15; Lc 5.34), autorise à penser que « Jésus lui-même aurait connu la condition d'époux ». Les disciples et tous ceux qui le suivirent donnèrent à Jésus le titre de rabbi. Un rabbi célibataire n'est pas pensable... La question se pose : si Jésus n'avait pas été marié, quelle eût été l'attitude de ses disciples? Est-ce qu'ils ne l'auraient pas entrepris sur cette singularité et – surtout – ce manquement au premier des devoirs cités dans l'énumération des commandements rabbiniques : *Croissez et multipliez*?... Il faut absolument se défaire de l'idée qu'un Jésus marié aurait tant soit peu choqué son entourage. En réalité, c'est tout le contraire[71]. »

Ces indications semblent d'autant plus convaincantes qu'un Jésus resté célibataire n'aurait certainement pas affiché une attitude aussi positive à l'égard du mariage : *N'avez-vous pas lu que le Créateur, au commencement, les fit mâle et femelle et qu'il a dit : « C'est pourquoi l'homme quittera son père et sa mère, et s'attachera à sa femme, et les deux ne feront qu'une seule chair »?* (Mt 19.4/5.) D'après le scénario imaginé par Ben-Chorin, la jeune épouse de Jésus serait restée à la maison pour s'occuper des enfants pendant la brève période d'activité publique de son mari, alors que sa belle-mère (veuve) avait rejoint la compagnie des disciples.

Les Évangiles ne parlent pas davantage des femmes et des enfants des disciples de Jésus. Matthieu mentionne la belle-mère de Pierre, mais tout à fait incidemment, comme une chose allant de soi (Mt 8.14/15). Effectivement, on a du mal à imaginer la cohorte des disciples de Jésus composée en majorité de célibataires.

Les Évangiles ne suggèrent nulle part un Jésus marié. Contrairement à ce que l'on pourrait supposer, cette omission parle plutôt en faveur de la thèse de l'homme marié; car seul ce qui sort de l'ordinaire mérite d'être rapporté. Dans le monde judaïque de l'époque, un jeune homme ayant délibérément choisi le célibat aurait été mis au ban de la société, et cela lui aurait fait perdre toutes chances d'accéder au titre glorieux de rabbi.

Martin Luther qui, lui aussi, présuppose le mariage de Jésus « afin que soit pleinement accompli son destin d'homme » [72] voudrait voir en Marie-Madeleine l'épouse de Jésus. À l'appui de cette interprétation, on peut observer que, dans les quatre Évangiles, Marie-Madeleine joue un rôle de premier plan. À l'opposé d'une idée largement répandue, pas un seul des évangélistes n'emploie le terme de prostituée. On doit présumer que Marie-Madeleine était une femme mariée. L'idée d'une femme non mariée cheminant seule dans la Palestine de l'époque ou faisant partie de la suite d'un rabbi est franchement absurde. Vers la fin de la période active de Jésus, Marie-Madeleine jouit d'un prestige extraordinaire. De toutes les femmes qui apparaissent dans les Évangiles, c'est elle qui occupe la première place; et c'est encore elle qui accompagne Jésus pendant sa montée vers le Golgotha et qui, d'après Jean, se tient au pied de la croix alors que tous les disciples se sont enfuis dès l'arrestation de Jésus. C'est encore à Marie-Madeleine que l'on doit la découverte du tombeau vide (Mt 28.1; Jn 20.1), et d'après Marc et Jean, elle est la première à rencontrer le ressuscité (Mc 16.9; Jn 20.11/18). Cela semble la désigner comme l'épouse élue de Jésus. Si l'on suit l'Évangile de Philippe, on devrait admettre que la femme que Jésus a comblée de baisers était en réalité sa propre épouse. La vie que cette Marie a pu mener avant de rencontrer Jésus ne compte pas. Elle avait été « pécheresse ». Et alors!

Si l'Église présente invariablement Jésus sous les traits d'un homme non marié, c'est Paul seul le responsable qui – se distanciant en cela des autres évangélistes – chante les louanges de sa propre vie de célibataire qu'il souhaiterait proposer à tout bon chrétien comme modèle à suivre (1 Co. 7.1/2). Tout ce qui a trait à la personne de Jésus baigne dans l'imprécision, alors que la personnalité de l'apôtre peut être cernée avec beaucoup plus de certitude. Ce qu'il faut retenir, c'est que Paul ne fait nulle part mention d'une parole du maître se prononçant contre les plaisirs des sens que procure le mariage, ni contre la sexualité en général ou la sexualité de la femme en particulier.

Défenseur de la justice sociale?

Les prédictions de Jésus étaient surtout des exhortations à la pénitence en vue de l'avènement proche du royaume de Dieu. Mais, suivant en cela les traces de Jean le Baptiste, il ne se contenta pas d'exiger le repentir, mais plaça au même rang le devoir d'amour. Lorsque Deschner écrit de Jésus qu'« il semble avoir été dominé par une tendance au radicalisme extrême : la lutte contre tout culte et toute ostentation de la dévotion, contre ceux qui jugent et ceux qui oppressent les faibles, contre l'exploitation des pauvres, la puissance, la vengeance et l'assassinat », on peut s'interroger. Savons-nous assez de la personnalité de Jésus pour accepter une telle description sans réserve?

Les paraboles et les événements nous permettent de discerner une certaine logique dans le comportement de Jésus. Il y enseigne la clémence infinie de Dieu sans distinction de personne et indépendamment des mérites de chacun. Jésus n'est à coup sûr pas un conformiste : *Je suis venu appeler non pas les justes, mais les pécheurs.* (Mc 2.17.)

On a dit qu'il se sentait à l'aise parmi les marginaux. La sympathie qu'il portait aux femmes en général aurait déjà suffi, à elle seule, à l'exposer aux critiques de la société bien-pensante de l'époque. Jésus serait allé encore un pas plus loin : il aurait protégé les concubines et les femmes adultères. Il promet un pardon plus généreux aux prostituées qu'aux femmes chastes : *Si je te déclare que ses péchés si nombreux ont été pardonnés, c'est parce qu'elle a montré beaucoup d'amour. Mais celui à qui on pardonne peu montre peu d'amour.* (Lc 7.47.)

On doute pourtant qu'il ait entretenu des rapports cordiaux avec les collecteurs d'impôts [73] méprisés et détestés par le peuple qui les considère comme des malfrats et des escrocs (Lc 5.27/32). En agissant ainsi, il aurait d'avance perdu les sympathies de la population. De plus, le fier patriote qu'il était ne devait pas chercher ses fréquentations parmi les collaborateurs de la puissance occupante. Il est même plausible qu'il ait réussi à amener un collecteur d'impôts à renoncer à son métier, à se convertir et à se joindre aux disciples (Lc 15.7). Les évangélistes ont peut-être cherché à démontrer une attitude pro-romaine chez Jésus, en faisant valoir ses contacts amicaux avec les collecteurs d'impôts.

Un certain nombre de paraboles pourrait nous aider à mieux comprendre une des positions de base de Jésus : la critique de la recherche de biens matériels et de la condamnation de la richesse : *Je vous le répète, il est plus facile à un chameau de passer par un trou d'aiguille qu'à un riche d'entrer dans le royaume de Dieu.* (Mt 19.24.) Ailleurs : *Et il leur dit : « Attention! Gardez-vous de toute avidité; ce n'est pas du fait qu'un homme est riche qu'il a sa vie garantie par ses biens... » Mais Dieu lui dit : « Insensé, cette nuit même on te redemande ta vie, et ce que tu as préparé, qui donc l'aura? Voilà ce qui arrive à celui qui amasse un trésor pour lui-même au lieu de s'enrichir auprès de Dieu. »* (Lc 12.15; 20/21.)

Est-ce que cela nous permet encore de considérer Jésus comme un défenseur de l'égalité sociale? Certainement pas. Il ne s'engage pas dans le combat contre les riches; ce n'est pas la richesse qu'il attaque; il critique la stupidité du cultivateur qui se fie à sa richesse. Car, lorsque le règne de Dieu sera venu, les pauvres ne seront plus pauvres et les riches ne seront plus riches [74]. D'ailleurs, de certaines paraboles de Jésus, on pourrait tirer argument pour refuser la lutte pour une justice sociale : *Lequel d'entre vous, s'il a un serviteur qui laboure ou qui garde les bêtes, lui dira à son retour des champs : « Va vite te mettre à table »? Est-ce qu'il ne lui dira pas plutôt : « Prépare-moi de quoi dîner, mets-toi en tenue pour me servir, le temps que je mange et boive; et après tu mangeras et tu boiras à ton tour »? A-t-il de la reconnaissance envers ce serviteur parce qu'il a fait ce qui lui était ordonné?* (Lc 17.7/9.)

Une injustice plus cruelle encore nous est relatée dans la parabole des ouvriers dans la vigne (Mt 20.1/16) dont le propriétaire paie tous les journaliers au même tarif en fin de journée sans tenir compte du nombre d'heures passées par chacun sur le lieu du travail.

Dans la parabole des Talents, Jésus se montre en parfait capitaliste : *« Je moissonne où je n'ai pas semé et je ramasse où je n'ai rien répandu. »* (Mt 25.26.) Il s'adresse ainsi au serviteur incapable et timoré : *Alors pourquoi n'as-tu pas mis mon argent à la banque? A mon retour, je l'aurais repris avec un intérêt. Puis il dit à ceux qui étaient là : « Retirez-lui sa mine et donnez-la à celui qui en a dix. » Ils lui dirent : « Seigneur, il a déjà dix mines! » – Je vous le dis : « À tout homme qui a, l'on donnera, mais à celui qui n'a pas, même ce qu'il a lui sera retiré* [75]. » (Lc 19.23/26.)

D'après Pöhlmann, l'attitude de Jésus vis-à-vis des riches ne fut pas très claire [76]. Ainsi ne voit-il aucun inconvénient à se faire assister par des femmes aisées faisant partie de sa suite (Lc 8.2/3) ni au fait que Pierre soit propriétaire d'une maison (Mt 8.14). Jésus qui recommande à ses disciples de distribuer leurs biens aux pauvres permet à une femme d'oindre sa chevelure d'huile de nard, une huile précieuse qui coûte une fortune (Mc 14.3/9). Le même

Jésus qui exige du jeune homme riche de vendre tous ses biens ne demande rien de tel à Zachée, chef collecteur des impôts totalement corrompu qui pourtant mériterait bien une telle injonction (Lc 19.8/10).

L'ensemble de ces contradictions nous prive de toute possibilité d'esquisser un éventuel schéma du comportement qu'aurait Jésus face aux problèmes brûlants de notre temps. Aucun parti politique, aucune opposition extraparlementaire, aucun groupement ne saurait se réclamer de lui.

Le Sermon sur la Montagne [77], si souvent évoqué lors de discussions de questions d'actualité, ne fournit aucun élément de réponse [78]. Aucun programme de réforme sociale ou politique ne saurait s'en inspirer. Jésus n'a pas dénoncé la situation des esclaves. Pourtant, si nous voulions transposer le Sermon sur la Montagne à l'époque actuelle, cette préoccupation devrait constituer le préambule à tout programme social. Jésus leur a demandé de se contenter de leur sort : ils seront bénis dans les cieux – mais il ne leur demande pas de se soulever contre ceux qui les exploitent.

Les bénédictions, les anathèmes et les menaces du Sermon sur la Montagne ne sont rien d'autre que le reflet des aspirations des couches les plus pauvres de la population dont Jésus a su percevoir les aspirations profondes [79]. Il ne s'est jamais aventuré à mettre en question, ne serait-ce par une allusion fugitive, la position de domination des riches. Jésus, semblable en cela à ses contemporains, ne trouve rien à redire à une division de la société en maîtres et esclaves. De nombreuses paraboles (par exemple Lc 12.42/46) utilisent les rapports existants entre un esclave et son maître comme modèle pour illustrer les liens entre l'homme et Dieu [80].

Deuxième partie

Les faits incriminés

Destination Jérusalem

Selon la tradition, Jésus aurait surtout prêché en Galilée, sur les bords et à proximité du lac de Génézareth. Il habite Capharnaüm et, à partir de là, entreprend des randonnées d'un jour ou des sorties en bateau pour rejoindre l'autre rive, d'où il revient toujours assez vite. Les disciples et le public de Jésus sont galiléens. Pourtant son message de l'avènement du royaume de Dieu ne réussit pas à toucher les populations de cette province. La réputation de Jean, très populaire en tant que baptiste et prêcheur dans le désert, lui porte ombrage. Le peuple n'applaudit que modérément. Voilà ce que nous rapporte Jean l'évangéliste. C'est tantôt l'adhésion, tantôt le refus [81].

Les conflits avec le monde environnant ne tardent pas à surgir : *Le monde ne peut pas vous haïr, tandis que moi, il me hait parce que je témoigne que ses œuvres sont mauvaises.* (Jn 7.7.) Tout le récit reflète la résignation et l'abandon. Même ses disciples les plus proches perdent confiance en lui : *Après l'avoir entendu, beaucoup de ses disciples commencèrent à dire : « Cette parole est rude! Qui peut l'écouter [82] ? »* (Jn 6.60.) Les anciens fidèles le quittent en masse : *Dès lors, beaucoup de ses disciples se retirèrent et cessèrent de faire route avec lui.* (Jn 6.66.) Cela attriste et décourage Jésus qui doit craindre que même ses douze disciples les plus proches ne l'abandonnent : *Alors Jésus dit aux Douze : « Et vous, ne voulez-vous pas partir [83] ? »* (Jn 6.67.)

La décision

L'échec de sa prédication dans son pays natal a sans doute contribué à la décision de Jésus de quitter les bords idylliques du lac. La blessure est profonde. C'est la seule explication des malédictions véhémentes lancées par lui contre les villes galiléennes – en contraste violent avec les paroles du Sermon sur la Montagne – telles que nous les rapportent Luc et Matthieu : *Alors il se mit à invectiver contre les villes où avaient eu lieu la plupart de ses miracles, parce qu'elles ne s'étaient pas converties. Malheureuse es-tu, Chorazin! Malheureuse es-tu, Bethsaïda! Car si les miracles qui ont eu lieu chez vous avaient eu lieu à Tyr et à Sidon, il y a longtemps que, sous le sac et la cendre, elles se seraient converties. Oui, je vous le déclare, au jour du Jugement, Tyr et Sidon seront traitées avec moins de rigueur que vous. Et toi, Capharnaüm, seras-tu élevée jusqu'au ciel? Tu descendras jusqu'au séjour des morts! Car si les miracles qui ont eu lieu chez toi avaient eu lieu à Sodome, elle subsisterait encore aujourd'hui. Aussi bien, je vous le déclare, au jour du Jugement, le pays de Sodome sera traité avec moins de rigueur que toi.* (Mt 11.20/24.)

On est en droit, cependant, de se demander si de telles imprécations ont jamais été prononcées. Partir d'une déception personnelle pour souhaiter la perte de plusieurs villes et de leurs habitants, cela serait vraiment dépasser toute mesure. Même en colère, Jésus ne serait pas allé jusque-là. Il semble bien plus probable que les évangélistes lui aient attribué ces paroles dans le souci de « théologiser » les difficultés qu'ils rencontraient eux-mêmes dans la propagation de la foi nouvelle en Palestine [84].

Une cause autrement sérieuse doit motiver le départ de Jésus pour Jérusalem. Il sait que s'il veut élargir son audience et l'étendre à un public de choix, s'il désire vraiment que son message porte, il lui faut pénétrer au cœur du judaïsme, Jérusalem. Ce n'est que là où se trouve le Temple, qu'il peut atteindre le peuple tout entier et lui demander son adhésion. Il n'est pas exclu que les disciples aient aussi, de leur côté, poussé leur maître à se rendre à Jérusalem afin d'y proclamer son message. D'après eux (Lc 19.11), une telle proclamation susciterait l'avènement du royaume de Dieu.

Jésus ne part certainement pas à Jérusalem pour y subir le martyre [85]. Tout en étant assez réaliste pour savoir qu'il se lance dans une aventure à haut risque, il ne situe pas le danger du côté des forces d'occupation romaines, mais plutôt du côté des autorités juives. Pour Schillebeeckx : « Il faudrait taxer Jésus de naïf en affirmant qu'il serait parti à Jérusalem sans avoir conscience de l'opposition mortelle qui l'y attendait [86]. »

Déjà au cours de sa traversée de la Galilée, Jésus rencontre des pharisiens orthodoxes qui considèrent son comportement comme un crime digne de la peine de mort (Mc 3.6), mais leurs menaces ne sont que verbales. On ne doit d'ailleurs pas se représenter les pharisiens comme une caste homogène. Certains pharisiens éprouvent de la sympathie pour Jésus et comptent parmi ses amis. À l'époque, il existe deux courants pharisiens nettement démarqués : le premier, l'aile rigoureusement conservatrice, a à sa tête rabbi Shammai, et l'autre, plutôt libéral, est dirigé par rabbi Hillel. Bien des nuances trouvent place entre ces deux courants.

Il ne fait aucun doute que l'entrée de Jésus à Jérusalem peut être considérée comme un défi véritable par l'*establishment* sacerdotal. Cela change totalement la situation. Il ne s'agit plus de se lancer librement dans de longs débats avec des scribes inoffensifs contre lesquels Jésus l'a souvent emporté malgré son manque de formation théologique et juridique (Mc 6.2 ; Jn 7.15). À Jérusalem, siège du pouvoir, il s'agit avant tout d'affronter les sadducéens, les membres du parti du Temple qui, par leurs fonctions, possèdent tous les moyens nécessaires pour se débarrasser rapidement d'un adversaire indésirable [87].

Jean le Baptiste, dont la prédication au désert finit par représenter un danger pour l'ordre public, vient d'être exécuté dans la forteresse de Machéronte sur l'ordre d'Hérode Antipas. Sans doute, la fin funeste de son maître sonne pour Jésus comme un avertissement, d'autant plus qu'il ne doit rien ignorer de la rumeur publique qui voit en lui *Jean ressuscité.* (Mc 6.14.) À Jérusalem, les hérodiens sont représentés par une solide fraction. La provocation prend de l'ampleur au fur et à mesure que Jésus réussit à pénétrer les masses de la population et à les gagner à sa cause. Une grande fermeté de caractère, un courage physique à toute épreuve et une foi absolue en sa mission messianique décident Jésus à risquer le tout pour le tout.

L'entrée dans la ville

Pour des raisons aisées à comprendre, l'entrée à Jérusalem se fait à l'occasion d'une des grandes fêtes juives qui attirent toujours beaucoup de monde. Les historiens ne se sont toujours pas mis d'accord sur la fête choisie par Jésus. D'après l'Évangile de Jean, Jésus se rend à plusieurs reprises en pèlerin à Jérusalem. Moïse (Dt 16.16) a ordonné à tous les hommes juifs de faire trois fois l'an le pèlerinage de Jérusalem, à savoir : au printemps, le pèlerinage des Azymes (pains sans levain) pour commémorer la sortie d'Égypte; sept semaines plus tard, le pèlerinage des Semaines en souvenir de la remise des tables de la Loi; enfin, au début de l'automne, le pèlerinage des Tabernacles (ou des Tentes), après la récolte des fruits et les vendanges. Dans la pratique, le commandement des trois pèlerinages annuels ne constitue sans doute pas une obligation très rigoureuse, mais un Juif aussi pieux que Jésus se rend sans doute à intervalles réguliers dans la Ville sainte pour prier au Temple et y présenter ses offrandes. Luc nous rapporte que ses parents allaient chaque année à Jérusalem pour la fête de la Pâque (Lc 2.41).

Les Évangiles synoptiques établissent une relation directe entre l'entrée dans la ville et la fête de Pâque, la Pâque où s'accomplit le tragique destin de Jésus. L'Église nous enseigne que Jésus, jusqu'alors inconnu, pénètre dans la ville le dimanche des Rameaux, cinq jours avant la Pâque. Il est question de *feuillages* que les gens coupent dans la campagne (Mc 11.8), de branches d'arbres coupées qui jonchent la route en guise d'accueil (Mt 21.8).

Beaucoup de gens étendirent leurs vêtements sur la route et d'autres des feuillages qu'ils coupaient dans la campagne. Ceux qui marchaient devant et ceux qui suivaient criaient : « Hosanna! Béni soit au nom du Seigneur Celui qui vient! Béni soit le règne qui vient, le règne de David notre père! Hosanna au plus haut des cieux! » (Mc 11.8/10.)

Ce passage concorde presque littéralement avec la version de Matthieu alors que Luc (19.37/40) ne mentionne qu'en passant la bonne humeur qui règne parmi les disciples. Certains auteurs (Ben-Chorin et Craveri, par exemple) en ont déduit que l'entrée de Jésus à Jérusalem n'aurait pas eu lieu au moment de la Pâque, mais à la fête des Tabernacles de l'automne précédent, car les deux Évangiles rappellent les commandements et rites à observer ces jours-là : *Le premier jour vous vous munirez de beaux fruits, de feuilles de palmiers, de rameaux d'arbres touffus ou de saules des torrents, et vous serez dans la joie pendant sept jours devant le Seigneur votre Dieu.* (Lv 23.40.)

Les paroles de bienvenue par lesquelles Jésus est accueilli à Jérusalem n'ont rien de personnel. Il s'agit de la formule adressée à tout pèlerin pénétrant dans la ville : *Béni soit celui qui entre au nom du Seigneur!* (Ps 118.26.) Elle n'est pas propre à la fête des Tabernacles, mais la tradition des branches s'y rattache [88].

Certains historiens supposent que Jésus se trouvait déjà

à Jérusalem depuis le pèlerinage de l'automne précédent. Leur thèse est confortée par l'Évangile de Jean : *Cependant la fête juive des Tentes était proche... Mais lorsque ses frères furent partis pour la fête, il se mit en route, lui aussi, sans se faire voir et presque secrètement.* (Jn 7.2/10.) Jean part de la présomption que Jésus aurait exercé ses activités à Jérusalem pendant plusieurs mois au cours desquels il se serait attiré l'animosité des milieux dirigeants juifs et finalement celle de la population juive tout entière. Au Temple, à la fête de la Dédicace, en plein hiver, Jésus va et vient sous le portique de Salomon, discutant avec les Juifs. Les gens finissent par s'échauffer à tel point que Jésus n'évite la lapidation que de justesse (Jn 10.22/31).

Il effectue quelques brefs voyages, mais sans jamais quitter longtemps Jérusalem. Il retourne à la Ville sainte peu de jours avant la Pâque.

Un événement d'un tout autre ordre tend à confirmer que le moment de son arrivée à Jérusalem est l'automne : Marc (11.12/14) et Matthieu (21.18/19) nous rapportent un incident, insignifiant en soi, mais qui prend son importance dans la concordance du récit des deux évangélistes : Jésus, revenant à la ville de bon matin, a faim. Voyant un figuier près du chemin, il s'en approche mais n'y trouve que des feuilles. Cela le rend si furieux qu'il jette l'anathème sur l'arbre. Cet épisode n'a de sens que si Jésus espère trouver des fruits sur l'arbre. En Palestine, les figuiers ne portent pas de fruits au printemps mais à l'automne. Ben-Chorin en tire la conclusion que l'entrée à Jérusalem a bien lieu en automne, et que les événements décisifs se déroulent au printemps suivant [89]. D'ailleurs, certains textes (Mt 23.37; Lc 13.34) suggèrent un séjour assez long de Jésus à Jérusalem; peut-être même font-ils allusion à plusieurs visites de Jésus dans la Ville sainte.

Arrière-plan du récit de la Passion

Le récit de la Passion constitue le point central des Évangiles. Jésus y est décrit dans l'optique de la foi pascale, c'est-à-dire sous l'angle de la résurrection et de la rédemption. Ce récit est fortement imprégné d'éléments christologiques, notamment dans les passages qui traitent de l'entrée à Jérusalem, de la Cène et de l'interrogatoire devant le Sanhédrin [89bis]. Tous les chercheurs s'accordent pourtant à admettre que les faits sur lesquels se fonde le récit de la Passion sont historiques.

Chacun des quatre évangélistes a consacré un chapitre complet à cette dernière phase de la vie de Jésus, ce récit représentant la partie la plus ancienne de la tradition synoptique. Tous les autres rapports sur la vie et l'activité publique de Jésus ne sont que des prolongements rétrospectifs du récit de la Passion ou, pour le formuler autrement, les Évangiles synoptiques ne sont pas autre chose que l'histoire de la Passion assortie d'une longue introduction.

Prophéties accomplies?

Bornkamm, éminent théologien protestant, fait remarquer que le récit très détaillé de la Passion par les évangélistes ne serait pas dû à des sources exhaustives, mais à un souci rigoureux de montrer la main de Dieu derrière les événements [90]. Jésus doit apparaître comme l'exécutant de la volonté de Dieu et comme victime de son accomplissement. Cela dans le but d'atténuer le choc ressenti par les adeptes à l'annonce de la fin infamante du maître. La pierre d'achoppement, pour reprendre l'expression de Paul, c'était l'exécution capitale... C'est pour cette raison que les récits de la Passion s'appuient plus que tout autre passage des Évangiles sur l'Ancien Testament [91].

En fait, l'ensemble du récit depuis l'entrée à Jérusalem jusqu'aux dernières paroles sur la croix est parsemé de citations tirées de l'Ancien Testament. Voici quelques exemples :

L'entrée à Jérusalem est l'accomplissement de la prédiction de Zacharie (9.9) : *Tressaille d'allégresse, fille de Sion! Pousse des acclamations, fille de Jérusalem! Voici que ton roi s'avance vers toi; il est juste et victorieux, humble, monté sur un âne – sur un ânon tout jeune.*

Les paroles de Jésus à la Cène : *En vérité je vous le déclare, l'un de vous va me livrer, un qui mange avec moi,* correspondent au psaume 41.10 : *Même l'ami sur qui je comptais, et qui partageait mon pain, a levé le talon sur moi.*

La supposée ignoble motivation de Judas – la cupidité – est une réminiscence de Zacharie (11.12/13) : *De fait, ils payèrent mon salaire : trente sicles d'argent... Je pris les trente sicles d'argent et les jetai au fondeur dans la Maison du Seigneur.*

Par la « purification » du Temple s'accomplit la parole d'Ésaïe : *car ma Maison sera appelée : « Maison de prière pour tous les peuples. »* (Es 56.7.) En lisant le compte rendu de la condamnation à mort de Jésus par le Sanhédrin, il faut se rappeler le psaume 31.14 : *Ils se sont mis d'accord contre moi, ils conspirent pour m'ôter la vie.*

Si Marc (14.62) fait dire à Jésus en réponse au grand prêtre qui lui demande s'il est *le Messie, le Fils du Dieu béni : Je le suis, et vous verrez le Fils de l'homme siégeant à la droite du Tout-Puissant et venant avec les nuées du ciel*, il ne faut voir là qu'un mélange des écrits du prophète Daniel (7.13) et du psaume 110.1.

La parole d'Ésaïe (53.7) va annoncer le silence de Jésus devant le Sanhédrin et Ponce Pilate : *Brutalisé, il s'humilie; il n'ouvre pas la bouche, comme un agneau traîné à l'abattoir.* Le passage d'Ésaïe (50.6) sert de parallèle à la flagellation : *J'ai livré mon dos à ceux qui me frappaient, mes joues à ceux qui m'arrachaient la barbe; je n'ai pas caché mon visage face aux outrages et aux crachats.* Le psaume 69.22 correspond à Mt 27.34 et 48 : *Ils ont mis du poison dans ma nourriture; quand j'ai soif, ils me font boire du vinaigre.*

Lorsque Ponce Pilate se lave les mains, il se conforme au psaume 26.6 : *Je lave mes mains en signe d'innocence, pour faire le tour de ton autel, Seigneur.*

L'éclipse du soleil, qui aurait régné sur l'ensemble du pays de la sixième à la neuvième heure, avait été annoncée par Amos : *Il arrivera, ce jour-là – oracle du Seigneur, mon Dieu – où je ferai se coucher le soleil en plein midi et enténébrerai la terre en plein jour.* (Am 8.9.)

La supplication du psaume 22.2 : *Mon Dieu, mon Dieu, pourquoi m'as-tu abandonné?* aurait été, d'après Marc (15.34) et Matthieu (27.46), la dernière manifestation de Jésus sur la croix. Luc (23.46) ne lui fait pas pousser ce cri de désespoir. Selon lui, Jésus aurait cité le psaume 31 (31.6) : *Dans ta main je remets mon souffle.*

Les exemples ne manquent pas. Si l'on ne veut pas pousser la spéculation jusqu'à dire que Jésus, dès son entrée à Jérusalem, s'est efforcé d'adopter un comportement en tous points conforme aux prédictions de l'Ancien Testament concernant sa personne et son destin [92], on est bien forcé d'admettre que les évangélistes ne disposaient pas de solides données biographiques. On comprend mieux alors que leur but était de faire coïncider les prédictions de l'Ancien Testament avec les circonstances de la fin de la vie de Jésus.

Quelle heure, quel jour?

Les dates avancées varient selon les évangélistes. Les synoptiques ne s'accordent pas avec Jean. Leurs versions se rejoignent pourtant sensiblement quant au moment de l'arrestation et au jour de l'exécution. Jésus aurait été crucifié le vendredi de la semaine du début de la Pâque (Mc 15.42; Jn 19.31); son arrestation aurait eu lieu la veille au soir.

Le calendrier lunaire juif comporte trois cent soixante jours divisés en douze mois de trente jours. Nissan est un mois de printemps qui coïncide avec notre mois d'avril. Adar est le dernier mois de l'année. Au fil des ans, et suivant les décisions du Sanhédrin s'y ajoute un mois complémentaire (qui suit adar et s'appelle, par conséquent, *deuxième adar*). Il est évident que l'on a cherché un rapprochement entre le calendrier solaire et les saisons [93].

La Pâque juive dure sept jours et commence le 14 du mois de nissan, c'est-à-dire à la première pleine lune de ce mois de printemps [94]. Le 14 du mois de nissan, on célèbre la soirée pascale. On évoque l'issue heureuse de l'exil égyptien des enfants d'Israël sous la conduite de Moïse. À la fin des lectures rituelles, on passe à la consommation de l'agneau pascal, tué environ huit heures plus tôt (vers midi). Le repas est accompagné de pain azyme, et quatre coupes de vin sont proposées aux convives dans un ordre rituel.

Les Évangiles synoptiques décrivent un repas de ce genre que Jésus aurait partagé avec ses disciples. Certains auteurs doutent cependant que les synoptiques aient vraiment voulu parler de la Pâque. Bornkamm fait observer que Jésus néglige les devoirs du maître de maison qui doit rappeler aux convives la signification des plats symbolisant la sortie d'Égypte [95]. D'autres fondent leurs doutes sur la présence des seuls apôtres, alors que traditionnellement leurs femmes auraient dû participer au repas [96]. Le fait que tous les synoptiques aient parlé de l'agneau pascal (Mc 14.12; Mt 26.19; Lc 22.7) avec la mention, pour Matthieu, du *premier jour des pains sans levain* (Mt 26.17) autorise à penser que les évangélistes ont cherché à interpréter le repas de la Cène comme un repas pascal [97].

D'après les relations faites par les trois synoptiques, l'arrestation de Jésus a lieu dans les heures qui suivent le repas. Après avoir chanté les psaumes, le groupe part en promenade vers le mont des Oliviers et fait halte au jardin de Gethsémani, à proximité de Jérusalem. Les disciples suscitent le courroux du maître parce que – probablement fatigués par le repas copieux, les vins lourds et la marche nocturne – ils ne tardent pas à s'endormir au lieu de veiller et prier, comme Jésus le leur a demandé; il n'a pas fini de les semoncer que surviennent les sbires pour l'arrêter : *Après avoir chanté les psaumes, ils sortirent pour aller au mont des Oliviers... Ils arrivèrent à un domaine du nom de Gethsémani et il dit à ses disciples : « Restez ici pendant que je prierai... » Il vient et les trouve en train de dormir... Puis de nouveau il vient et les trouve en train de dormir, car leurs yeux étaient appesantis. Et ils ne savaient que lui dire. Pour la troisième fois, il vient; il leur dit : « Continuez à dormir et reposez-vous! C'en est fait. L'heure est venue : voici que le Fils de l'homme est livré aux mains des pécheurs. Levez-vous! Allons! Voici qu'est arrivé celui qui me livre. »* (Mc 14.26, 32, 37, 40/42.) Cela reviendrait à dire que Jésus a été arrêté et interrogé dans la nuit du 14 du mois de nissan et exécuté le lendemain, dans la matinée.

Pour Jean, l'exécution n'aurait pas eu lieu le 14, mais le 13 du mois de nissan; c'est-à-dire non pas le jour de la Pâque, mais la veille de la célébration du repas de la Pâque (précision que Jean tient à souligner). Il précise que la fête de la Pâque, à laquelle la soirée pascale sert d'introduction, n'a pas encore commencé lorsque Jésus est introduit auprès de Pilate : *Cependant on avait emmené*

Jésus de chez Caïphe à la résidence du gouverneur. C'était le point du jour. Ceux qui l'avaient amené n'entrèrent pas dans la résidence pour ne pas se souiller et pouvoir manger la Pâque. (Jn 18.28.) Ailleurs (19.31), Jean affirme que, dans l'année de la mort de Jésus, le 14 du mois de nissan serait tombé un jour de shabbat. Comme tous les évangélistes s'accordent pour déclarer le vendredi jour de l'exécution de Jésus, on voit que pour Jean, c'est le 13 de nissan qui est le jour de la mort de Jésus; *c'est le jour de la préparation de la Pâque.* (Jn 19.14.)

Dès le début, l'Église a accepté la date proposée par Jean. Le fait que la mort de Jésus coïncide avec le jour où l'on immole l'agneau pascal à Jérusalem a servi de fondement à la première annonce de la Bonne Nouvelle. Paul lui-même (1 Co 5.7) parle du Christ *notre Pâque* (qui) *a été immolé.*

Plusieurs faits précis viennent étayer la probabilité de la date avancée par Jean. En admettant que des autorités juives soient impliquées dans l'élimination de Jésus, il est impensable que celles-ci aient exercé une activité quelconque un jour de fête religieuse. Tout ce qui est interdit un jour de shabbat ordinaire, l'est *à fortiori* à Pâque. Les Évangiles ne relatent nulle part que la fête soit désacralisée par des activités inhérentes à tout procès et crucifixion. Marc (14.2) et Matthieu (26.5) insistent : *Toutefois, ils disaient : « Pas en pleine fête, pour éviter des troubles dans le peuple. »*

En contradiction avec leur propre affirmation que l'arrestation de Jésus avait eu lieu dans la soirée pascale (qui eût amené le procès à se dérouler le jour de la Pâque), Marc (15.42) et Luc (23.54) relatent que le jour de « préparation » n'avait pas encore touché à sa fin lorsque le corps de Jésus fut dépendu de la croix et enterré.

Les synoptiques mentionnent Simon de Cyrène (un paysan originaire de la Cyrénaïque africaine) réquisitionné par les légionnaires romains pour aider Jésus à porter sa croix alors qu'il rentre des champs. Or aucun paysan juif n'aurait cultivé la terre le jour du shabbat, pendant lequel il est interdit de travailler [98].

On a souvent tenté de concilier les différents points de vue concernant la date de la mort de Jésus. Le plus facile serait d'adopter la version d'un repas pascal avancée par Marc, Matthieu et Luc, alors qu'il pourrait s'agir en réalité d'un simple repas d'adieu en prévision de sa mort imminente. Pour étayer ce souci d'harmonisation, on pourrait ajouter que chez Jean il n'est question d'aucun repas rituel. Il se borne à parler (Jn 13) d'une simple soirée avant la Pâque, au cours de laquelle Jésus lave les pieds de ses disciples et discute avec eux, soirée que les synoptiques ont transformée en veillée pascale.

Selon une autre version, il se serait bel et bien agi d'un repas de la Pâque, mais Jésus aurait consommé l'agneau pascal avant le 14 du mois de nissan, ce qui semble établir un lien avec les esséniens. Les esséniens ne se servaient pas du calendrier lunaire officiel de l'époque, mais du calendrier solaire d'après lequel le 14 nissan et donc la Pâque étaient situés un ou plusieurs jours avant la date fixée par le calendrier lunaire [99].

La question du jour de la mort de Jésus reste donc posée [100]. Les calculs des astronomes – dans la mesure où l'on peut s'y fier – ont indiqué l'existence de deux dates durant la période de Ponce Pilate (26-36) où la nuit du jeudi au vendredi de la Pâque était une nuit de pleine lune (indication des synoptiques), à savoir : le 11 avril 27 et le 23 avril 34, alors qu'il n'existe qu'une seule date, le 7 avril 30, où la pleine lune tombe dans la nuit du vendredi au samedi de la Pâque. La journée de vendredi étant donc la journée de la veille de la Pâque (date johannique), c'est cette date que l'on pourrait retenir comme celle de la mort de Jésus.

À quel âge Jésus est-il mort? Si l'on se base sur l'année de naissance indiquée par Luc dans son récit de la nativité (l'an 6 ou 7 ap. J.-C.) et partant de la première date de trépas possible selon les synoptiques (11 avril 27), Jésus serait mort à l'âge de vingt ans. Si l'on prend comme point de départ l'an 7 avant notre ère (« le massacre des Innocents » et « l'étoile de Bethléem ») et comme date de décès la dernière Pâque indiquée par les synoptiques (23 avril 34), Jésus serait mort à quarante et un ans. Entre ces deux extrêmes envisageables, l'an 7 av. J.-C. et l'an 30 de notre ère, l'existence terrestre de Jésus n'aurait pas dépassé trente-sept ans.

Absence de témoins oculaires

Personne n'est là pour nous dire comment s'est passé le procès devant le Sanhédrin, si tant est qu'un tel procès (ou peut-être simple interrogatoire) ait eu lieu (y a-t-il eu même un Sanhédrin?). On ne sait rien non plus de la procédure devant le tribunal du gouverneur, en supposant toujours que la procédure décrite dans les Évangiles ait vraiment eu lieu. Les disciples, bien que pouvant être considérés comme témoins, tout au moins dans la transmission orale des faits qui, plusieurs décennies après, sont rapportés dans les Évangiles, prennent la fuite lors de l'arrestation de Jésus. Pour échapper à un sort semblable, ils ne rentrent à Jérusalem qu'après l'événement horrible du Golgotha, lorsque la vie a repris son cours normal. La fête de la Pâque est terminée, les pèlerins sont retournés chez eux, et les Romains se sont repliés dans leur forteresse de l'Antonia.

On pourrait imaginer, à la rigueur, que Joseph d'Arimathée, membre éminent du Conseil et désigné par Jean comme *disciple secret,* laisse un rapport sur le déroulement du procès devant le Sanhédrin. Il n'apparaît cependant nulle part comme greffier (position idéale), alors qu'il joue un rôle dans la mise au tombeau. Les évangélistes ne lui attribuent pas une place significative, et il n'est pas devenu membre de la communauté chrétienne. Blinzler avance l'idée suivante : « Il était facile à la communauté chrétienne de se procurer un compte rendu sur la séance du Sanhédrin, puisqu'un des membres du Conseil, Joseph d'Arimathée, un proche de Jésus, éprouve des sentiments favorables à son égard [101]. » Autre constatation non négligeable : un nombre considérable de prêtres et de pharisiens (Ac 6.7 ; 15.5) seraient très vite venus se joindre à la communauté chrétienne.

La fuite des disciples – selon Marc (14.52) l'un d'eux se serait enfui tout nu – doit être considérée comme un fait authentique. Il s'agit là d'un événement que ni Marc ni Matthieu ni Luc n'auraient pris la peine de relater sans raison, ne serait-ce que pour l'aspect embarrassant de l'affaire. L'Évangile de Jean, également, ne laisse pas de doute sur l'abandon du maître par ses disciples. Seulement – trait caractéristique de l'évangéliste –, les choses y sont présentées sous un autre jour : les disciples ne s'enfuient pas, mais procèdent à un retrait stratégique en raison d'un ordre donné par Jésus à ceux qui sont venus le faire prisonnier : *Si donc c'est moi que vous cherchez, laissez aller ceux-ci.* (Jn 18.8.)

Selon les synoptiques, aucun des proches de Jésus n'assiste à sa crucifixion. Marie de Magdala, seule, se trouve sur les lieux. L'Évangile de Jean fait pourtant état de la présence de la mère de Jésus [102]. Les autres évangélistes n'auraient certainement pas passé sous silence un fait d'une telle importance, s'il était basé sur une vérité historique. Jean mentionne aussi Marie de Magdala et une autre Marie qu'il présente comme une tante de Jésus, sœur de sa mère (Jn 19.25). Trois femmes s'appelant Marie, dont deux sœurs portant le même prénom, se seraient donc tenues au pied de la croix.

Si la finesse de compréhension des implications historiques des faits est indéniable chez Jean, sa relation des événements historiques est, par contre, très contestable. Il va jusqu'à se présenter comme témoin oculaire des épisodes relatés dans son Évangile (21.24), d'où la confusion entre Jean l'évangéliste et Jean le disciple préféré de Jésus. De nombreux tableaux de la crucifixion nous montrent donc les trois Marie au pied de la croix, avec, à leur côté, le disciple Jean, exemple touchant de fidélité contrastant fortement avec la trahison infâme de Judas et le lâche reniement de Pierre [103].

Si l'on en croit les synoptiques, seules quelques femmes galiléennes se trouvent sur les lieux. Mis à part Marie de Magdala – dont Luc [104] est le seul à ne pas mentionner la présence – il s'agit là de femmes obscures ne jouant aucun rôle dans la vie de Jésus ni dans la propagation de son message. Marc (15.40) et Matthieu (27.56) citent ces femmes par leur nom ce qui tendrait à accréditer la véracité du récit. Ces femmes ne se tiennent pas immédiatement au pied de la croix. Selon Marc et Matthieu elles observent la scène *de loin*. Les lieux d'exécution sont gardés par la garde romaine.

L'affirmation des évangélistes, d'après laquelle les grands prêtres et les scribes défilent devant la croix en se moquant du crucifié : *Les passants l'insultaient hochant la tête et disant : « Hé! Toi qui détruis le Sanctuaire et le rebâtis en trois jours, sauve-toi toi-même en descendant de la croix »* (Mc 15.29/30) est donc une légende. Ici aussi, une prophétie devait trouver son accomplissement : *Tous ceux qui me voient me raillent; ils ricanent et hochent la tête : « Tourne-toi vers le Seigneur! Qu'il le libère, qu'il le délivre, puisqu'il l'aime. »* (Ps 22.8/9.)

En dehors du fait de la crucifixion, nous ignorons ce qui a pu arriver à Jésus à Jérusalem. Tout n'est que supposition.

Le reniement de Pierre

Pierre reste sur les traces de son maître arrêté et le suit en cachette jusque dans le palais du grand prêtre. On ne peut affirmer qu'il ait réussi à écouter aux portes pendant l'interrogatoire. Selon Marc (14.66), il serait resté en bas, dans la cour avec les serviteurs, se chauffant à leur feu.

Le reniement de Pierre est en général considéré comme un fait acquis. Pierre lui-même en aurait fait, plus tard, l'aveu à la communauté. Rien ne prouve cependant que Pierre aurait renié son maître à trois reprises. Le chiffre trois est avancé à cause de sa signification symbolique. Le chant du coq fait partie de la légende; il sert à étayer la prophétie de Jésus : *En vérité, je te le déclare, cette nuit même, avant que le coq chante, tu m'auras renié trois fois.* (Mt 26.34.) Lors du reniement, Pierre ne s'est pas maudit lui-même, comme Luther l'a si mal traduit *(il commença par se maudire);* il s'est tout simplement mis à jurer et à injurier son rabbi pour se tirer d'affaire : *Mais lui se mit à jurer avec des imprécations : « Je ne connais pas l'homme dont vous me parlez! »* (Mc 14.71.)

Pour Bornkamm, les Évangiles exposent ici un cas particulièrement frappant de lâcheté et de déloyauté de la part d'un disciple qui, peu de temps avant, avait juré à Jésus, en des termes pathétiques (Mc 14.31), fidélité à la vie et à la mort pour le désavouer aussitôt, non pas devant les autorités compétentes, mais devant un groupe de serviteurs et de servantes [105]. Contrairement à Judas que le remords pousse au suicide, Pierre se contente de noyer son repentir dans des larmes, ce qui ne l'empêche nullement d'occuper peu de temps après un poste prédominant à la tête de la communauté chrétienne à Jérusalem.

Cependant la véracité historique du reniement de Pierre reste parfois contestée. Goguel estime que Pierre n'aurait pas pu exercer un rôle dirigeant dans la jeune communauté si le reniement avait effectivement eu lieu [106]. Les évangélistes auraient relaté cette scène pour justifier a posteriori le reproche fait par Jésus à Pierre et sa crainte d'être abandonné par lui. Pour Conzelmann, le récit du reniement est un exemple caractéristique de l'enseignement christologique, au même titre que la scène de la confession de Pierre [107].

Ce point de vue, si différent de celui des évangélistes, nous mène à croire que lors de l'arrestation de Jésus, Pierre s'est comporté exactement comme les autres disciples : il a pris la fuite et n'est retourné à Jérusalem que bien plus tard.

Pas les Juifs, mais les Romains

Le récit de la Passion a dû être transmis de très bonne heure, peut-être déjà sous le règne de Caïphe et de Pilate, c'est-à-dire avant l'an 37. Cette première version de la Passion relatait sans doute la crucifixion sous Ponce Pilate mais ne contenait pas encore le procès religieux devant le Sanhédrin. C'est dans la description de la Passion que la transformation rédactionnelle du texte d'origine semble particulièrement évidente. Les Évangiles synoptiques comportent certains éléments qui présupposent la transmission de plusieurs variantes dans les récits de la Passion. Marc et Matthieu affirment que les autorités auraient hésité à appréhender Jésus au milieu des pèlerins réunis à Jérusalem pour la Pâque, craignant un soulèvement de la population en faveur du prisonnier (Mc 12.12; 14.1/2). Chez Luc, les Romains apparaissent, dans certains passages, comme les ennemis de la religion de Jésus et du peuple juif [108]. Une foule nombreuse l'accompagne à son lieu de crucifixion, plaignant et pleurant son destin. Des femmes essaient d'adoucir ses souffrances en lui présentant une boisson pour assoupir sa douleur, et quand la mort accomplit son œuvre, les gens qui le suivent se lamentent et se frappent la poitrine : *Il était suivi d'une grande multitude du peuple, entre autres, de femmes qui se frappaient la poitrine et se lamentaient sur lui. Jésus se tourna vers elles et leur dit : « Filles de Jérusalem, ne pleurez pas sur moi, mais pleurez sur vous-mêmes et sur vos enfants... » Et tous les gens qui s'étaient rassemblés pour ce spectacle, à la vue de ce qui s'était passé, s'en retournaient en se frappant la poitrine.* (Lc 23.27/48.) Sous une forme atténuée, Marc reprend la même tradition lorsqu'il rapporte : *Ils voulurent lui donner du vin mêlé de myrrhe, mais il n'en prit pas.* (Mc 15.23.) David Flusser nous apprend qu'il s'agit là d'un geste de charité que l'on accordait habituellement en Palestine à un condamné en route vers son lieu d'exécution; la boisson était censée l'étourdir légèrement et alléger ses souffrances [109]. Ces passages sont à attribuer à une seule et même tradition qui contraste avec un des thèmes principaux des récits évangéliques selon lequel le peuple juif, dans une explosion de passion et de violence, aurait exigé la condamnation et l'exécution de Jésus.

Luc nous dit en outre (ce qui est historiquement confirmé) que Pilate aurait été un homme particulièrement cruel, qui n'hésitait pas à faire massacrer de paisibles pèlerins juifs par groupes entiers : *À ce moment survinrent des gens qui lui rapportèrent l'affaire des Galiléens dont Pilate avait mêlé le sang à celui de leurs sacrifices.* (Lc 13.1.) Ce passage a dû être également tiré d'une source en contradiction avec d'autres affirmations des Évangiles où Pilate est décrit sous les traits d'un homme bienveillant qui aurait cherché à sauver la vie de Jésus.

Malgré tous les efforts cherchant à établir la responsabilité des Juifs dans la mort de Jésus et à assimiler le rôle du procurateur romain à celui d'un exécutant accidentel, les récits bibliques montrent à l'évidence que ce fut Ponce Pilate qui prononça la peine de mort exécutée par ses légionnaires – probablement des Syriens à la solde des Romains [110].

Condamner à la crucifixion

Le droit juif connaît quatre modes d'exécution de la peine capitale : la lapidation, la mort par le feu (étouffement avec une torche brûlante que l'on enfonce dans la bouche du délinquant), la décapitation et la strangulation. La crucifixion par contre est propre aux Romains [111]. De même, la flagellation du condamné à la crucifixion fait partie de la procédure prescrite par le droit romain. Le jugement est formulé ainsi : « Je te condamne : tu monteras sur la croix. Licteur, attache ses mains, qu'il soit flagellé [112] ! » Dans une procédure militaire expéditive aurait-on eu recours à cette formule?

En règle générale, on détachait quatre soldats pour une crucifixion. Jean le confirme : *Lorsque les soldats eurent achevé de crucifier Jésus, ils prirent ses vêtements et en firent quatre parts, une pour chacun* [113]. (Jn 19.23.)

La procédure de la crucifixion est variable. En principe, le condamné est suspendu à la croix par des cordes. Les victimes mettent parfois cinq jours pour mourir. Plus tard, les Romains préféreront clouer les condamnés sur la croix, la mort étant plus rapide, survenant par simple arrêt du cœur.

Est-ce que Jésus a été attaché? Est-ce qu'il a été cloué sur la croix? Le problème reste soulevé. Au début de la chrétienté, on penchait plutôt pour la première hypothèse. Ambroise, par exemple, évoque les *cordes de la croix* et les *liens de la Passion;* pour lui, la question des clous ne se pose pas [114]. Luc non plus ne mentionne pas de traces de clous, mais simplement des marques que l'on aurait pu relever tout aussi bien sur un crucifié par les cordes. Dans un tombeau creusé dans le roc, des archéologues découvrirent en 1968, à Jérusalem, les ossements d'un homme âgé de 24 à 28 ans et mesurant 1,67 m qui avait été crucifié vers l'an 50. On avait appliqué la technique de cloutage. On avait fait passer le talon droit par-dessus le talon gauche avant d'enfoncer un clou d'environ 15 cm au milieu des os. Les os du carpe étaient restés intacts ce qui laisse supposer que les pointes de fer avaient traversé le cubitus et le radius pour se fixer dans la traverse. C'était du bois d'olivier. Un piquet (« sedile ») avait été prévu comme support du corps, de sorte que le condamné expirait en position accroupie. L'image familière de Jésus sur la croix nous montre un corps suspendu, ce qui pourrait indiquer qu'il n'aurait pas été cloué mais ligoté. En général, pour hâter le décès et pour prévenir toute tentative de fuite, on cassait les jambes des condamnés avant la tombée de la nuit. L'évangéliste raconte que les jambes de deux autres crucifiés avaient été brisées et que, si l'on avait renoncé à en faire autant pour Jésus, c'est que sa mort était survenue avant la nuit. Son agonie n'est donc que de courte durée. Cela pourrait s'expliquer par une perte de sang importante, provoquée par la flagellation; l'affaiblissement qui s'ensuit amène son escorte à demander au paysan Simon de Cyrène de l'aider à porter sa croix.

Jean l'évangéliste, dont le premier souci est d'établir un parallèle avec l'agneau pascal dont les membres ne doivent pas être rompus, selon la loi mosaïque (Ex 12.46), nous fait un récit haut en couleur de ce triste événement : *Cependant, comme c'était le jour de la Préparation, les Juifs, de crainte que les corps ne restent en croix durant le sabbat, – ce sabbat-là était un jour particulièrement solennel – demandèrent à Pilate de leur faire briser les jambes et de les faire enlever. Les soldats vinrent donc, ils brisèrent les jambes du premier puis du second de ceux qui avaient été crucifiés avec lui. Arrivés à Jésus, ils constatèrent qu'il était déjà mort et ils ne lui brisèrent pas les jambes. Mais un des soldats, d'un coup de lance, le frappa au côté et aussitôt il en sortit du sang et de l'eau*[115]. (Jn 19.31/34.)

La peine de crucifixion montre toute l'inhumanité dont les hommes ont fait preuve à travers les âges. On ignore qui est à l'origine de cette pratique. Les Perses, les Grecs et les Carthaginois l'ont utilisée. D'après le témoignage de Josèphe, Titus, commandant en chef des troupes romaines pendant le siège de Jérusalem, aurait fait crucifier, après d'atroces tortures, cinq cents fugitifs juifs par jour[116].

Ce ne sont pas seulement les chefs d'État entrés comme

tyrans dans l'histoire qui appliquèrent ce mode d'exécution barbare, la plus cruelle et la plus abominable des peines de mort, d'après Cicéron. Pour Alexandre le Grand [117], tout comme pour Jules César quelques siècles plus tard, elle n'a rien d'exceptionnel. Pourtant au IVe siècle, l'empereur Constantin remplace la crucifixion par une peine relativement plus humaine : la pendaison au gibet [118].

Compétence juridique du Sanhédrin

Pour quelle raison les Romains sont-ils appelés à prononcer et à exécuter la peine de mort contre Jésus de Nazareth [119]? Il ne faut pas oublier que les autorités juives de l'époque ont également prononcé et exécuté des peines capitales [120]. Leurs victimes les plus illustres furent Jean le Baptiste et Étienne.

Jean le Baptiste fut éliminé par Hérode Antipas pour des raisons politiques en tant que fauteur de troubles après avoir été incarcéré pendant plusieurs mois dans la forteresse de Machéronte. Antipas l'aurait fait décapiter ou mourir par suffocation sur les lieux de sa détention. Quant à l'exécution d'Étienne, les Actes des apôtres (Ac 7.58) nous apprennent qu'il fut condamné à mort par le Sanhédrin et exécuté dans les règles [121].

On pourrait citer, sous réserve que le fait soit historique, un autre exemple de la compétence des autorités juives en matière d'exécution de la peine capitale qui nous est fourni par l'épisode de la femme adultère, déjà évoqué (Jn 8-7). Jésus lui-même aurait reçu des Juifs des menaces de mort au cours de ses discours publics : *« Ce n'est pas pour une belle œuvre que nous voulons te lapider, mais pour un blasphème, parce que toi qui es un homme tu te fais Dieu... »* (Jn 10.33.)

Flavius Josèphe souligne cette compétence du Sanhédrin

en matière de peine capitale (Flavius Josèphe : *Antiquités judaïques* XIV.9.3). Dans une certaine mesure, les Juifs étaient même autorisés à punir de mort des citoyens romains coupables d'avoir contrevenu aux règlements imposés par eux. Un bloc de marbre découvert à l'entrée du Temple de Jérusalem portait cette inscription en grec : *Défense aux étrangers de pénétrer dans le sanctuaire sous peine de mort* [122].

Le Talmud nous fournit un témoignage historique de première main sur le pouvoir du Sanhédrin. Le rabbi Éléazar ben Zadok relate l'exécution vers l'an 40 de la fille d'un prêtre, condamnée à mort pour mauvaises mœurs par le Sanhédrin. On pourrait ajouter à cette longue liste le cas de Jacques, frère de Jésus, qu'une décision du Sanhédrin, sous la présidence du grand prêtre Ananos, avait condamné en l'an 62 ap. J.-C. à la lapidation, décision illégale, car la composition du tribunal n'était pas conforme à la loi [123]. Dix-huit ans plus tôt, son homonyme, fils de Zébédée, avait été exécuté par Agrippa Ier, roi des Juifs [124].

Malgré la multitude de sources prouvant la compétence du Sanhédrin quant à la condamnation à la peine capitale et à sa mise en œuvre, une majorité des historiens répond qu'une telle compétence n'aurait pas existé au moment de la mort de Jésus. La condamnation à mort aurait bel et bien été prononcée par le Sanhédrin, mais un Sanhédrin privé de tout pouvoir d'exécution. (Les exécutants auraient donc été les Romains, par la crucifixion.)

L'Évangile de Jean propose un argument en ce sens. *Pilate leur dit alors : « Prenez-le et jugez-le vous-mêmes suivant votre loi. » Les Juifs lui dirent : « Il ne nous est pas permis de mettre quelqu'un à mort! »* (Jn 18.31.) Si l'on suit Jean, cela reviendrait à admettre qu'un personnage aussi important que le procurateur était persuadé que le Sanhédrin était habilité à prononcer la peine de mort. Goguel : « Il est étrange que ce soient les Juifs qui rappellent au procurateur les limites que le pouvoir romain avait imposées à leurs droits [125]. » Le parti pris de Jean devient évident lorsqu'il dit que Pilate aurait proposé aux Juifs de pratiquer un mode d'exécution romain, c'est-à-dire la crucifixion : *C'est alors qu'il le leur livra pour être crucifié.* (Jn 19.16.)

Les Actes des apôtres apportent des éclaircissements historiquement beaucoup plus convaincants en faisant ressortir, directement ou indirectement, les compétences du Sanhédrin en matière de peine capitale. Lorsque, trente ans après la mort de Jésus, Paul se trouve prisonnier du procurateur Festus, il se pose la question de savoir si, en tant que Juif, il dépend de la juridiction du Sanhédrin ou si, en tant que citoyen romain, il est soumis à la juridiction de l'empereur. Paul insiste pour être présenté devant un tribunal impérial. Sa plaidoirie à ce propos sous-entend qu'en cas de culpabilité reconnue par le Sanhédrin, il risque une condamnation à la peine capitale : *Mais Paul répliqua : « Je suis devant le tribunal de l'empereur, c'est donc là que je dois être jugé. Les Juifs, je ne leur ai fait aucun tort, comme tu t'en rends toi-même parfaitement compte. Si vraiment je suis coupable, si j'ai commis quelque crime qui mérite la mort, je ne prétends pas me soustraire à la mort. Mais si les accusations dont ces gens me chargent se réduisent à rien, personne n'a le droit de me livrer à leur merci. J'en appelle à l'empereur. »* (Ac 25.10/11.)

On affirme souvent, et à tort, que le rôle de Ponce Pilate se serait borné à entériner un jugement prononcé par le Sanhédrin. Cette thèse, développée par le théologien et juriste Johannes Stelter en 1674 à Iéna [126], n'est sans doute qu'un dérivé tardif de la conception de responsabilité collective des Juifs.

Rien ne prouve que les condamnations à mort prononcées par le Sanhédrin soient soumises à l'approbation du procurateur avant de pouvoir être exécutées. Les forces d'occupation romaines n'acceptent évidemment pas les exécutions ordonnées par le Sanhédrin quand il s'agit de personnes pouvant être de quelque utilité à Rome ou ayant acquis des mérites à son égard.

La non-ingérence dans les affaires internes des territoires occupés est un principe fondamental de l'administration romaine, qui comprend également la non-intervention dans les affaires de droit civil et de droit pénal. Le siège officiel du gouverneur romain se trouve à Césarée Maritime et non à Jérusalem, Ville sainte, où celui-ci ne fait que de brefs séjours ne dépassant que rarement quelques jours ou quelques semaines.

Par comparaison avec les autres provinces romaines, la Palestine jouit de privilèges particuliers. Pour ne citer que deux exemples : les Juifs sont dégagés des obligations militaires et ne sont pas tenus d'observer le culte de l'empereur. C'est ce que nous rapporte Flavius Josèphe. Dans le cadre de ces *privilegia judaica,* les Romains respectent les croyances et se montrent, d'une manière générale, tolérants dans toutes les affaires de religion. On ne questionne personne sur son appartenance confessionnelle. Tout le monde a le droit de vivre librement suivant ses convictions religieuses. La police intervient uniquement contre des pratiques religieuses étrangères [127] qui menacent directement la religion d'État.

Par ailleurs, il est certain que le gouverneur, en bon despote qu'il est, a tout pouvoir de poursuivre, condamner et faire exécuter qui bon lui semble. Pour Gibbon : « Son pouvoir n'était limité par aucune règle de procédure, ses jugements étaient exécutoires immédiatement et sans appel [128]. » Aucune règle de droit, aucun droit coutumier, aucune jurisprudence ne conduit le gouverneur militaire romain de Judée à confirmer et mettre à exécution des condamnations à mort prononcées par un tribunal juif.

Motif et ordre d'arrestation?

Les évangélistes décrivent l'entrée triomphale de Jésus à Jérusalem. La presque totalité de la population et des pèlerins l'accueille comme le Messie tant attendu. Pour commencer, Jésus – pour la plus grande joie de tous et sous les acclamations de la jeunesse (Mc 11.18; Mt 21.15) –, déclenche un beau tumulte. Le spectacle qui se présente à sa vue dans l'enceinte du Temple le scandalise : les marchands proposent sur l'esplanade du Temple les animaux du sacrifice que les pèlerins n'ont pu emporter de leurs lointains pays, et les changeurs sont installés pour échanger les pièces grecques et romaines contre la monnaie du Temple qui seule a cours, car l'impôt du Temple ne peut être acquitté en monnaie étrangère [129].

Ignorant les représentants de l'autorité et la police du Temple [130], Jésus se rue sur le parvis (le parvis des païens) où il renverse les tables, fouette et chasse les marchands, les changeurs et les pèlerins qui se livrent à leurs activités traditionnelles, pour accomplir ainsi la prophétie de Jérémie (7.11). *Et il les enseignait et leur disait : « N'est-il pas écrit : Ma maison sera appelée la maison de prière pour toutes les nations? Mais vous, vous en avez fait une caverne de bandits. »* (Mc 11.17.)

Le récit des vendeurs chassés du Temple ne correspond certainement pas à un fait historique. Luc (19.45) se borne à rapporter que Jésus se contente de chasser ceux qui vendent. On oublie trop souvent que l'évangéliste (et la tradition qui l'a précédé) ne donne pas un compte rendu des incidents et ne relate que ce qui l'intéresse sur le plan théologique, indépendamment d'une vraisemblance historique [131].

Si l'on considère cet épisode sous l'angle du maintien de l'ordre et de la sécurité publique, on est frappé par son aspect téméraire. Les choses sont présentées comme si Jésus avait pu se comporter sur l'esplanade du Temple comme une brute déchaînée sans que ni la police du Temple ni les troupes d'occupation cantonnées à proximité immédiate, dans l'Antonia, n'aient songé à intervenir. Le soir venu, à la fin d'une journée aussi mouvementée, Jésus sort tranquillement par les portes de la ville, entouré de ses disciples (Mc 11.19). N'importe qui aurait pu le suivre. Mais les autorités ne jugent apparemment pas nécessaire de prendre des sanctions. L'évangéliste ne se pose pas davantage la question de savoir si les marchands et les changeurs ont remonté leurs tables et poursuivi leurs activités – ce qui tombe pourtant sous le sens. En tout cas, personne ne songe à empêcher Jésus de dispenser son enseignement trois jours durant après ces incidents tumultueux, devant une foule considérable, sur le parvis du Temple. Les grands prêtres, les scribes et les anciens s'approchent de lui. Au cours des longues discussions savantes (Mc 11.7/33; 12.1/40) qui s'ensuivent, il s'avère un débatteur redoutable.

Jésus lui-même ne semble pas se rendre compte de la gravité de la situation. Cela surprend. Il fait compliment aux scribes lorsqu'ils sont de son avis (Mc 12.34) et les attaque vigoureusement lorsqu'ils ne le suivent pas (Mc 12.38/40). Il *ferme la bouche* aux sadducéens (Mt 22.34). De toute évidence, ni Jésus ni son entourage n'estiment opportun de prendre des mesures de sécurité. Alors qu'au cours de la nuit, peu avant son arrestation, Jésus a la prémonition de son sort et est saisi par l'angoisse de la mort, les disciples continuent à dormir tranquillement.

Les autorités du Temple, entre-temps, changent d'avis : subitement, il devient impératif d'arrêter Jésus. À partir de ce moment, la logique des événements se brouille. On ignore où se trouve le hors-la-loi. Au lieu d'attendre jusqu'au lendemain, quand, de toute manière, on aurait pu le cueillir sous un prétexte quelconque, sans bruit et sans faire sensation, la police du Temple lance un avis de recherche totalement insensé : *Les grands prêtres et les pharisiens avaient donné des ordres : quiconque saurait où il était devait le dénoncer afin qu'on se saisisse de lui.* (Jn 11.57.) Cela semble d'autant plus extraordinaire qu'une foule énorme, en plus des autorités et de leur police, doit être au courant de l'endroit où se trouve Jésus. D'après Jean, il se serait retiré à Béthanie, petit village aux portes de la ville. Il serait retourné une dernière fois à cet endroit où il avait ressuscité Lazare, et où il est oint de la précieuse huile de nard par Marie, sœur de Lazare. Une multitude de Juifs s'y seraient rendus pour les voir, lui et Lazare, mais personne ne cherche à le faire arrêter (Jn 12.1/8). De même, lorsque Jésus retourne à Jérusalem, ignorant probablement tout des recherches lancées contre lui, il ne se passe rien; les autorités paraissent résignées à l'ignorer. Les pharisiens se disent alors entre eux : *« Vous le voyez, vous n'arriverez à rien : voilà que le monde se met à sa suite! »* (Jn 12.19.) Lorsque, le jeudi saint, Jésus est finalement arrêté et, selon Jean, amené devant l'ex-grand prêtre Hanne, les évangélistes (involontairement) lui prêtent des paroles qui éclairent le comportement contradictoire des autorités en même temps que toute l'incohérence de la relation johannique des événements : *Jésus lui répondit : « J'ai parlé ouvertement au monde, j'ai toujours enseigné dans les synagogues et dans le Temple où tous les Juifs se rassemblent et je n'ai rien dit en secret. »* (Jn 18.20.)

Arrestation à Gethsémani

Les gardes chargés de l'arrestation et envoyés à Gethsémani, où Jésus prend du repos au milieu de ses disciples, ne possèdent aucune indication sur sa personne. Si Judas ne s'était pas trouvé là pour les renseigner, un autre aurait pu être arrêté à sa place [132]. Cette difficulté d'identification ne s'explique que par le fait qu'il s'agit là d'un détachement des forces d'occupation et qu'un officier romain n'est pas censé savoir reconnaître Jésus. On pourrait donc admettre, à la rigueur, que la présence d'un indicateur est indispensable.

Marc et Matthieu rapportent qu'en dehors des soldats romains armés d'épées, ne sont présents que des fonctionnaires subalternes du Sanhédrin, appelés tantôt serviteurs, tantôt valets [133].

La description de l'identification de Jésus par Judas n'apparaît pas chez Jean. L'Évangile selon Jean situe la scène de l'arrestation déjà dans la perspective du Christ glorifié : les gardes venus l'arrêter se mettent en route avec torches, lampes et armes (Jn 18.3), et ils tombent à terre lorsqu'ils voient Jésus dressé devant eux (Jn 18.6). Jean ne peut évidemment pas faire passer Jésus pour un inconnu. Cela ne cadrerait pas avec l'image de Fils de Dieu présentée par lui. Paradoxalement, c'est dans l'Évangile selon Jean que l'assertion de l'arrestation de Jésus par une garde romaine trouve sa confirmation. Jean (18.3;18.12) parle d'une cohorte et d'un commandant de cohorte [134]. Une cohorte romaine (le dixième d'une légion) compte 600 hommes, le total des troupes romaines cantonnées dans la forteresse Antonia (Mc 15.16; Mt 27.27; Ac 21.31).

Est-ce que Jean n'aurait pas un peu exagéré l'importance en nombre du détachement? Était-il vraiment nécessaire de mobiliser toute une garnison pour se rendre maître d'un seul homme, entouré de onze fidèles (pour la plupart non armés)?

Stauffer, semble-t-il, est le seul à revendiquer la nécessité d'un tel déploiement de forces; il va jusqu'à évoquer dans un récit fantastique un millier d'hommes engagés sur le terrain : « C'est un commando très impressionnant qui traverse la vallée du Cédron cette nuit-là pour prendre position sur le mont des Oliviers, boucler le secteur et fouiller à l'aide de leurs torches et de leurs lanternes tous les endroits pouvant servir de cachette... Il y a là le commandant de la place de Jérusalem et sa cohorte de soldats. La troupe est prête à l'attaque. On voit que les Romains s'attendent à une résistance armée et craignent, malgré les précautions prises, une mêlée générale... Le nombre des forces mobilisées peut surprendre mais n'a rien d'inouï... Les disciples de Jésus disposent de deux épées, ce qui ne pèse pas lourd en face d'un millier de soldats, mais suffit pour implorer l'aide de Dieu dans le combat messianique final de cette nuit apocalyptique où tous les anges et tous les démons se tiennent prêts à intervenir [135]. »

Laissons de côté la supposition de Stauffer; ce qu'il faut retenir, c'est que le commando d'arrestation est composé de soldats romains placés sous le commandement d'un officier romain. Goguel, lui, considère comme impensable que Jean ait pris sur lui d'inventer l'envoi d'une cohorte avec son chef [136].

Le passage où Jean relate que les Romains ont été mêlés à l'affaire dès le début ne convient évidemment pas à tous ceux qui souhaitent rendre les Juifs responsables du drame du Golgotha. C'est ainsi que Blinzler en arrive à cette conclusion rapide : puisque ce sont les Juifs qui ont instruit le procès de Jésus et portent donc implicitement la véritable responsabilité de sa mort, il a dû se trouver entre leurs mains dès le début de la Passion, ce qui exclut la thèse de l'arrestation par les Romains [137]. Selon lui, si l'on scrute attentivement les mots employés par l'évangéliste Jean, on s'aperçoit que sa terminologie est ambiguë. Lorsqu'il parle de *cohorte*, il veut désigner les gardes juives du Temple, de même que le grade de commandant s'applique à leur supérieur hiérarchique [138] – un point de vue difficilement défendable, puisque l'évangéliste parle non seulement de la cohorte et de son commandant mais aussi de serviteurs (ou valets) juifs. Lorsque Blinzler affirme que sa nouvelle interprétation gagne chaque jour davantage de terrain, les éditions récentes de la Bible, dans lesquelles les protagonistes de l'arrestation de Jésus sont considérés comme des *soldats* et nommément comme des *soldats romains* viennent le contredire.

La défense de la théorie selon laquelle Jésus n'aurait pas été arrêté par un commando des troupes d'occupation romaines, mais par les gardes du Sanhédrin, exige qu'on s'écarte totalement non seulement du récit de Jean, mais aussi de ceux des synoptiques. Tous parlent (à l'exception de Luc, peut-être) de la participation de soldats romains et rien dans leur relation ne vient contredire le fait que le commando d'arrestation était romain. En ne désignant pas spécifiquement le commandant romain comme officier en charge de l'opération, les synoptiques permettent tout juste de supposer que Jésus aurait été arrêté par les serviteurs du Temple sur ordre du Sanhédrin. Mais cela ne constitue pas une preuve contre la présentation très précise de Jean, d'autant plus que seul le récit johannique explicite la trahison de Judas.

Jean affirme que les autorités militaires romaines font appel aux milices juives (Jn 18.3). Même si cela est, quelle importance? Étant donné la différence de langues, l'assistance technique des autorités juives a pu sembler indispensable. Sous cet angle, on comprend mieux que Pierre, par exemple, puisse saisir une épée et emporter l'oreille d'un serviteur du grand prêtre, sans être inculpé d'opposition aux forces de l'ordre, de coups et blessures graves, voire de tentative d'homicide [139]. On comprend mieux aussi pourquoi tout le groupe n'est pas interpellé et emmené après avoir opposé une résistance armée : les soldats romains ont pour mission d'arrêter Jésus, et lui seul, en tant que chef présumé des partisans. L'oreille tranchée d'un serviteur juif ne les intéresse en rien.

Trahison de Judas?

La sensibilité chrétienne accorde une grande importance au personnage de Judas. Se faire traiter de *Judas* est considéré comme une insulte grave. Un sondage parmi les croyants effectué en 1967 en Allemagne révèle que 91 % des gens affirment : « Même quand on ne croit plus en rien, on reste encore persuadé que Judas a trahi Jésus [140]. »

Les évangélistes nous parlent du profond remords qui envahit Judas, le poussant finalement au suicide, lorsqu'il comprend que son maître a été condamné à mort (une issue qu'il n'avait apparemment pas prévue), mais ce remords ne modifie en rien son image. Tout au contraire : son suicide lui est compté comme péché supplémentaire [141].

Un autre point de vue selon lequel Judas n'a finalement été qu'un exécutant dans le plan de rédemption de Dieu ne réussit pas davantage à vaincre la répulsion des croyants face au fait accompli. Selon Limbeck, en livrant Jésus, Judas a été l'instrument de la volonté de Dieu, totalement acceptée par Jésus [142].

Marc et Matthieu estiment qu'au lieu de destiner Judas à jouer le traître, Dieu aurait pu attribuer ce rôle à n'importe lequel parmi les Douze. Au repas de la Cène, lors de l'annonce faite par Jésus d'une trahison imminente, tous les apôtres se montrent consternés. En fait, seul Judas aurait dû se sentir visé. Mais, comme la décision appartient à Dieu, chacun d'eux peut craindre d'être désigné par le sort. Tous, les uns après les autres, demandent au maître : *« Serait-ce moi Seigneur?... » Judas, qui le livrait, prit la parole et dit : « Serait-ce moi, rabbi? » Il lui répond : « Tu l'as dit! »* (Mt 26.22/25.)

L'annonce de la trahison de Judas au cours de ce repas paraît peu vraisemblable. (Une révélation aussi dramatique aurait dû déclencher un véritable tumulte parmi les disciples. Cependant, aucun des apôtres ne s'en prend à Judas, ce qui semble prouver la non-historicité de cette déclaration [143].) On peut difficilement imaginer que les disciples restent tranquillement à leur place, savourant jusqu'à la fin le déroulement du repas rituel pour aller se promener ensuite, comme si rien ne s'était passé, se coucher paisiblement à Gethsémani et s'endormir d'un sommeil profond.

La question reste posée : est-ce que la trahison correspond à une vérité historique ou a-t-elle été inventée par de pieux chroniqueurs uniquement préoccupés de prouver l'accomplissement du psaume de lamentation de David :

Même l'ami sur qui je comptais, et qui partageait mon pain, a levé le talon sur moi. (Ps 41.10.) Paul n'évoque pas la dénonciation de Judas. Il indique, au contraire, que Jésus serait apparu aux Douze le dimanche de Pâques [144].

Le récit de Matthieu (27.5), selon lequel Judas, saisi par le repentir, serait allé se pendre, paraît particulièrement suspect, car la même histoire est racontée à propos d'Achitophel, grand conseiller du roi David qui avait voulu trahir son maître (2 S 17.23) et se serait ensuite suicidé. Matthieu affirme que la mort de Judas est la confirmation d'une prédiction du prophète Jérémie, mais en cela il contredit les Actes des apôtres (1.18/20) selon lesquels Judas n'aurait pas éprouvé de remords et, avec le salaire de l'iniquité, se serait acheté une terre puis serait mort des suites d'une chute.

Un fait mérite attention : Judas n'est pas cité comme témoin lors du procès instruit par le Sanhédrin immédiatement après la dénonciation et l'arrestation de Jésus. Cela paraît d'autant plus surprenant que les synoptiques parlent d'une pénurie de preuves, due en grande partie au manque de sérieux de certains témoignages; Judas, qui connaissait tout ce qui concernait son rabbi et ses opinions, aurait été le témoin idéal contre lui.

Ben-Chorin, pourtant bien connu comme auteur critique, penche en faveur de l'historicité du personnage de Judas et de sa dénonciation, en avançant qu'il constituait une figure tellement gênante pour la communauté chrétienne que personne ne se serait avisé de l'inventer [145]. Ben-Chorin reflète ce qui a déjà été formulé il y a cinquante ans et qui est resté l'opinion dominante parmi les exégètes : pour les premiers chrétiens, l'histoire de Judas constituait le scandale des scandales. Si elle fut transmise, c'est parce qu'on avait de bonnes raisons de la prendre pour vraie. L'on peut aussi supposer que les évangélistes n'étaient peut-être pas mécontents de pouvoir couvrir une félonie interne par une prophétie [146].

Certains ont fait le lien entre Judas et les Juifs. Trilling, théologien catholique, suggère : « Les chrétiens vivent dans le monde de la lumière, les Juifs dans le monde des ténèbres... Il est significatif que Judas ait été rangé dans le monde des ténèbres depuis le début; on est même allé jusqu'à affirmer qu'il était possédé par Satan [147]. »

Sous une forme un peu plus voilée, l'évangéliste Jean établit également des parallèles entre Judas et les Juifs. D'un côté, Jésus ordonne ouvertement à son disciple Judas d'accomplir son œuvre : *« Ce que tu as à faire, fais-le vite. »* (Jn 13.27), d'un autre côté, toujours selon Jean, Satan serait entré en lui (Jn 13.27) et le disciple serait ainsi devenu diable (Jn 6.70). Cette idée de satanisation est caractéristique de Jean qui n'hésite pas à l'appliquer à la judaïcité tout entière : *Votre père, c'est le diable, et vous avez la volonté de réaliser les désirs de votre père. Dès le commencement, il s'est attaché à faire mourir l'homme.* (Jn 8.44.) Pour Jean donc, non seulement Judas est un diable, mais tous les Juifs sont enfants du diable. Chaque fois que les chrétiens ont laissé libre cours à leur antisémitisme, en choisissant Judas comme bouc émissaire de leur haine, ils pouvaient à bon droit se référer à l'Évangile de Jean. Lorsque au Moyen Âge commençait la fête de Pâques, les Juifs se retiraient dans leurs maisons en prenant soin de se barricader soigneusement, car Judas était juif.

Cela est en opposition et en contradiction absolue avec l'amour inébranlable montré par Jésus à son disciple Judas jusqu'à sa fin cruelle. Bien que, d'après les évangélistes, Jésus ait su que Judas allait le trahir, il continue à le traiter comme les autres apôtres. Dans le tour de table du repas de la Cène, Jésus lui assigne la place d'honneur, à ses côtés (Jn 13.26). Luc (6.12) rapporte que Jésus passe la nuit, avant la désignation des douze apôtres, en prière avec Dieu, ce qui signifie que son choix est d'inspiration divine et que la dénonciation fait partie d'un plan pré-établi par Dieu. Les rapports amicaux qui lient Jésus à Judas trouvent encore leur expression à Gethsémani : *Aussitôt il s'avança vers Jésus et dit : « Salut, rabbi! » Et il lui donna un baiser.*

Jésus lui dit : « Mon ami, fais ta besogne! » (Mt 26.49/50.) Jésus traite le disciple déchu avec toute l'affection du maître. Pour Ben-Chorin : « Il appelle alors ami celui qui est son ennemi. Il ne le traite plus en simple disciple, ne garde plus la distance normale entre maître et élève, mais lui exprime son amitié! Et cela en ce moment précis [148]! »

Selon les évangélistes, trois thèses peuvent être retenues pour l'interprétation de la trahison de Judas.

D'abord, cette soi-disant trahison faisait partie du plan de rédemption de Dieu. Judas est l'instrument de Dieu, il n'a ni la liberté ni le droit de se révolter contre sa volonté. On ne saurait donc lui tenir rigueur de ce qu'il a fait. Ensuite, Judas n'est pas l'exécuteur d'un ordre divin, mais est motivé par des raisons personnelles d'ordre bassement matériel. Il a trompé la confiance de Jésus; il est le loup déguisé en agneau; il commet un acte ignoble. Et pourtant, Jésus ne lui en tient pas rigueur; il lui témoigne une grande affection. Cette interprétation est également très répandue. Mais où nous conduit-elle? Jésus s'est trompé; il a commis une erreur de jugement. N'étant pas fin psychologue, on peut l'abuser, il est facile à un homme rusé comme Judas de le berner; le diable réussit à le duper [149]. Dieu ne lui vient pas en aide, pas plus qu'il n'exauce sa prière de l'assister de ses conseils dans le choix des apôtres. Enfin, on ne peut induire Jésus en erreur. Il voit clair en Judas dès le début, sachant depuis toujours que celui-ci le trahira honteusement. Il n'ignore pas que Judas se rendra coupable et que Satan l'entraînera à sa perte éternelle. Les adeptes de cette troisième théorie, qui jouit d'une aussi large audience que les deux premières, doivent se demander pourquoi Jésus n'a rien fait pour empêcher Judas d'accomplir son forfait. L'apôtre déchu paie son crime par une fin si atroce que Jésus aurait dû être un cynique accompli en le traitant d'ami lors de leur dernière rencontre. Il aurait ainsi implicitement approuvé ce que l'auteur présumé des Actes des apôtres nous apprend sur le sort de Judas en se référant à la prophétie du psaume 109 : *Il est tombé en avant, s'est ouvert par le milieu, et ses entrailles se sont toutes répandues... De son procès, qu'il sorte coupable, que sa prière devienne un péché..., que ses fils soient orphelins, que sa femme soit veuve. Que ses fils soient vagabonds et suppliants, qu'ils mendient hors de leurs ruines. Qu'un usurier saisisse tous ses biens, que des étrangers raflent ses gains. Que personne ne lui reste loyal, que personne n'ait pitié de ses orphelins.* (Ac 1.18, Ps 109.7/12.)

Tout cela, Jésus aurait pu l'empêcher. Il n'a pas fait la moindre tentative pour le détourner de son projet funeste mais l'a laissé courir tout droit à sa perte. Bien pire, il l'a pratiquement encouragé à mettre son plan à exécution. Que penser alors de l'enseignement du Sermon sur la Montagne, comment dire alors la prière que Jésus enseigna à ses disciples : *...et ne nous soumets pas à la tentation...*? C'est lui, le maître, qui entraîne un de ses disciples à participer à ce qu'il supplie Dieu de lui épargner. Un renversement total de situation. Ce n'est plus Jésus qui doit pardonner à Judas, mais plutôt Judas qui doit se montrer indulgent vis-à-vis de son maître qu'il a de bonnes raisons de haïr. L'idée est insupportable! Même en admettant qu'après tout Judas ait été seul responsable de ses actes, il resterait que Jésus, averti des desseins de Dieu, aurait pu en empêcher l'exécution, ne serait-ce que pour se laver de tout soupçon de complicité [150].

Un franciscain allemand – avec l'approbation de son ordre – a introduit en 1960, par l'intermédiaire du patriarche latin de Jérusalem, une procédure officielle qui devait s'étendre sur de longues années, visant à la canonisation de Judas pour les motifs suivants: «Je demande au Saint-Siège de déclarer que le dénommé Judas est entré dans la gloire céleste et mérite la vénération de tous. Car c'est grâce à lui, et à lui seul, que s'est accompli ce que la Loi et les prophètes ont prédit du Fils de l'homme... Pas de croix sans Judas, pas d'accomplissement du plan de rédemption sans la croix. Pas d'Église sans cet homme. [151] »

De nombreux auteurs se sont penchés sur les motifs de la trahison. Les avis diffèrent largement. Certains prétendent que Judas aurait été un zélote voulant forcer une décision de Jésus et déclencher ainsi la révolte contre les Romains. D'autres considèrent la prétendue trahison de Judas comme un simulacre destiné à forcer la main à Jésus, l'obliger à prouver sa qualité de « Seigneur de l'Univers » [152]. Personne ne croit plus sérieusement que Judas aurait agi par intérêt – pour toucher trente deniers : le prix moyen d'un jeune esclave. Étant trésorier du groupe, il lui eût été facile de disparaître en emportant les fonds.

Si l'on en croit les synoptiques, cette trahison de toute manière ne s'imposait pas. D'une part, sa victime, Jésus en l'occurrence, n'agissait pas dans l'ombre, mais à visage découvert. D'autre part, l'introduction de Judas ne serait qu'une volonté des synoptiques de réduire le rôle de Jésus à celui d'un petit prédicateur galiléen sans importance, un gêneur destiné à être arrêté et difficilement identifiable.

Un rebelle présumé

En Palestine occupée, les Romains utilisent la crucifixion comme moyen de dissuasion. Un jour de grande fête, qui attire de nombreux pèlerins, permet de faire une démonstration de force devant un maximum de spectateurs. D'où peut-être la précipitation.

Si, par contre, on part du point de vue que ce sont les Juifs qui veulent éliminer Jésus, on ne comprend plus cette hâte à précipiter les événements. Pour quelle raison, alors que la Pâque est proche et le temps compté, ne s'est-on pas contenté d'interpeller Jésus et de le garder en détention préventive jusqu'après la Pâque, pour ensuite instruire son procès tranquillement? Jésus arrêté n'aurait pas représenté un risque plus grand pour la sécurité que Jésus exécuté.

Les Évangiles nous décrivent une course contre la montre fantastique. Jésus est arrêté tard dans la soirée du jeudi saint. Vers minuit, on l'amène dans la maison du grand prêtre. Celui-ci doit assembler les soixante-dix membres du Sanhédrin que l'abondance des vins qui accompagne le repas de la soirée pascale a sans doute plongés dans une somnolence profonde [153]. Suit alors la séance nocturne devant le Conseil, à l'issue de laquelle Jésus est remis entre les mains de Ponce Pilate. Tractations compliquées avec Ponce Pilate; hurlements de la foule que l'on a tirée de force de son sommeil. Suspension de la procédure. L'accusé est conduit au vieux palais royal des Asmonéens, situé dans le secteur nord-ouest de la ville haute, pour y subir un jugement intermédiaire chez Hérode Antipas; retour du prisonnier au prétoire; poursuite de la séance devant Pilate avec présentation d'un autre inculpé, Barabbas. Nouvelle interruption : l'accusé est amené dans la cour intérieure du prétoire. Les gardes ordonnent que tous les soldats romains stationnés à Jérusalem, toute la cohorte, forment cercle autour de Jésus. La soldatesque organise alors une cruelle mise en scène de dérision au cours de laquelle Jésus est flagellé [154]. Il est ensuite ramené au prétoire. Pilate poursuit ses tractations; il espère sauver Jésus de la peine capitale; il œuvre pour sa libération mais en vain : il annonce finalement le verdict. Et il est à peine huit heures du matin!

D'après les règles en vigueur, un condamné à la crucifixion doit être présent, avec sa croix, devant les portes de la ville, au Golgotha, avant neuf heures. Le corps doit être descendu de la croix et enseveli avant la tombée de la nuit, c'est-à-dire avant que ne débutent les cérémonies de la Pâque. Selon Marc, la mise en croix a lieu vers neuf heures. Jésus mourra vers quinze heures : *Il était neuf heures quand ils le crucifièrent... A midi, il y eut des ténèbres sur toute la terre jusqu'à trois heures. Et à trois heures Jésus cria d'une voix forte : Mon Dieu, mon Dieu, pourquoi m'as-tu abandonné?... Mais, poussant un grand cri, Jésus expira.* (Mc 15.25/33/34/37.)

Et s'il n'avait pas expiré à quinze heures, que serait-il arrivé alors? Bien entendu, on aurait pu lui briser les jambes pour que le poids du corps privé d'appui précipite la fin. Mais sans qu'elle soit garantie. Si l'on veut bien admettre la thèse des évangélistes, Jésus serait mort juste à temps pour être enseveli avant le début de la soirée pascale [155].

Pour rendre tout le récit plus crédible, on a parfois cherché à opposer à la Passion se déroulant en une seule journée à une Passion qui aurait duré trois jours. Cette thèse a été développée et étayée par des arguments de poids par Annie Jaubert, que commente Blinzler [156]. Après avoir bénéficié d'un premier accueil favorable dans les milieux compétents, cette thèse a été évincée au bénéfice de la chronologie d'une seule journée [157].

Il est évident que les choses n'ont pas pu se passer de la manière décrite par les évangélistes. Pour rendre le déroulement des événements plausible, on imagine que, par son entrée spectaculaire à Jérusalem, Jésus attire l'attention des autorités romaines. En tant que partisan ardent de la foi, on voit en lui un rebelle potentiel. C'est pour cette raison qu'il est arrêté par les autorités militaires et condamné aux termes d'une procédure sommaire. Goguel déclare que Jésus n'a pas été arrêté en tant que blasphémateur, mais en tant qu'agitateur ou personne susceptible de provoquer des troubles.

Cette assertion se trouve confirmée non seulement par Jean, mais également, de façon indirecte, par les synoptiques. Jésus lui-même proteste contre son arrestation en tant que rebelle : *Prenant la parole, Jésus leur dit : « Comme pour un bandit, vous êtes partis avec des épées et des bâtons pour vous saisir de moi! »* (Mc 14.48.) *Comme pour un bandit* [158], c'est la traduction courante. Parlant des groupes de résistance qui opéraient à partir des montagnes de

Judée, Flavius Josèphe (au service des Romains) commente : *À ce moment donc la Judée était pleine de brigands et, dès que l'un d'entre eux avait réuni autour de lui une troupe de séditieux, il se proclamait roi et se lançait à l'assaut, car s'ils ne s'attaquaient que rarement aux Romains et leur causaient peu de dommages, en revanche ils faisaient un très grand carnage de leurs compatriotes.* (Flavius Josèphe, *Antiquités judaïques,* XVII.10.8.)

Barabbas, ce franc-tireur qui joue un rôle dans le procès devant Ponce Pilate, est également appelé *brigand* (Jn 18.40). Marc raconte : *Or celui qu'on appelait Barabbas était en prison avec les émeutiers qui avaient commis un meurtre pendant l'émeute.* (Mc 15.7.) Les deux hommes crucifiés en même temps que Jésus sont traités de bandits (Mc 15.27 ; Mt 27.38). En fait, il s'agit de partisans zélotes [159]. Personne ne saurait dire s'ils ont fait connaissance avec Jésus auparavant, si ce sont des compagnons de Barabbas ou, peut-être même, des adeptes du mouvement animé par Jésus. En tout cas, ils sont sous le même chef d'accusation que Jésus. En ce vendredi mémorable, Pilate fait exécuter trois Juifs qu'il a reconnus coupables de rébellion contre les forces d'occupation et comme ennemis de Rome.

Ces personnages ont donc sans doute été condamnés au cours d'une seule et même procédure militaire expéditive. Le principe d'économie de procédure a toujours prévalu dans les poursuites pénales des tribunaux militaires. Il n'y a aucune raison de mener plusieurs procès parallèles puisque, dans l'optique de la cour martiale, il s'agit de criminels que le langage juridique moderne qualifierait de complices : *On en conduisait aussi d'autres, deux malfaiteurs, pour les exécuter avec lui.* (Lc 23.32.)

En affublant les deux condamnés qui partageaient le sort de Jésus sur la croix, de noms tels que « criminels », « bandits », « assassins », « voleurs », « larrons »..., on a cherché à accréditer l'accomplissement d'une prophétie (Es.53.9 et suite). Selon Luc, l'un des deux co-crucifiés se serait encore moqué de Jésus sur la croix et aurait été remis à sa place par l'autre malfaiteur (Lc.23.40/41).

Ce rebelle se serait donc résigné à son sort. Il subit le lot réservé aux partisans tombés aux mains de l'ennemi et jugés d'après la loi expéditive de l'oppresseur. La crucifixion de Jésus, à ce titre, lui apparaît cependant comme une injustice ignominieuse. Lui, le zélote, sait mieux que personne que Jésus n'a participé à aucune action révolutionnaire et n'a jamais appelé à la rébellion. Il comprend parfaitement que cet homme est victime d'une flagrante erreur judiciaire.

Selon le témoignage concordant des quatre évangélistes, la première question posée par Pilate à Jésus est celle-ci : *Es-tu le roi des Juifs?* D'entrée de jeu, le Romain pose le problème sous l'angle de la sécurité politico-militaire [160]. Cette question, en effet, est parfaitement justifiée s'il est venu aux oreilles de Pilate que Jésus se fait passer pour le Messie ou est considéré comme tel, car la dignité de Messie va de pair avec le titre de roi. Ce titre désigne le chef d'une bande de rebelles, d'où la pléthore de soi-disant *rois des Juifs* [161].

D'ailleurs, la plaque fixée par ordre de Pilate en haut de la croix (Mc 15.26; Mt 27.37; Luc 23.38; Jn 19.19) indique comme motif de la crucifixion : *roi des Juifs* – c'est-à-dire un motif purement politique. Jean (19.21/22) y ajoute une nuance qui ne manque pas d'intérêt. Les grands prêtres auraient demandé à Pilate de remplacer la mention *roi des Juifs* par la formule : *cet individu a prétendu qu'il était le roi des Juifs.* Le refus de Pilate de donner suite à cette requête serait à considérer comme une preuve de plus que le procurateur ne se soucie nullement de l'avis des autorités juives, mais se forme sa propre opinion qui, par la suite, va conduire à la condamnation et entraîner la crucifixion.

Que Jésus se soit présenté comme *roi des Juifs* à Ponce Pilate ou n'ait pas répondu par la négative à une question dans ce sens posée par le procurateur est hautement improbable. On ne découvre aucun passage dans les Évangiles où Jésus – par exemple au cours d'une conversation avec les disciples – aurait cherché à se nimber de ce titre prestigieux. Il n'a jamais revendiqué l'appellation de Messie (qui, pour les Juifs et les Romains, signifiait *l'oint de la maison royale de David*). Il n'a aucune raison de jouer devant Ponce Pilate le rôle du chef des rebelles, le Messie guerroyant de la maison de David, venu pour mener le combat final contre le joug romain.

En supposant que cette plaque sur la croix ait réellement existé et porté l'inscription *roi des Juifs*, il s'agirait simplement d'une plaque destinée à qualifier Jésus de révolutionnaire [162]. Il serait bien plus raisonnable de considérer cette inscription comme une invention des évangélistes. On y perçoit l'intention de mettre en exergue Jésus Messie et roi, de créer une particularité le distinguant nettement des résistants et des autres leaders rebelles : il est le Christ Roi de la communauté post-pascale. Selon Luc et Jean, l'inscription est écrite en trois langues : en hébreu (araméen), en grec et en latin – un enseignement *urbi et orbi* [163].

Le « petit » interrogatoire dans l'Évangile selon Jean

D'après l'Évangile de Jean, ce sont exclusivement les autorités romaines qui s'occupent, ès qualités, du cas Jésus : il est arrêté par un officier romain, condamné par un tribunal constitué exclusivement de nationaux romains; la crucifixion est exécutée par des soldats romains.

Jean cherche néanmoins par tous les moyens à attribuer aux seuls Juifs la responsabilité exclusive de la mort de Jésus qui, du temps de son activité publique, aurait été constamment en butte à des vexations de leur part. L'ensemble du peuple juif est présenté comme initiateur du procès devant le tribunal romain et comme accusateur auprès de Pilate. Nulle trace pourtant chez Jean d'une condamnation prononcée par un tribunal juif.

Un compte rendu du procès devant le Sanhédrin, rapporté par les synoptiques fait également défaut. C'est très frappant. D'autant plus qu'il ne s'agit pas d'un fait mineur, mais d'un événement qualifié de primordial par les synoptiques et les théologiens ensuite. Après tout, au cours de son procès devant le Sanhédrin, Jésus s'était vu poser la question – et c'est là le point culminant de l'interrogatoire – de savoir s'il était le Messie, Fils de Dieu. À cela, il n'aurait pas répondu par la négative. Haenchen commente : « Étant donné que l'accusation principale formulée par les chrétiens contre les Juifs est de ne pas avoir reconnu Jésus comme Messie, ils se sont vus amenés à conclure que la question du messianisme était déterminante dans l'issue du procès [164]. »

Des théologiens doctrinaires, tels Stauffer ou Blinzler, font des efforts louables pour relativiser la version johannique des événements, si contraire à leur propre thèse. Selon eux, Jean aurait renoncé à faire état du procès devant le Sanhédrin, d'une part parce qu'il avait tout lieu de croire l'histoire assez répandue et, d'autre part, parce que cette procédure juive n'aurait pas suscité beaucoup d'intérêt parmi les chrétiens d'origine païenne [165].

La présentation des faits par Jean est la suivante : le commandant des troupes romaines conduit d'abord le Nazaréen arrêté et dûment ligoté dans la maison du grand prêtre Hanne. Il a été historiquement prouvé – ce que l'évangéliste semble ignorer [166] – qu'à l'époque Hanne n'exerçait plus ses fonctions; en l'an 15, c'est-à-dire quinze ans plus tôt, il avait été destitué par le préfet romain. Entre-temps, la charge de grand prêtre avait été transmise à Caïphe, gendre de Hanne. Le titre de grand prêtre s'applique aussi bien à Hanne qu'à Caïphe, ce qui est tout à fait légal, puisque le grand prêtre destitué conserve son titre ainsi que son droit de vote et son siège au Sanhédrin [167]. Après avoir été présenté à l'ancien grand prêtre

Hanne, Jésus est emmené devant Caïphe, le grand prêtre en charge. De là, et sans qu'il y ait eu de véritable acte judiciaire, le prévenu est conduit dans la résidence du gouverneur : *La cohorte avec son commandant et les gardes des Juifs saisirent donc Jésus et ils le ligotèrent. Ils le conduisirent tout d'abord chez Hanne. Celui-ci était le beau-père de Caïphe, qui était le grand prêtre cette année-là... Le grand prêtre se mit à interroger Jésus sur ses disciples et sur son enseignement. Jésus lui répondit : « J'ai parlé ouvertement au monde, j'ai toujours enseigné dans les synagogues et dans le Temple, où tous les Juifs se rassemblent et je n'ai rien dit en secret. Pourquoi est-ce moi que tu interroges? Ce que j'ai dit, demande-le à ceux qui m'ont écouté : ils savent bien ce que j'ai dit... » Là-dessus Hanne envoya Jésus, ligoté, à Caïphe, le grand prêtre... Cependant on avait emmené Jésus de chez Caïphe à la résidence du gouverneur.* (Jn 18.12/13, 19/21, 24/28.)

Pour Jean, la participation des Juifs dans le déroulement des événements s'arrête là. L'évangéliste récuse implicitement toute intervention officielle des autorités juives dans la formulation de l'acte d'accusation et, à plus forte raison, dans le procès. Toujours d'après Jean, les Romains n'adressent pas une demande d'assistance juridique aux autorités juives. La procédure employée vis-à-vis de Jésus est à l'opposé de celle dont on a usé avec Paul. S'il est vrai que dans le cas de Jésus il n'y a même pas eu de demande d'assistance juridique des Romains, on est en droit de se demander si les quelques interventions mineures rapportées par Jean sur les activités des autorités juives ne seraient pas en fin de compte de simples fioritures littéraires, typiques de cet évangéliste. Qu'est-ce qui aurait pu amener un officier romain à adopter une démarche aussi étonnante à l'encontre d'un présumé agitateur juif? Les forces d'occupation romaines n'étaient certainement pas disposées à se laisser manipuler par le Sanhédrin et encore moins par un simple prédicateur itinérant venu de province, chaque intervention des autorités romaines découlant de leurs propres lois et de leur administration du pays [168]. Le récit johannique du très bref transfert d'autorité à Hanne, dont l'interrogatoire s'est borné à quelques questions insignifiantes et sans incidence sur la poursuite du procès, ne permet pas de conclure à une part de responsabilité des Juifs dans la condamnation de Jésus. Selon la relation de l'évangéliste, l'arrestation et la condamnation de Jésus auraient été une affaire exclusivement romaine.

Connivence de *l'establishment* juif?

Une tout autre question se pose. Est-ce que les autorités juives n'auraient pas eu la possibilité d'éviter à Jésus d'être arrêté par les Romains à Gethsémani comme partisan présumé? Si le Sanhédrin avait vu en ce prophète de Galilée un homme capable de libérer la Palestine, les membres du Grand Conseil se seraient sans doute laissé entraîner par l'enthousiasme populaire à le vénérer, comme cela fut le cas cent ans plus tard pour Bar Kokhba, le combattant de la liberté. Malheureusement, les grands prêtres n'ont pas reconnu en Jésus un homme qu'il fallait protéger pour les besoins de la cause du peuple juif.

L'Évangile selon Luc rapporte certaines réflexions de disciples (les disciples d'Emmaüs) sur la catastrophe du Golgotha. On reconnaît la griffe de l'évangéliste dans son souci de ne pas effaroucher les Romains : *Ce qui concerne Jésus de Nazareth, qui fut un prophète puissant en action et en parole devant Dieu et devant tout le peuple : Comment nos grands prêtres et nos chefs l'ont livré pour être condamné à mort et l'ont crucifié; et nous, nous espérions qu'il était celui qui allait délivrer Israël.* (Lc 24.19/21.) Les disciples se sentent déçus par leur rabbi qui trouve une fin si subite et si infamante sans avoir pu réaliser ce qu'il leur avait annoncé. En même temps, ils sont révoltés par les autorités juives qui n'ont pas su reconnaître l'importance de Jésus pour le peuple d'Israël et qui permettent que ce *prophète* soit condamné et crucifié par les Romains.

Ce passage exprime encore une autre idée : on n'y relève pas, comme dans les Évangiles et les Actes des apôtres, un reproche global contre les Juifs, mais une réprobation envers les grands prêtres et chefs. Eux seuls ont le pouvoir d'intervenir auprès des Romains et d'empêcher la crucifixion. Les sadducéens occupent les postes importants dans l'administration à Jérusalem, dans les limites tolérées par les Romains. Ces hauts fonctionnaires juifs sont avant tout soucieux d'éviter tout conflit avec les forces d'occupation. Ils pratiquent une politique réaliste. Au Temple on prie pour César. C'est en quelque sorte la contrepartie des nombreux privilèges que l'État romain accorde aux Juifs, comme l'exemption du service militaire, le respect du shabbat et, en général, la poursuite d'un mode de vie selon le rite et la loi mosaïques.

Les sadducéens, surtout dans l'entourage de Caïphe, ne sont peut-être pas fâchés de se débarrasser de ce prophète hérétique de Galilée, dont le message crée des troubles parmi le peuple. Plusieurs voies s'offrent à eux : ils peuvent arrêter Jésus eux-mêmes et le remettre entre les mains des Romains; le calomnier auprès des Romains et ainsi déclencher une intervention de leur part, enfin ils ont la possibilité de rester passifs face à une arrestation sur initiative romaine et laisser l'affaire suivre son cours.

Ces personnages, tous issus des familles de grands prêtres (Ac 4.6), n'hésiteront pas à poursuivre des membres de la communauté chrétienne primitive. Ils doivent toutefois agir avec une extrême prudence pour éviter de s'attirer la colère du peuple (Ac 5.26). Ce sont les pharisiens, avec à leur tête le très estimé rabbi Gamaliel, qui protègent les chrétiens de ces persécutions et finissent par obtenir devant le Sanhédrin leur libération et le droit illimité de répandre la bonne parole (Ac 5.34/42). Ce qui prouve bien que les pharisiens n'agissent pas en ennemis de Jésus et que le peuple est prêt à affronter les autorités lorsque celles-ci s'attaquent aux chrétiens, considérés comme inoffensifs et sans défense.

Comme partout, les classes aisées en Palestine sont conservatrices et très méfiantes à l'égard de tout courant progressiste, voire révolutionnaire. Jouissant de nombreux privilèges, adoptant volontiers un style de vie hellénistique, leurs membres sont avant tout soucieux d'afficher une loyauté à toute épreuve vis-à-vis de Rome, et de suivre une politique plus conforme aux volontés des Romains qu'aux désirs de leur propre peuple [169].

Ben-Chorin soulève cette même problématique sous un angle différent mais qui, en fin de compte, aboutit à la même conclusion : « Si nous nous représentons les conditions dans lesquelles le peuple juif opprimé soupirait dans sa patrie occupée, nous comprenons mieux que les milieux responsables aient tout fait pour éliminer un agitateur tel que Jésus de Nazareth qui attirait le peuple et même des activistes politiques comme Judas Iscarioth [170]. »

Le développement de Stauffer, non plus, ne paraît pas inintéressant. Selon lui, depuis la chute de Sejan en octobre 31, Caïphe se trouvait également menacé et les rafles organisées par le gouvernement n'avaient pas cessé. Si, à ce moment précis, Rome avait eu connaissance de mouvements messianiques en Palestine, c'en était fait du gouvernement religieux de Caïphe. C'est pourquoi Jésus devait être éliminé avant qu'il ne soit trop tard [171]. Néanmoins une réserve s'impose ici : en faisant intervenir la chute de Sejan en octobre 31, Stauffer situe la date de la mort de Jésus en 32. Cette date ne concorde pas avec la datation synoptique (11 avril 27 ou 23 avril 34), ni avec celle de Jean (7 avril 30). Stauffer aurait dû completer sa théorie par une indication absolument indispensable lorsqu'on s'appuie sur Sejan. Cet ennemi juré des Juifs – qui faisait fonction de Premier ministre dans les années 23-31 et avait la charge quasi exclusive des affaires pendant la retraite de Tibère à Capri – est aussi le grand protecteur et ami personnel de Ponce Pilate. C'est à lui que

Pilate est redevable de sa nomination comme gouverneur militaire de la Palestine [172]. Après la chute de Sejan, le mobile de la crainte de perdre sa position – que Stauffer revendique pour Caïphe – s'applique, à plus forte raison, à Pilate.

L'Évangile selon Jean donne une description frappante (dont l'historicité est cependant sujette à caution) de l'attitude du Sanhédrin face au problème Jésus : *Les grands prêtres et les pharisiens réunirent alors un conseil et dirent : « Que faisons-nous? Cet homme opère beaucoup de signes. Si nous le laissons continuer ainsi, tous croiront en lui, les Romains interviendront et ils détruiront notre saint Lieu et notre nation. » L'un d'entre eux, Caïphe, qui était grand prêtre en cette année-là, dit : « Vous ne comprenez rien et vous ne réfléchissez même pas que votre avantage, c'est qu'un seul homme meure pour le peuple et que la nation ne périsse pas tout entière [173]. »* (Jn 11.47/50.)

Ces réflexions de Jean ont toujours été interprétées par les chrétiens comme une véritable condamnation à mort de Jésus par le Grand Sanhédrin, même si d'après les évangélistes, les amis les plus dévoués de Jésus ainsi que ses adversaires les plus acharnés ne sauraient contourner le fait que, sans l'ordre prononcé par Pilate et le concours des soldats romains, Jésus n'aurait jamais pu être exécuté, même si le peuple juif tout entier avait souhaité sa mort.

On apprend qu'il ne s'agit pas d'une audience du Sanhédrin constitué en tribunal mais d'une réunion des membres du Conseil. Par ailleurs, le récit fait clairement ressortir que l'assemblée n'a aucun intérêt véritable à souhaiter la mort de Jésus : les conseillers ne savent pas quoi faire du rabbi de Galilée. Caïphe a l'idée de le sacrifier au nom du bien public pour eloigner le malheur de la population entière. Les autorités juives de Jérusalem obéissent aux mêmes impératifs qui avaient motivé Hérode Antipas face à Jean le Baptiste, à savoir : la crainte d'avoir à rendre compte aux Romains d'une intervention par trop tardive.

Après tout, le Sanhédrin est censé maintenir une bonne entente entre la population juive et les forces d'occupation.

De plus, le Grand Conseil n'est peut-être pas fâché de faire arrêter un homme dont on dit qu'il se fait passer pour le Messie, et de le livrer ensuite aux Romains dans une volonté de collaboration. Le risque d'affrontements aux jours de fête demeure un souci permanent. La susceptibilité et la brutalité de Pilate sont bien connues. Les autorités juives veulent éviter à tout prix, dans la mesure du possible, un bain de sang supplémentaire. Le gouverneur ne peut réagir que favorablement si on lui livre dès son entrée en ville un personnage réputé pour ses activités d'agitateur. Le Sanhédrin fait ainsi preuve de coopération, laissant ensuite aux Romains le soin de décider du sort du prisonnier.

Selon Lapide : « Tout permet de penser que Caïphe, en suggérant la remise de Jésus aux Romains, cherchait avant tout à sauvegarder une certaine liberté sous caution accordée par Rome à l'administration juive. Il considère Jésus comme un cas isolé, qu'il faut distinguer des bandits, des rebelles et des prophètes mensongers. Ceci montre son souci de minimiser le rôle de Jésus. Caïphe se serait comporté en politicien avisé [174]. »

Pour Bultmann : « Jésus a été crucifié par Pilate, procurateur romain. Il n'est plus possible de déterminer avec précision le rôle joué par les autorités juives auxquelles la tradition chrétienne attribue la responsabilité principale. Elles ont sans doute travaillé, comme d'habitude, la main dans la main avec les Romains pour sauvegarder l'ordre public. Le doute ne semble guère permis : Jésus est mort sur la croix comme prophète messianique, comme d'autres rebelles avant lui [175]. »

Il est plus que probable que l'incident, de l'arrestation à la crucifixion, ait été une affaire entièrement romaine (bien qu'il ne faille pas exclure la présence de quelques serviteurs du Temple sur le mont des Oliviers). Rien n'interdisait aux Juifs d'apporter leur contribution, si minime fut-elle, au déroulement du procès. On n'est sûr que d'une chose : Jésus n'a pas été exécuté par les Juifs mais par les Romains.

Le tombeau inconnu d'un patriote

Les évangélistes sont unanimes pour rapporter que le droit de disposition de l'administration romaine s'étendait par-delà la crucifixion : Joseph d'Arimathée, conseiller respecté du Sanhédrin, se serait présenté devant Pilate dans l'après-midi du jour de l'exécution pour solliciter la remise du corps afin que celui-ci puisse être enterré selon le rituel juif. Une autorisation du commandement militaire romain était requise pour pouvoir descendre un condamné de la croix [176]. *Déjà le soir était venu et comme c'était un jour de préparation, c'est-à-dire une veille de sabbat, un membre éminent du conseil, Joseph d'Arimathée, arriva. Il attendait lui aussi le règne de Dieu. Il eut le courage d'entrer chez Pilate pour demander le corps de Jésus. Pilate s'étonna qu'il soit déjà mort. Il fit venir le centurion et lui demanda s'il était mort depuis longtemps. Et, renseigné par le centurion, il permit à Joseph de prendre le cadavre.* (Mc 15.42/45.) Du point de vue des Romains, le délinquant aurait pu rester accroché à sa croix pendant plusieurs jours encore, ce qui n'aurait pas manqué d'accroître l'effet de dissuasion sur la population. Mais les Juifs souhaitent un enterrement digne. Jésus doit être descendu, enseveli et enterré avant le coucher du soleil (Dt 21.22/23) ou, plus précisément, avant l'apparition de l'étoile du soir qui annonce le commencement du shabbat. Jean parle ainsi : *Nicodème vint aussi, lui qui naguère était allé trouver Jésus au cours de la nuit. Il apportait un mélange de myrrhe et d'aloès d'environ cent livres. Ils prirent donc le corps de Jésus et l'entourèrent de bandelettes, avec des aromates, suivant la manière d'ensevelir des Juifs. À l'endroit où Jésus avait été crucifié il y avait un jardin, et dans ce jardin un tombeau tout neuf où jamais personne n'avait été déposé.* (Jn 19.39/40/41.)

Deux hauts fonctionnaires juifs mettent donc en terre un Juif mort sur la croix romaine comme patriote et martyr. Si vraiment Jésus avait été condamné par le Sanhédrin (pour blasphème), il ne se serait certainement pas trouvé deux membres du Conseil (Nicodème aurait participé à la condamnation à mort) pour exiger la réhabilitation immédiate du pendu, sous forme d'un enterrement honorable. De plus, en agissant ainsi, ces deux fonctionnaires se seraient rendus coupables d'une faute grave, voire d'un fait délictueux. Flavius Josèphe cite la prescription de la Mishna concernant le mode d'exécution et la mise en terre des blasphémateurs (*Antiquités judaïques* IV.8.6) : *Celui qui a blasphémé Dieu sera lapidé, pendu pendant le jour et enterré furtivement et sans honneur.*

La description d'un enterrement conforme au rituel montre, incidemment, une faille dans le récit des évangélistes; à savoir que des personnalités juives éminentes n'hésitèrent pas à témoigner leur sympathie pour Jésus, alors que certaines siégeaient au Grand Conseil, celui-là même qui avait prononcé sa condamnation à mort. Luc qui, dans son Évangile, insiste (tout comme Marc et Matthieu) sur le fait que c'est grâce à l'intervention de Joseph d'Arimathée que Jésus a pu être descendu de la croix, n'hésite pas à fournir une version tout autre dans un passage des Actes des apôtres qui lui est attribué : *La population de Jérusalem et ses chefs ont méconnu Jésus; et, en le condamnant, ils ont accompli les paroles des prophètes qu'on lit chaque sabbat.* (Ac 13.27.) Ce n'est plus un membre éminent du Sanhédrin qui se met en avant, pour son propre compte, mais c'est toute la population de Jérusalem qui suit le magistrat.

Le récit de l'enterrement fourni par les évangélistes est-il historiquement crédible? Ne serait-il pas basé plutôt sur le désir de voir s'accomplir la prédiction d'Ésaïe (53.9) selon laquelle son tombeau aurait été mis chez les riches? Matthieu (27.57) évoque l'arrivée d'un homme riche, le soir venu. D'après le droit romain, seuls la famille et les amis proches étaient autorisés à réclamer le corps d'un crucifié, mais Joseph d'Arimathée ne faisait pas partie de ce cercle.

En admettant toujours que le corps de Jésus ait réellement été descendu de la croix, il est possible aussi que des mercenaires romains aient enfoui son cadavre et celui des deux autres crucifiés dans une même fosse commune dont la trace se serait perdue par la suite. Si vraiment Jésus avait reçu la sépulture individuelle évoquée par les évangélistes, pourquoi la communauté chrétienne de Jérusalem n'instaura-t-elle pas alors un culte autour du tombeau de Jésus? Les Juifs ont toujours manifesté un attachement très vif pour les tombes des morts de leur famille et des personnages vénérables de leur histoire tels que les martyrs et les prophètes. Dans l'Évangile selon Luc l'ange dit aux femmes : *« Pourquoi cherchez-vous le vivant parmi les morts? »* (Lc 24.5.) Ces paroles traduisent la conviction de la communauté chrétienne primitive et de l'Église naissante pour qui l'emplacement du tombeau de Jésus n'avait que peu d'importance face à la vérité révélée par la foi, que Jésus n'est pas un mort dont on chérit le souvenir, mais le Seigneur vivant et toujours présent au milieu des siens [177].

Après la réconciliation entre le christianisme et l'État romain, on s'empresse de combler cette lacune. Eusèbe rapporte les efforts entrepris par l'empereur Constantin pour rendre le lieu béni qui avait vu la résurrection du Messie accessible à la contemplation et à la vénération de la foule [178]. Pour cela, il fallait d'abord trouver le lieu précis de la sépulture.

Goguel raconte que l'évêque Macaire, ayant reçu de Constantin l'ordre de rechercher les lieux saints et de les déblayer, se trouve dans un profond embarras. Il invite son entourage à se mettre en prières et reçoit une révélation qui le détermine à faire fouiller sur l'emplacement du temple d'Aphrodite. Pour que des lieux si saints n'aient pas été l'objet de la vénération des fidèles, il fallait que des hommes, inspirés par les démons, les aient dérobés à leur vue. « Le lieu le plus saint de Jérusalem devait avoir été recouvert par ce qu'il y avait de plus abominable dans la ville, d'où l'idée de chercher le Calvaire et le Saint Sépulcre sous le temple de Vénus [179]. »

Sur les ruines de cet ancien édifice voué au péché, Constantin fait ériger une basilique, pour la seule raison que sa mère, Hélène, s'étant rendue sur les lieux, lui rapporte que l'on y avait trouvé la croix de Jésus – et cela après trois siècles! Depuis, la chrétienté entière croit fermement que c'est à cet endroit que la crucifixion et la mise au tombeau de Jésus ont eu lieu et que cette basilique a été bâtie à l'endroit précis du Golgotha. Le Saint Sépulcre est un lieu vénéré par tous les chrétiens. Les croyants d'Europe partent en croisade pour l'arracher aux mains des infidèles. Pour ce lieu, le sang de centaines de milliers d'hommes coule au cri de : *Dieu le veut!* La croix de Jésus que la mère de Constantin affirme avoir retrouvée a depuis longtemps été brisée en une multitude d'éclats dispersés sous forme de reliques dans le monde entier.

Le prétendu procès devant le Sanhédrin

Le procès devant le Sanhédrin constitue le noyau du récit de la Passion dans les Évangiles synoptiques. C'est la base du clivage ultérieur entre chrétiens et Juifs dont l'évolution tragique pèse encore de nos jours sur le dialogue judéo-chrétien [180].

Küng, Kolping, Bornkamm ou Holtz, théologiens engagés de confessions diverses, ont mis en doute la réalité historique de cette procédure. D'après Kolping, les chercheurs qui ont conclu qu'une séance devant le Sanhédrin est historiquement impensable ont sans doute raison [181]. Dibelius pense, lui, qu'il s'agit tout simplement d'une légende. Cette position critique d'une minorité d'exégètes catholiques et protestants se heurte toujours – ce qui n'a rien de surprenant – à la conception théologique dominante selon laquelle Jésus aurait été reconnu coupable et condamné à mort comme blasphémateur par le Sanhédrin.

Le tribunal et son président

Le Sanhédrin est composé d'un grand prêtre (président) et de 70 conseillers. Il regroupe les représentants des classes aisées de Jérusalem (prêtres et autres membres de familles influentes, qu'on appelait les Anciens) qui forment le parti des sadducéens [182] et des pharisiens. A l'époque de Jésus ces derniers auraient constitué la faction la plus importante [183].

Les conseillers sont choisis par le grand prêtre qui doit sa nomination au procurateur romain, ce qui, en principe, engage sa loyauté vis-à-vis de Rome. Dans le passé, le souverain de la dynastie royale juive (1 M 16.23/24) exerçait également les fonctions de grand prêtre. Le roi vassal juif Hérode le Grand peut à sa guise nommer et renvoyer le grand prêtre. À l'époque de Jésus, seuls les Romains disposent du droit d'attribuer ce poste qui, à l'origine, avait été conçu comme une charge à vie. Ils n'hésitèrent pourtant jamais à remplacer leur grand prêtre du moment par un autre.

Pour la période qui nous occupe, un certain Caïphe [184] grand prêtre et président du Sanhédrin, gendre du grand prêtre Hanne [185] relevé de ses fonctions en l'an 15, est mis en place en l'an 16 ou 18 par le procurateur Valerius Gratus. Vitellius, gouverneur de Syrie, le congédie en l'an 36, c'est-à-dire la même année où il destitue le procurateur Pilate.

Un seul grand prêtre se trouve à la tête du Sanhédrin. Lorsque les évangélistes parlent des grands prêtres, ils veulent simplement désigner Caïphe et son clan. Caïphe se maintient pendant une période exceptionnellement longue, dix-neuf ans – la plupart des grands prêtres (excepté Hanne) n'occupaient pas la fonction plus d'un an – ce qui montre à l'évidence qu'il est un politicien habile sachant parfaitement entretenir de bons rapports avec les forces d'occupation romaines. Aucun scandale n'éclate tant qu'il est en fonction. (On ne peut en dire autant de son beau-frère Ananos, trois décennies plus tard.) Caïphe est un juge impartial, bien que la chronique juive ne se montre pas particulièrement bienveillante à son égard – probablement à cause de sa politique philoromaine.

Le Sanhédrin n'est pas seulement le tribunal des affaires religieuses mais constitue également le Conseil supérieur ayant autorité sur le peuple juif. Les procédures pénales ne dépassent pas le stade de l'instruction où le tribunal est tenu de rechercher tout argument pouvant innocenter l'accusé. Il n'existe qu'une seule instance. Le jugement est prononcé au nom de Dieu : *Il dit aux juges : « Considérez ce que vous allez faire, car ce n'est pas selon l'homme que vous devez juger, mais selon le Seigneur, qui sera avec vous dans cette fonction du jugement. Et maintenant, que la crainte du Seigneur soit sur vous! Observez et pratiquez cela! Car il n'y a chez le Seigneur notre Dieu ni injustice, ni partialité, ni corruption par des cadeaux. »* (2 Ch 19.6/7.)

La procédure peut s'interrompre si la défense peut apporter la preuve de faits nouveaux.

La déontologie des juges du Sanhédrin ne le cédait donc en rien à celle de nos juges d'aujourd'hui.

Incohérences dans le déroulement du procès

Le rapport que font les évangélistes du procès devant le Sanhédrin ne semble pas être un procès-verbal puisque de nombreuses incohérences peuvent être notées en confrontant les récits [186].

Il convient de considérer tout d'abord que les pharisiens, présentés (surtout par les synoptiques) comme les principaux adversaires de Jésus, n'apparaissent pas dans la séance devant le Sanhédrin. En revanche, les anciens et les scribes figurent au côté des grands prêtres.

Les scribes sont désignés comme proches des sadducéens, alors que, partout ailleurs on les situe dans le sillage des pharisiens [187]. Jean est le seul à les mentionner dans sa version de la Passion, mais jamais comme antagonistes acharnés de Jésus ou coauteurs consentants de sa condamnation à mort (Jn 18.3; Jn 11.47). Il est impensable que les pharisiens, qui étaient investis de tous les pouvoirs accordés aux membres du Sanhédrin, n'aient pas été cités dans le jugement, si ce tribunal juif avait vraiment prononcé la fatidique condamnation à mort.

En outre, nulle part ailleurs que dans les Évangiles il n'est question d'un procès contre Jésus de Nazareth, un procès qui déjà à lui seul, en raison de son caractère de double procès devant le Sanhédrin juif et le tribunal romain, aurait dû faire un bruit considérable. Un tel procès serait entré dans la chronique historique comme un cas absolument exceptionnel. À cela s'ajoute la circonstance significative qu'une sentence de mort prononcée par le Haut Conseil juif était de toute façon une singularité : le Sanhédrin était en effet connu pour sa grande clémence. Ceci est étayé par les nombreuses sentences des rabbins. Flavius Josèphe qui rapporte pour ainsi dire chaque événement remarquable se produisant au premier siècle de notre ère, jusqu'au déclenchement de la guerre juive à Jérusalem, aurait certainement mentionné n'importe quel procès sensationnel aux environs de l'année 30. De plus, un tel procès l'aurait aussi intéressé personnellement puisqu'il était issu d'une famille en vue de Jérusalem. Lui-même devint plus tard pharisien et son père était prêtre en fonction à l'époque où la condamnation de Jésus fut prononcée; ce qui laisse supposer qu'il était par là même membre du Sanhédrin et qu'il aurait de ce fait participé à la décision de mort à l'encontre de Jésus.

La manière même des évangélistes de présenter les faits laisse la place au doute. Dans le plus ancien des récits (Marc), seul le nom de Pilate apparaît dans le cadre de la Passion, mais pas celui de Caïphe. Marc semble ignorer totalement un procès devant Caïphe. Luc lui emboîte le pas. Il mentionne Caïphe, mais en dehors du contexte de la Passion. Pour Jean, le quatrième évangéliste, le procès devant le Sanhédrin n'a jamais existé. Jésus a été condamné et crucifié par des soldats romains. La nécessité de construire un procès devant le Haut Conseil juif entraînant jugement et condamnation à mort, s'est fait sentir plus tard, lorsqu'on a voulu décharger les Romains et accabler les Juifs de la responsabilité de cette mort violente.

Marc et Matthieu sont les seuls à nous donner quelques indications sur le déroulement même de l'audience. D'après leurs textes, il y aurait eu deux procédures distinctes : l'une devant le tribunal juif qui se serait déroulée la nuit au domicile de Caïphe et l'autre qui aurait eu lieu le lendemain matin, devant le tribunal romain : *Ceux qui avaient arrêté Jésus l'emmenèrent chez Caïphe, le grand prêtre, chez qui s'étaient réunis les scribes et les anciens... Le matin venu, tous les grands prêtres et les anciens du peuple tinrent conseil contre Jésus pour le faire condamner à mort. Puis ils le lièrent, ils l'emmenèrent et le livrèrent au gouverneur Pilate.* (Mt 26.57; 27.1/2.)

Il est donc permis de conclure que cette manière de présenter les événements a pour fondement nécessaire, mais contestable, la thèse selon laquelle le Sanhédrin, bien qu'ayant le droit de conduire un procès pouvant entraîner la peine capitale, n'était pas autorisé à exécuter celle-ci (puisque c'était une des prérogatives romaines). Le Sanhédrin aurait adopté une attitude peu réaliste en conduisant un procès compliqué, aboutissant à une condamnation à mort dont il était sûr, à l'avance, de ne pouvoir assurer l'exécution. D'autre part, le tribunal romain ne pouvait pas se servir des constatations résultant de la procédure devant le Haut Conseil et devait reprendre l'affaire à zéro, sur des bases très différentes. Dans de telles conditions, il eut été plus indiqué de se contenter de mesures policières, d'arrêter le délinquant et de le remettre aux autorités romaines compétentes.

Chez Marc et Matthieu, certaines accusations graves sont portées contre Jésus dès l'ouverture de l'audience; l'accusation de blasphème ne vient qu'en dernier lieu, alors que, pour Luc, qui écrit pour un public grec, l'accusation du conseil se concentre d'entrée de jeu sur ce point, sur la présomption d'avoir cherché à se faire passer pour le Fils de Dieu. Luc ne parle pas non plus de la séance nocturne. Après son arrestation, Jésus est conduit dans la demeure du grand prêtre. Au cours de la nuit, il subit les quolibets et les tracasseries des hommes qui le gardent (Lc 22.63/65). Le procès s'ouvre le lendemain matin dans la salle d'audience du Sanhédrin : *Lorsqu'il fit jour, le conseil des anciens du peuple, grands prêtres et scribes, se réunit, et ils l'emmenèrent dans leur Sanhédrin.* (Lc 22.66.)

Luc n'adopte pas la thèse des deux procédures. Pour lui, il n'y a qu'un seul procès, divisé en deux parties : l'interrogatoire devant le Haut Conseil (hors présence de témoins) et l'audience devant Pilate. Il ne parle pas de l'interrogatoire chez le grand prêtre. Le Sanhédrin se contente de demander à Jésus s'il est le Messie et le Fils de Dieu. La question ayant reçu une réponse affirmative (ou, plus exactement, pas franchement négative), on considère alors l'affaire comme close et devant être transmise à la justice des forces occupantes – *Ils dirent alors : « Qu'avons-nous encore besoin de témoignage, puisque nous l'avons entendu nous-mêmes de sa bouche? »* (Lc 22.71.) Tout le monde se lève alors pour emmener l'accusé devant Pilate. Luc ne juge pas utile de mentionner un prétendu blasphème de Jésus devant le Sanhédrin, ni de parler d'une condamnation à mort prononcée pour ce crime [188].

Son texte contient une particularité intéressante. L'évangéliste raconte que la fraction qui s'est prononcée contre Jésus n'a pas été approuvée à l'unanimité : *Alors survint un homme du nom de Joseph, membre du conseil, homme bon et juste : il n'avait donné son accord ni à leur dessein, ni à leurs actes. Originaire d'Arimathée, ville juive, il attendait le règne de Dieu.* (Lc 23.50/51.) Alors que Marc (14.64) et Matthieu (27.1) rapportent que le jugement a été voté par tous, Luc introduit cette note discordante. Son intervention aurait une raison profonde : selon les lois juives en vigueur à l'époque, un accusé devait être acquitté lorsqu'il avait été reconnu coupable par tous les membres du Conseil. On partait du principe que, pour arriver à un tel résultat, le tribunal avait dû manquer d'impartialité. Luc, qui s'efforce d'atténuer les infractions à la loi (en ne mentionnant pas, par exemple, l'audience nocturne au domicile de Caïphe), fait montre de beaucoup d'habileté en faisant intervenir cette voix d'opposition. Dans sa description de la séance devant Pilate, les conseillers accusent Jésus pour ses activités d'agitateur, et aussi pour fraude fiscale, usurpation de fonctions et crime de lèse-majesté. Ces accusations ne concernent que des délits politiques. Luc est le seul des évangélistes à désigner nommément les chefs d'accusation : *Ils se mirent alors à l'accuser en ces termes : « Nous avons trouvé cet homme mettant le trouble dans notre nation : il empêche de payer le tribut à César et se dit Messie, roi. »* (Lc 23.2.)

La description de Jean est tout autre : dans son Évangile (18.12/40; 19.1/16), il situe l'interrogatoire nocturne dans la demeure de l'ex-grand prêtre Hanne et place la comparution devant Pilate le lendemain. Il admet que l'interrogatoire devant Hanne a été mené rudement; Jésus fait une réponse courageuse et reçoit une gifle contre laquelle il proteste. Les autorités juives s'abstiennent de formuler une accusation précise. On se borne à le questionner sur ses disciples et la nature de son enseignement, sans insister, face à une réponse évasive. Le prisonnier est alors remis entre les mains de Ponce Pilate [189]. C'est à partir de là que les Juifs commencent à peser sur le procès en proclamant : *« Nous avons une loi, et selon cette loi il doit mourir parce qu'il s'est fait Fils de Dieu. »* (Jn 19.7.)

Ce passage infirme la prise de position de nombreux exégètes (parmi lesquels, une fois de plus, Blinzler) qui affirment que les Juifs se seraient entendus pour laisser tomber leurs véritables chefs d'accusation – infractions aux lois religieuses – pour les remplacer par une inculpation pour délits politiques, seul moyen permettant de transférer Jésus devant la juridiction romaine. Cette affirmation n'est étayée, à la rigueur, que par l'Évangile de Luc. Marc et Matthieu s'abstiennent de toute référence directe au procès devant le procurateur. Jean met l'accent sur l'inculpation religieuse – ne se rendant sans doute pas compte qu'une telle accusation est vide de sens pour le procurateur romain.

Violations des lois en vigueur?

Le procès de Jésus devant le Sanhédrin décrit par les évangélistes, notamment Marc et Matthieu, est émaillé par un grand nombre d'entorses à la loi.

– Les séances du tribunal sont interdites le jour du shabbat, les jours de fête et les veilles de fête. (Sanh IV 1 a.) Pour juger Jésus, on siège pourtant dans la nuit sacrée de la Pâque.

– D'après le code de procédure juif (Mishna), les séances doivent se tenir le jour (Sanh IV 1 a), alors que le procès contre Jésus a lieu la nuit.

– Le tribunal doit siéger en public et exclusivement dans la grande cour carrée *(Beth Din)* du Temple (Sanh XI 2 b). L'interrogatoire de Jésus, par contre, se déroule au domicile du grand prêtre [190].

– Seul un acquittement peut être annoncé à l'issue de la séance. Les condamnations ne doivent être proclamées que le lendemain [191]. Ce règlement est également enfreint.

– L'inculpation menant à la condamnation doit être fondée soit sur une plainte de la victime (Dt 21.18/21), soit sur la déposition d'au moins deux témoins (Dt 19.15). Dans le cas de Jésus, cependant, les chefs d'accusation sont soulevés pour la première fois en cours d'audience par le président du tribunal.

– En cas de crime capital, celui qui mérite la mort ne peut être exécuté que sur la déposition irréfutable d'au moins deux témoins (Dt 17.6). Contrairement au code pénal romain, les aveux de l'accusé ne sont pas considérés comme une preuve suffisante. D'après les récits, Jésus est condamné sur la base de ses aveux et non à la suite des dépositions de deux témoins.

– Toute participation des témoins dans l'élaboration du jugement est strictement interdite (Sanh V 4 b). Dans le cas de Jésus, l'ensemble des membres du Conseil sont pris à témoin tout en prenant part au jugement.

– On exige des participants – et surtout du président du tribunal et de ses conseillers – de ne pas avoir bu et d'avoir la tête claire. Ils ouvrent pourtant la séance après avoir avalé plusieurs gobelets de vin (quatre gobelets sont de rigueur dans le rituel du repas de la veille de la Pâque).

Tout ceci prouve que le procès devant le Sanhédrin, relaté par les évangélistes, est entaché de tant d'infractions graves que n'importe quel juriste aurait pu démontrer son illégalité. Son historicité paraît donc plus que douteuse.

Presque un acquittement

Lorsqu'on compare les hypothétiques griefs du Sanhédrin à ceux qui, d'après Marc et Matthieu, auraient effectivement été formulés, le chef d'accusation se réduit à peu de chose. On passe sous silence les violations du shabbat, c'est-à-dire une incrimination à portée de main et qui aurait suffi à faire condamner l'inculpé. On ne lui reproche pas non plus son comportement agressif dans l'enceinte du Temple [192]. Les deux évangélistes font pourtant état d'une longue liste de chefs d'inculpation, mais ils sont tous très minces. *Or les grands prêtres et tout le Sanhédrin cherchaient contre Jésus un témoignage pour le faire condamner à mort et ils n'en trouvaient pas. Car beaucoup portaient de faux témoignages contre lui, mais les témoignages ne concordaient pas.* (Mc 14.55/56.) On pourrait également retenir contre Jésus d'avoir agi en *faux prophète* (Dt 18.20). Les pouvoirs revendiqués peuvent parfaitement donner à réfléchir à un tribunal juif. Le véritable noyau de son message cependant, c'est-à-dire l'avènement du royaume de Dieu, assorti de l'impérieuse demande de faire repentance, ne tombe sous aucun interdit juridique. Déjà, Jean le Baptiste avait délivré le même message sans que personne ne songe à l'accuser de fausse prophétie.

Bon nombre d'auteurs se réfèrent à Moïse (Dt 13.2/12) qui évoque d'éventuelles activités répréhensibles de *séducteur* [193]. C'est contestable. Dans tous les discours de Jésus, on chercherait en vain une seule parole pouvant être interprétée comme une incitation à l'idolâtrie susceptible d'entraîner une telle condamnation. Le reproche d'avoir détourné le peuple d'Israël ne prendra naissance que par la suite, plus de soixante ans après sa mort, et dans les pamphlets talmudiques, lorsque l'enseignement paulinien aura réussi à ébranler quelque peu le monothéisme juif.

Si l'on s'en tient strictement au texte des Évangiles, il ne subsiste qu'un seul point d'inculpation : Jésus exige que le Temple soit rasé pour être remplacé par un édifice plus digne, qu'il se fait fort de rebâtir en trois jours : *Quelques-uns se levaient pour donner un faux témoignage contre lui en disant : « Nous l'avons entendu dire : " Moi, je détruirai ce sanctuaire fait de main d'homme et, en trois jours, j'en bâtirai un autre, qui ne sera pas fait de main d'homme. " » Mais, même de cette façon, ils n'étaient pas d'accord dans leur témoignage. Le grand prêtre se levant au milieu de l'assemblée, interrogea Jésus : « Tu ne réponds rien aux témoignages que ceux-ci portent contre toi? » Mais lui gardait le silence; il ne répondit rien.* (Mc 14.57/61.) Chez Matthieu (26.61), cette affirmation apparaît sous une forme fortement atténuée : il n'est pas question de vouloir, mais de pouvoir détruire le Temple [194]. Quant à Luc il n'en parle même pas : le sujet de la destruction du sanctuaire ne semble pas l'intéresser. Marc, par contre, ajoute : *Comme Jésus s'en allait du Temple, un de ses disciples lui dit : « Maître, regarde : quelles pierres, quelles constructions* [195] *! » Jésus lui dit : « Tu vois ces grandes constructions! Il ne restera pas pierre sur pierre : tout sera détruit. »*

(Mc 13.1/2.) L'évangéliste relie la destruction du Temple à la menace de l'approche de la fin des temps [196]. Mais une telle prédiction n'aurait pas été passible de sanction.

L'histoire du peuple juif avait connu d'autres prophéties de destruction : celle de Jérémie (26.1/19) sur la destruction de Jérusalem avait créé beaucoup de remous et lui avait valu d'être accusé d'un crime pouvant entraîner la peine capitale; mais Jérémie fut acquitté et pleinement réhabilité après avoir fait valoir qu'il n'avait obéi qu'au seul souci de servir Israël.

Jésus aurait pourtant dit très clairement : *« Détruisez ce Temple et, en trois jours, je le relèverai. »* (Jn 2.19.) Ce discours est-il à prendre au pied de la lettre? Jésus ne vise sans doute pas l'édifice, mais le culte, et loin d'être punissable, ce genre de critique fait partie des discussions habituelles entre Juifs [197].

Parmi tous les témoignages contradictoires, il doit y avoir forcément des témoins à décharge. La procédure pénale juive accorde une importance primordiale au témoignage direct [198]. L'interpellation qui précédait obligatoirement l'interrogatoire des témoins par le juge est à cet égard riche d'enseignements : « Peut-être ignores-tu que ton témoignage sera soumis à un contre-interrogatoire sévère. Tu dois comprendre qu'il existe une différence fondamentale entre les crimes susceptibles d'entraîner une condamnation à la peine capitale et tous les autres délits qui peuvent être sanctionnés par une simple amende, alors que dans le premier cas, le témoin est responsable du sang d'un homme condamné à mort et du sang de sa progéniture (dont il ne pourra plus assurer la descendance) jusqu'à la fin des temps. Adam fut créé pour nous prouver que lorsqu'un homme cause la perte d'une seule âme, la loi le traitera comme s'il avait provoqué la destruction de l'univers, alors que le sauvetage d'une seule âme sera considéré par la loi comme le salut du monde entier... »

Accuser Jésus d'avoir voulu détruire le Temple est, de toute évidence, une charge difficile à contourner. Selon

Marc et Matthieu, le président du tribunal n'est pas convaincu par les dires des témoins. Faute de preuves, la procédure devrait s'interrompre. Malgré cela, le grand prêtre poursuit son interrogatoire – démarche illégale et ne pouvant conduire à une inculpation de l'accusé – en demandant à Jésus s'il n'a rien à répondre à ces témoignages défavorables. Il ne reçoit pas de réponse et un non-lieu semble à portée de main.

On pourrait sans scrupules accorder à Caïphe un certificat de bonne conduite pour sa manière de régler les différents points de l'accusation et notamment la prétendue menace de destruction du Temple. Il se conforme strictement à la règle de base imposée au juge : *...alors tu feras des recherches, tu t'informeras, tu mèneras une enquête approfondie.* (Dt 13.15.) Cependant, quels que soient les mérites et les défauts de Caïphe, « l'histoire juive retient de lui l'image d'un opportuniste et d'un juge dénué d'objectivité », bien que les chroniqueurs le placent nettement au-dessus de Pilate [199]. On n'attribue pas à Caïphe de cruautés – ce qui n'est pas le cas pour Ponce Pilate.

Abstraction faite des irrégularités flagrantes de procédure qui auraient marqué ce procès, les évangélistes permettent d'entrevoir chez ce juge les premières amorces de procédure dans un État de droit, ce qui n'est évidemment pas le but recherché par les auteurs des Évangiles. Caïphe ne cède à aucune pression. Les déclarations des témoins sont soigneusement mises en balance. Chaque fois qu'il rencontre une contradiction, il s'en tient sagement à la devise selon laquelle le doute doit profiter à l'accusé. Il a fallu presque deux millénaires pour que ce postulat puisse faire son entrée dans notre procédure pénale.

Es-tu le Christ, le Fils de Dieu?

Une fois balayés les premiers chefs d'inculpation, les récits font surgir subitement une accusation inédite : la messianité présumée de Jésus. Pour Conzelmann : « On montre au lecteur chrétien, sous forme de description très appuyée, comment, pour la première fois et devant les plus hautes autorités de son peuple, Jésus déclare être le Messie tant attendu – déclaration qui devait lui être fatale. Elle révèle également l'incrédulité d'Israël [200]. »

La question de la messianité est très complexe. C'est là que réside le vrai problème du procès relaté par les synoptiques. La plupart de ses disciples considèrent Jésus comme un prophète, mais non comme le Messie. Jésus interroge ses disciples : *« Qui suis-je, au dire des hommes? » Ils lui dirent : « Jean le Baptiste; pour d'autres Élie; pour d'autres, l'un des prophètes. »* (Mc 8.27/28.) Il arrive à Jésus de confirmer indirectement cette dernière interprétation : *Mais il me faut poursuivre ma route aujourd'hui et demain et le jour suivant, car il n'est pas possible qu'un prophète périsse hors de Jérusalem.* (Lc 13.33.)

La presque totalité des exégètes contemporains, tant du côté catholique que du côté protestant, admet que Jésus n'a jamais revendiqué le titre de Messie. Pour ne citer que quelques noms : Blank, Zahrnt, Conzelmann, Bultmann, Braun. Ou encore Kolping qui constate : « Nous ignorons si le Jésus historique s'est déclaré Messie [201]. » Pour Bornkamm : « Il n'existe effectivement aucune preuve incontestable que Jésus ait revendiqué un des titres messianiques que la tradition mettait à sa disposition [202]. »

Même dans le cercle étroit de ses disciples, Jésus n'a jamais prétendu être le Messie. Un seul de ses disciples, Simon Pierre, l'appelle un jour *Messie.* La scène se passe à Césarée de Philippe; c'est le célèbre passage de la

« confession de Pierre » (Mt 16.13/20; Lc 9.18/22). Marc commente quant à lui l'interdiction sévère qui s'ensuit : *Prenant la parole, Pierre lui répond : « Tu es le Christ. » Et il leur commanda sévèrement de ne parler de lui à personne.* (Mc 8.29/30.) L'historicité de cette scène est contestée pour plusieurs raisons [203]. Ce qui frappe tout d'abord, c'est la rigueur des paroles employées par Jésus à Césarée de Philippe pour réprimander son disciple Simon Pierre : *Retire-toi! Derrière moi, Satan!* (Mc 8.33.) Cette réaction brutale de Jésus traduirait son refus catégorique du titre de Messie. Bultmann tient cette profession de foi de Pierre pour une réinterprétation post-pascale introduite par Marc dans la vie terrestre de Jésus.

Matthieu laisse à Jésus le soin d'établir un premier rapport entre lui-même et le Messie : *Car beaucoup viendront en prenant mon nom; ils diront : « C'est moi, le Messie », et ils égareront bien des gens.* (Mt 24.5.) Cette péricope – seule en son genre dans les Évangiles – ne saurait exprimer un désir chez Jésus de se faire passer pour le Messie. On pourrait l'interpréter comme une mise en garde adressée aux disciples contre les faux messies qui se réclameront de lui [204].

Une autre péricope, également isolée, se trouve chez Luc. Lorsque Jésus entre dans Jérusalem avec sa petite troupe, ce n'est pas une partie de la population (comme chez Marc et Matthieu) qui l'accueille en tant que Messie; ce sont les disciples qui s'écrient : *Béni soit Celui qui vient, le roi, au nom du Seigneur!* (Lc 19.38.) Quelques pharisiens qui se mêlent à la foule demandent alors à Jésus de faire taire ses disciples. Jésus refuse de les écouter et adopte une attitude indirectement messianique : *Quelques pharisiens, du milieu de la foule, dirent à Jésus : « Maître, reprends tes disciples! » Il répondit : « Je vous le dis : si eux se taisent, ce sont les pierres qui crieront. »* (Lc 19.39/40.) Cette scène est sans aucun doute à compter au nombre des représentations post-pascales *(vaticinium ex eventu)* [205]. Les cris des pierres ont été inspirés par le prophète Habaquq (2.11) :

Les pierres des murailles de la cité détruite témoigneront bientôt du royaume de Jésus, alors que les disciples se tairont (pendant la Passion)[206].

Le seul titre – si l'on peut parler de titre – que Jésus se soit jamais attribué est celui de Fils de l'homme. Cette désignation figure plus de soixante-dix fois dans les Évangiles (mais curieusement nulle part chez Paul). Elle apparaît toujours dans la bouche du maître, ce qui lui confère son caractère d'authenticité. Pour Conzelmann : « De l'avis presque unanime des historiens, Jésus se serait approprié ce titre (rarement utilisé dans l'hébreu tardif) parce qu'il le trouvait conforme à son image[207]. »

Daniel (Dn 7.13 et suite) évoque toute la gloire, la domination et la souveraineté attachées à cette appellation, mais que Jésus n'a jamais fait valoir pour sa seule personne. Tout comme Luc (12.8) et Marc (8.38), Matthieu (10.23) fait dire à Jésus parlant de l'avènement du Messie ...*« avant que ne vienne le Fils de l'homme »*.

D'autre part, il existe de très nombreux passages de textes où Jésus se désigne lui-même par le terme de Fils de l'homme, ce que clairement il ne comprend pas comme un titre de majesté : *« Jésus lui dit : les renards ont des terriers et les oiseaux du ciel des nids; le Fils de l'homme, lui, n'a pas où poser la tête. »* (Mt 8.20.)

Ben-Chorin signale que, dans le langage courant, l'expression Fils de l'homme traduit l'expression sémitique *barnash* qui signifie « chacun » aussi bien que « on » ou « quelqu'un »[208]. Cette interprétation semble convaincante, surtout lorsqu'on se rappelle ce passage : *...de sorte que le Fils de l'homme est maître même du sabbat.* (Mc 2.28.)

Bon nombre de jeunes communautés chrétiennes parlant grec ne savaient quoi faire de ce terme Fils de l'homme qui échappait à leur compréhension. Il n'est plus employé dans la liturgie de l'Église. Le commentaire d'Ernst Bloch à ce sujet est également intéressant : « Le terme pourrait paraître transparent s'il ne servait somme toute qu'à désigner une perception de celui qui n'a rien à offrir et qui avance, simplement debout sur ses deux pieds, parlant l'araméen [209]. »

Les évangélistes, Jean y compris (6.15), reconnaissent la grande réserve observée par Jésus à l'égard d'éventuels titres religieux. L'idée d'une vénération religieuse de sa personne lui est intolérable. De même, il n'a jamais prétendu être un descendant de la maison de David. Il accepte tout juste d'être appelé maître *(rabbi)*. Le traiter de bon maître était déjà aller trop loin. Quelqu'un qui s'adresse à lui en ces termes se fait vertement rabrouer : *Jésus lui dit : « Pourquoi m'appelles-tu bon? Nul n'est bon que Dieu seul. »* (Mc 10.18.) Face à tant d'humilité, il semble plus qu'improbable que, devant le Sanhédrin, Jésus ait brutalement prétendu être le Messie.

Questions et réponses décisives

L'acte d'accusation dressé par le Sanhédrin ne contient pas le délit de revendication messianique (seuls, Marc et Matthieu en parlent). Rien ne permet au grand prêtre de baser son réquisitoire sur cette présomption, à moins que Jésus, au cours de l'interrogatoire, n'ait fait naître des soupçons en ce sens. Mais cela n'aurait pas suffi [210]. Immédiatement après l'audition des témoins (ne justifiant pas une condamnation), Caïphe pose brutalement la question : *Le grand prêtre se leva et lui dit : « Tu n'as rien à répondre? De quoi ces gens témoignent-ils contre toi? » Mais Jésus gardait le silence. Le grand prêtre lui dit : « Je t'adjure par le Dieu vivant de nous dire si tu es, toi, le Messie, le Fils de Dieu? »* (Mt 26.62/63.) Que vient faire cette question dans ce procès? Elle semble incompréhensible.

Encore moins compréhensible est la réponse de Jésus au grand prêtre. *Jésus lui répondit : « Tu le dis. Seulement, je vous le déclare, désormais vous verrez le Fils de l'homme siégeant à la droite du Tout-Puissant et venant sur les nuées du ciel.* » (Mt 26.64.) Le Juif croyant qu'est Jésus ne peut évidemment pas imaginer que Dieu élève le Messie jusqu'au ciel pour le faire siéger à ses côtés et gouverner avec lui. L'annonce d'un retour *sur les nuées du ciel* est destinée à compléter l'expression siéger *à la droite du Tout-Puissant* [211]. La formule ne fait que reprendre des citations de l'Ancien Testament (Dn 7.13; Ps 110.1) par lesquelles Marc et Matthieu cherchent à prouver qu'une prophétie à nouveau s'est accomplie en Jésus.

Matthieu enchaîne : *Alors le grand prêtre déchira ses vêtements et dit : « Il a blasphémé. Qu'avons-nous encore besoin de témoins! Vous venez d'entendre le blasphème. »* (Mt 26.65.) D'après la règle, un grand prêtre doit déchirer ses vêtements en entendant un blasphème. Mais Caïphe n'a pas entendu de blasphème de la bouche de Jésus. Ce geste de colère a sans doute été rajouté. Selon Ben-Chorin : « Pour les besoins du récit, le déchirement des vêtements du grand prêtre devait précéder le déchirement du voile du Temple à l'heure de la crucifixion [212] » (Mt 27.51).

Il est difficile d'admettre que Jésus choisit son apparition devant le tribunal pour se déjuger. Puisqu'il ne se considère pas comme le Messie, pourquoi provoquer la colère des juges en affirmant le contraire? N'est-ce pas lui qui a enseigné cette maxime : *Soyez donc rusés comme les serpents et candides comme les colombes.* (Mt 10.16.) Pour Kolping : « La réponse de Jésus (Mc 14.62) ne correspond donc pas à un incident réel dans l'audience devant le Sanhédrin et ne saurait être considérée comme une déclaration historique témoignant de l'idée que se faisait Jésus de lui-même; elle reflète la tendance religieuse de la jeune communauté et exprime de quelle manière selon elle la confrontation entre Jésus et le Sanhédrin aurait dû se dérouler [213]. »

Marc est seul à rapporter que Jésus répond sans équivoque au grand prêtre qui lui demande s'il est le Messie, le Fils de Dieu : *Je le suis!,* alors que Matthieu lui attribue une réponse évasive (celle qui va être répétée devant Pilate) : *Tu le dis!,* que l'on peut interpréter comme : *C'est toi qui le dis, pas moi!* La réponse rapportée par Luc permet la même interprétation : *Vous le dites, je le suis.*

Ce *Je le suis* chez Marc ou chez Luc est souvent considéré comme une erreur rédactionnelle. D'après Marc (comme chez Matthieu et Luc), Jésus évite de répondre directement en disant : *C'est toi qui le dis, pas moi.* On peut donc supposer que les trois synoptiques ont peur d'aller trop loin en mettant dans la bouche de Jésus une réponse affirmative claire et nette. Ils préfèrent un jeu de mots très subtil en employant la fameuse formule rabbinique *atha amartha (tu le dis)* qui est utilisée chaque fois que, dans une discussion, on cherche à éluder une réponse directe [214].

Se refusant à toute déclaration manifeste, Jésus conserve donc jusqu'au bout le mystère de sa messianité (en supposant toujours qu'il se sente investi d'une telle mission); pourtant Caïphe et ses conseillers n'hésitent pas à le condamner, justement parce que l'accusé n'a pas déclaré explicitement ne pas être le Messie. Que se passerait-il si Jésus, désireux de se défendre (ou entrant dans le jeu du procès), gardait le silence ou répondait non à la question du grand prêtre? L'acquittement? Après tout, Caïphe écarte l'inculpation originelle – la menace de détruire le Temple – qu'il juge insuffisante pour une condamnation. Il aurait encore moins de raisons de condamner Jésus si celui-ci niait franchement être le Messie [215].

Selon les synoptiques, Jésus tient le sort de son procès devant le Sanhédrin entre ses mains. Que reste-t-il alors de la thèse courante qui se fonde sur Matthieu (Mt 26.59), selon laquelle le tribunal est de toute manière décidé à prononcer la peine de mort et qu'il ne s'agit en fait que d'un simulacre de procès? Nier la mission de Messie ou même se taire suffirait à changer toute la procédure. Matthieu, Marc et Luc seraient obligés d'écrire leurs récits autrement, se rapprochant alors de Jean, et Caïphe cesserait d'être considéré comme un scélérat.

Messianité et filiation divine

En lisant le passage des Évangiles concernant le point crucial de tout le procès, on part, le plus souvent, d'une fausse idée. On présume que la question posée par le grand prêtre était une question à double sens : elle visait en même temps et la messianité et la filiation divine. Il s'agissait de savoir si Jésus était le Messie tant attendu issu de la maison de David et s'il se considérait comme un être d'essence divine [216]. Répondre à cette question par l'affirmative aurait constitué le blasphème suprême aux yeux des Juifs. Imaginer qu'un autre Dieu puisse exister en dehors du seul Dieu reconnu, aurait été considéré comme sacrilège, une grave infraction au premier des préceptes du Décalogue. En posant une telle question, Caïphe lui-même se serait rendu coupable de blasphème et n'aurait pas manqué de déclencher un beau tumulte parmi les membres du Conseil. Cette question n'est acceptable que si Caïphe aussi bien que Jésus n'avaient pas été juifs, mais des chrétiens de l'ère post-pascale. Dans le contexte d'un dialogue entre le Juif Caïphe et le Juif Jésus, la controverse sur la filiation divine n'a jamais pu se poser. Une telle problématique était aussi inaccessible au président du tribunal qu'à l'accusé interrogé.

Les auteurs des Évangiles synoptiques sont, tout comme Paul, des Juifs. Ils s'inscrivent dans la même conception théologique. La filiation divine prêchée par Paul ne se réfère pas au Jésus terrestre. C'est à partir de la résurrection qu'elle prend toute sa signification : *...établi, selon l'Esprit Saint, Fils de Dieu avec puissance par sa résurrection d'entre les morts* [217]. (Rm 1.4.) Autrement dit : Caïphe ne cherche nullement la confirmation de l'existence d'un personnage céleste et une réponse affirmative de Jésus ne peut être considérée comme blasphème.

Dans ce contexte, il apparaît clairement qu'en posant cette question d'une importance lourde de conséquences, Caïphe cherche uniquement une explication sur la messianité.

Après Dieu, c'est le Messie qui occupe la première place dans l'Ancien Testament, ce Messie qui doit délivrer Israël du joug de l'oppresseur et hâter l'avènement du royaume de Dieu. Les prophètes n'ont pas annoncé un être doué de pouvoirs divins, encore moins un être divin, mais tout simplement un homme et, plus précisément, un descendant de la maison royale de David.

A l'époque de Jésus, il existait un courant très fort parmi le peuple d'Israël, plus prononcé encore que par le passé, qui attendait l'avènement du Messie tant annoncé par les scribes et les prophètes. Des cris appelant au repentir et à l'avènement du règne de Dieu retentissaient dans tout le pays.

Voici comment Bultmann voit les choses : « Il était naturel que dans cette situation, faite d'obédience et d'espoir, les esprits se nourrissent de cette parcelle d'espérance qui leur annonçait l'abolissement du règne des païens. Dieu allait les rétablir dans leurs droits; leurs terres, à nouveau, seraient sacrées et, seules, les lois des Anciens seraient respectées. L'administration juive avait bien accueilli les autorités romaines qui procuraient la paix au pays et qui, en se substituant aux autorités locales, permettaient aux croyants de vaquer à leurs occupations en paix, tout en restant fidèles à la loi. Au Temple de Jérusalem on sacrifiait régulièrement à César. Les Juifs semblaient se contenter d'une certaine mansuétude manifestée par les Romains à l'égard du sanctuaire. Mais, dans le peuple, et surtout dans les rangs des pharisiens, si scrupuleux dans l'observance de la loi, l'espoir messianique ne cessait de croître, au point d'engendrer un activisme qui ne demandait qu'à mettre fin à la domination des païens [218]. »

Jésus lui-même n'avait laissé aucun doute sur l'avènement imminent d'un changement d'époque. *Et il leur disait :*

« En vérité je vous le déclare, parmi ceux qui sont ici, certains ne mourront pas avant de voir le règne de Dieu venu avec puissance. » (Mc 9.1.) Selon la croyance populaire, seul le Messie annoncé pouvait délivrer le peuple d'Israël du joug romain et le réconcilier avec son Dieu courroucé.

Cela signifie tout d'abord qu'Israël doit être délivré de ses ennemis et les Romains chassés du pays. C'est la concrétisation de cet espoir que l'on attend du Messie issu de la maison de David, celui-ci étant l'incarnation même de la royauté [219]. Le Messie devait être un descendant inconnu de la maison de David qui restaurerait la vieille dynastie, grâce à l'intervention miraculeuse de Dieu ; Jérusalem, *ville céleste,* serait la capitale de son royaume divin où, selon la vision d'Ésaïe, le loup habiterait avec l'agneau et le nourrisson s'ébattrait avec le petit de la vipère [220].

Le peuple qui marchait dans les ténèbres a vu une grande lumière. Sur ceux qui habitaient le pays de l'ombre, une lumière a resplendi. Tu as fait abonder leur allégresse, tu as fait grandir leur joie. Ils se réjouissent devant toi comme on se réjouit à la moisson, comme on jubile au partage du butin. Car le joug qui pesait sur lui, le bâton à son épaule, le gourdin de son chef de corvée, tu les as brisés comme au jour de Madiân. Tout brodequin dont le piétinement ébranle le sol et tout manteau roulé dans le sang deviennent bons à brûler, proie du feu. Car un enfant nous est né, un fils nous a été donné. La souveraineté est sur ses épaules. On proclame son nom : « Merveilleux – Conseiller, Dieu – Fort, Père à jamais, Prince de la paix. » Il y aura une souveraineté étendue et une paix sans fin pour le trône de David et pour sa royauté, qu'il établira et affermira sur le droit et la justice dès maintenant et pour toujours – l'ardeur du Seigneur, le Tout-Puissant, fera cela. (Es 9.1/6.)

Les synoptiques reconnaissent en Jésus ce Messie descendant de David, sans tenir compte du fait que la majorité de ceux qui le suivent dans le peuple, et ses disciples eux-mêmes voient en lui « seulement » un prophète. Dans l'ensemble, les évangélistes s'efforcent évidemment de présenter Jésus comme un Messie apolitique. Leur souci d'éviter, dans toute la mesure du possible, un éventuel conflit avec Rome les oblige à endosser cette contradiction flagrante.

Malgré leurs efforts d'occultation, le côté guerrier du Messie perce surtout chez Luc. Dans l'annonce faite à Marie, il est question du *Seigneur* d'Israël (Lc 1.32/34). Ce n'est pas la joie de la promesse d'un enfant que Marie chante dans son cantique, mais la gloire de porter en son sein le *Sauveur* d'Israël (Lc 1.46.52). Les deux disciples d'Emmaüs ne cachent pas leur déception : *et nous, nous espérions qu'il était celui qui allait délivrer Israël.* (Lc 24.21.) Paul mentionne également la descendance davidique de Jésus (Rm 1.3) et n'hésite pas à décrire le retour du Christ de la foi sous les traits du vengeur d'Israël : *Ensuite viendra la fin, quand il remettra la royauté à Dieu le Père, après avoir détruit toute domination, toute autorité, toute puissance.* (1 Co 15.24/25.)

Mais c'est Paul aussi qui, le premier, entreprend de remettre en question la filiation exclusivement humaine de Jésus et de l'entourer d'une aura de divinité. En faisant ressusciter Jésus dans son enveloppe charnelle, Paul montre la défaite de la mort : *La mort a été engloutie dans la victoire. Mort, où est ta victoire? Mort, où est ton aiguillon?* (1 Co 15.55.) Il est facile de comprendre les motivations de Paul : il exerce ses activités de prédicateur dans un univers romano-hellénistique. Face à la religion païenne et son culte des idoles, il lui faut autre chose qu'un simple martyr exécuté à Jérusalem. Les propos que tient Paul sur la nature divine de Jésus (il n'est évidemment pas encore question de Trinité) sont à peine esquissés et n'autorisent aucune certitude quant à son opinion. Il parle de Jésus-Christ comme d'*un seul homme* (Rm 5.15), *issu selon la chair de la lignée de David.* (Rm 1.3.) Par la suite : *En effet, ceux-là sont fils de Dieu qui sont conduits par l'Esprit de Dieu.* (Rm 8.14.) Les passages des Épîtres de Paul ne sauraient en aucun cas servir de référence pour attester de la foi des apôtres en une filiation divine dans le sens chrétien. La quintessence de la conception paulinienne peut se résumer ainsi : Dieu se trouve au-dessus de Jésus et Jésus, avant sa naissance, ne constituait pas une partie intégrante de Dieu, mais il fut *établi, selon l'Esprit Saint, Fils de Dieu avec puissance par sa résurrection d'entre les morts.* (Rm 1.4.) L'enseignement de l'Église, selon lequel le statut divin de Jésus aurait existé avant le début des temps, déborde donc largement les catégories pauliniennes.

Les évangélistes, désireux d'annoncer le message dans le sens paulinien [221] et de conférer à Jésus des pouvoirs surnaturels, lui permettant d'accomplir des miracles, adoptent une attitude tout aussi ambivalente que celle de leur mentor [222]. Les synoptiques mettent l'accent sur la personne physique, alors que Jean, pénétré de l'esprit grec, cherche à l'éviter [223]. Le statut divin domine. Jean a pourtant fort à faire pour faire comprendre à son audience cette notion d'*hors du monde.* Il ne dispose pas de ces formules passe-partout élaborées quelques siècles plus tard au fil des conciles successifs. Le premier chapitre de son Évangile présente Jésus comme le *Verbe* ou la *Parole de Dieu.* Certains passages indiquent clairement que Dieu occupe une position hiérarchique supérieure à celle de Jésus (Jn 10.34/36; 14.21). Dans son dialogue avec Pilate, Jésus ne se pose pas en être céleste, mais dit clairement que le procurateur n'aurait aucun pouvoir sur lui à moins que celui-ci ne lui ait été donné d'en haut (Jn 19.11).

Certains Pères de l'Église, dont Tertullien, ont enseigné que Jésus fut conçu lors de la création du monde, à l'instant même où Dieu aurait prononcé le *fiat lux* de la Genèse. D'autres, comme Origène ou Théodore de Mopsueste et ses élèves, défendent une thèse opposée : la notion de la filiation divine n'a qu'une valeur symbolique. Pour eux, Jésus n'est qu'un être humain comme les autres, adopté par Dieu grâce au baptême (théorie de l'adoption). Arius est sans doute le plus célèbre des hérésiarques chrétiens. Lui aussi fait le rapprochement entre Dieu et Jésus, mais son Jésus n'est pas Dieu, seulement une créature de Dieu.

Il nie la consubstantialité du Fils avec le Père. L'arianisme n'est pourtant pas si éloigné de la théorie paulinienne : *Il n'y a qu'un seul Dieu, qu'un seul médiateur aussi entre Dieu et les hommes, un homme : Christ Jésus* [224]. (1 Tm 2.5.) D'après Lehmann, Arius avait dû comprendre que seul un être humain peut servir de modèle aux hommes et qu'une image abstraite ne suffit pas pour conduire l'humanité à Dieu.

Pour en terminer avec le conflit entre Arius et ses opposants, l'empereur Constantin (qui n'avait pas encore été baptisé) [225] convoqua le concile de Nicée pour statuer sur cette question. L'enseignement d'Athanase, évêque d'Alexandrie, l'emporta et Arius fut condamné. Le credo de Nicée qui est encore aujourd'hui à la base de la profession de foi apostolique fut ainsi imposé par le décret d'un empereur païen. Malgré le dogme proclamé à Nicée, l'enseignement d'Arius est toujours vivant dans la communauté de l'Église, bien que le mot *arien* soit devenu entre-temps une insulte dans le langage ecclésial.

Paul (certainement sans l'approbation de la communauté de Jérusalem) a amorcé une évolution de la théologie chrétienne qui devait aboutir, en 451, au concile de Chalcédoine, au dogme de la double nature de Jésus : une seule personne, vrai homme et vrai Dieu. Ce dogme mit fin à une longue suite de discussions et de polémiques entre les Pères de l'Église. La diversité des thèses en présence donne une idée de l'ardeur des discussions. Certains conciles connurent des scènes de violences provoquant des morts et des blessés, ce qui valut à un concile la dénomination de « brigandage d'Éphèse ».

La question du Messie au temps du procès

Lorsqu'on revient en arrière, à l'époque pré-paulinienne, celle où Caïphe aurait demandé à Jésus s'il était le Christ, le Fils du Très-Haut, on comprend bien que cette question avait pour but de faire admettre à Jésus qu'il se considérait de bon droit comme le Messie annoncé, descendant de la maison de David. Les termes tels que *Fils du Très-Haut* et *Fils du Seigneur* sont le fidèle reflet de psaume du couronnement : *Le Seigneur m'a dit : Tu es mon fils; moi, aujourd'hui je t'ai engendré.* (Ps 2.7.) Si les évangélistes disent vrai et si Jésus s'est véritablement présenté au cours du procès comme le Messie issu de la lignée de David et, par conséquent, comme *Roi des Juifs,* il se serait déclaré de ce fait *Fils de Dieu* [226]. Ce *Fils de Dieu,* au sens juif du terme, reste néanmoins toujours un homme, *Ben-Adam* (fils de l'homme). Il n'est en rien concerné par le dogme chrétien postérieur du Fils unique né du Père [227].

Quiconque se serait risqué à proclamer au Temple ou dans une synagogue que le nommé Jésus de Nazareth, récemment crucifié au Golgotha, n'était rien de moins qu'un être d'essence divine, se serait fait lapider – ou aurait eu droit aux moqueries de l'auditoire. Pas plus qu'aujourd'hui, les Juifs d'il y a deux mille ans n'auraient consenti à abandonner leur foi en un Dieu unique régissant les destinées de l'univers, au bénéfice du concept de la Trinité qui autorisait Dieu à rappeler à lui un être terrestre et à l'investir d'attributs divins.

L'emploi occasionnel du terme de *Fils de Dieu* par les apôtres et autres disciples de Jésus se situe dans le contexte juif de l'époque. Dans l'optique juive, tout homme menant une vie conforme aux préceptes de Dieu est fils de Dieu. Caïphe, par exemple, se considérait certainement comme *fils de Dieu.* Jésus lui-même n'a-t-il pas dit dans le Sermon sur la Montagne : *Heureux ceux qui font œuvre de paix : ils seront appelés fils de Dieu* [228]? (Mt 5.9), *fils de Dieu* n'étant qu'une formulation intensifiée d'*enfant de Dieu.* Tous les Juifs devaient forcément se considérer comme enfants de Dieu puisque leur religion repose sur la conviction inébranlable d'être le peuple élu.

Dieu règne sur les enfants de son peuple, c'est entendu,

mais il ne saurait procréer! L'enseignement de Jésus suit parfaitement cette interprétation juive : *Et moi, je vous dis : « Aimez vos ennemis et priez pour ceux qui vous persécutent, afin d'être vraiment les fils de votre Père qui est aux cieux. »* (Mt 5.44/45.) La seule idée que Dieu ait pu avoir engendré un fils, aurait été rejetée en bloc par tous les Juifs comme une aberration sans nom.

En admettant que Jésus ait répondu : *Je le suis; et vous verrez le Fils de l'homme...*, nous nous trouvons de nouveau en face d'une réponse allant dans le sens de la croyance juive.

Le dialogue ne prend sa pleine signification que placé dans un contexte linguistique et conceptuel juif. Dans le cas opposé, c'est-à-dire en adoptant une démarche chrétienne pour aborder le texte, la réponse de Jésus devient contradictoire et totalement absurde. Il se serait ouvertement déclaré comme le fils né de Dieu en donnant pour preuve qu'en cette qualité il trouverait naturellement sa place prédestinée à la droite de Dieu. Lorsqu'on suit attentivement l'échange entre le grand prêtre et Jésus, on constate qu'ils parlent d'égal à égal. Chacun pèse ses mots. Il ne s'agit pas d'un dialogue entre chrétiens, ni d'un dialogue entre un chrétien et un juif, mais d'un face-à-face entre deux Juifs (fait souligné par l'évangéliste qui ne parle pas de Dieu mais du *Béni*).

L'interprétation juive de la filiation divine s'est, bien entendu, maintenue au-delà de la mort de Jésus. Les disciples qui, dans un premier temps, avaient abandonné leur maître à son sort, s'étaient assemblés de nouveau à Jérusalem. On ignore combien de temps s'était écoulé entre leur fuite et leurs retrouvailles. Quelques semaines, quelques mois ou peut-être même toute une année [229]. Entre les derniers versets des Évangiles et le premier chapitre des Actes des apôtres, il subsiste comme une zone de la foi en clair-obscur. Une chose paraît certaine : de nouveau réunis, les apôtres renouent le fil là où il avait été interrompu par l'arrestation et l'exécution de leur maître; ils attendent la *promesse du Père* (Ac 1.4), c'est-à-dire l'avènement du royaume de Dieu annoncé par Jésus. Les membres de la communauté primitive (parmi lesquels Pierre, les jumeaux Jacques et Jean ainsi que Jacques, frère de Jésus) sont désormais profondément convaincus non seulement de son rang de prophète, mais également de sa mission messianique.

C'est de cette conviction que naît la vision d'une prochaine apparition de leur rabbi crucifié (Ac 3.20) sous une forme nouvelle, et revêtue de toute la splendeur du Messie. C'est, en somme, une répétition des déclarations de Jésus (Mt 17.12) selon lesquelles Jean le Baptiste aurait été la réincarnation du prophète Élie [230]. Le Messie doit venir, sous une apparence ou une autre, pour accomplir sa mission qui est de délivrer Israël du joug de l'occupant et de célébrer avec ses disciples, selon la promesse, l'avènement du Règne du Seigneur. Il leur manque encore une preuve dans les Écritures. Ils finissent par la découvrir dans la prédiction du prophète Ésaïe (Es 42, 52, 53) en la personne du serviteur de l'Éternel qui avait souffert et livré sa vie en sacrifice du péché d'Israël. D'ailleurs les psaumes (18, 22, 69) ne parlent-ils pas de l'oint du Seigneur que Dieu a délivré de ses ennemis et sauvé des eaux boueuses pour l'introniser roi de l'univers le jour de la délivrance et l'investir du droit de siéger à sa droite? (Ps 110.1) Daniel (7.13/14) ne leur a-t-il pas dit : *Je regardais dans les visions de la nuit, et voici qu'avec les nuées du ciel venait comme un Fils d'Homme; il arriva jusqu'au Vieillard, et on le fit approcher en sa présence. Et il lui fut donné souveraineté, gloire et royauté.* Les apôtres croient fermement que ces passages parlent de Jésus, leur rabbi crucifié.

Les adeptes de Jésus (les nazaréens) de la communauté de Jérusalem sont des Juifs orthodoxes de tendance pharisienne. L'idée ne leur serait pas venue d'imaginer un être d'essence divine sous les traits de leur rabbi exécuté. À leurs yeux, il représente l'exemple à suivre, le maître dont on continue l'enseignement et à qui on donne toute sa foi. Ils le connaissent bien pour l'avoir accompagné pendant toutes ses années d'activité publique. À leur estime pour le ressuscité se mêlent sans doute le souvenir intime de l'homme Jésus et les idées reçues sur le Messie à venir.

Jean (20.11/16) raconte la rencontre entre Jésus ressuscité et Marie de Magdala qui le prend tout d'abord pour le gardien du jardin mais, aussitôt que Jésus se fait connaître, elle s'exclame en hébreu *rabbouni,* ce qui signifie maître. On voit que, loin d'être pétrifiée de respect devant l'apparition d'un être divin, elle se contente de manifester sa joie de retrouver son bon rabbi de toujours.

Quelques décennies après, le plus pieux des chrétiens n'aurait même pas osé imaginer que Jésus ait demandé à ses disciples de l'adorer. Porphyre et l'empereur Julien démontreront plus tard, en s'appuyant sur le Nouveau Testament, que Jésus ne s'était jamais présenté comme Dieu et que dans ses sermons il n'était question que d'un Dieu unique, le Dieu de tous les hommes [231]. Ce sont ses adeptes qui substitueront aux paroles de Jésus leur propre enseignement qui faisait de lui un objet d'adoration [232]. Les exégètes contemporains s'interrogent toujours sur ce problème que les chrétiens primitifs ont dû affronter. Harnack, théologien protestant, affirme : « Le Père seul trouve sa place dans l'Évangile tel qu'il est enseigné par Jésus [233]. » Et Küng demande : « Est-ce que le témoignage du Nouveau Testament et l'approche plus historique de la pensée moderne ne suggéreraient pas plutôt de sonder, comme les premiers disciples l'ont fait, l'existence terrestre de Jésus, son aspect et son message historique, sa vie et sa destinée, sa réalité et son impact historique avant de poser la question de la relation existant entre cet homme et Dieu, de l'unité Père-Fils? [234] »

Application erronée de la loi réprimant le blasphème?

En aucun cas Jésus ne se serait rendu coupable de blasphème s'il avait répondu affirmativement au grand prêtre qui le questionnait sur sa mission de Messie et sa filiation divine. Les évangélistes (Marc surtout) utilisent le mot blasphème avec une certaine désinvolture : lorsque Jésus pardonne ses péchés à un paralysé – dans un contexte qui n'a rien à voir avec celui de l'audience devant le Sanhédrin – quelques scribes assis là raisonnent selon leur cœur : *Pourquoi cet homme parle-t-il ainsi? Il blasphème. Qui peut pardonner les péchés sinon Dieu seul?* (Mc 2.7.) Kolping met en doute l'historicité du terme blasphème utilisé à ce propos; à son avis il pourrait s'agir là d'une notion introduite par la communauté post-pascale [235].

Une définition parfaitement claire du blasphème est donnée à travers une anecdote de l'Ancien Testament. Au cours d'une empoignade, un jeune homme, dont la mère est israélite et le père égyptien, insulte le Nom du Seigneur. On le place sous bonne garde en attendant un ordre précis de la part du Seigneur. *Alors le Seigneur adresse la parole à Moïse et lui dit : Celui qui blasphème le nom du Seigneur sera mis à mort : toute la communauté le lapidera.* (Lv 24.16.) Comment traiter dès lors de blasphème la réponse faite par Jésus concernant sa messianité? Le nom de Dieu n'a en rien été insulté. Ni la revendication du titre de Messie, pas plus que celle du nom de fils de Dieu, ni la combinaison des deux n'auraient justifié de taxer Jésus de blasphémateur selon les lois juives.

Les Évangiles ne nous fournissent aucun chef d'accusation précis susceptible d'être retenu par les autorités juives et conduisant à une condamnation à mort [236]. Les paroles que Marc et Matthieu attribuent à Caïphe : *Qu'a-*

vons-nous encore besoin de témoins! Vous avez entendu le blasphème (Mc 14.63/64) ne sauraient servir de preuve historique. Caïphe, sans aucun doute, devait connaître son métier et savoir comment qualifier les faits. Après tout, il était le président d'un tribunal collégial composé des meilleurs juristes de son pays.

En accusant Caïphe et le Sanhédrin sur le point capital d'une interprétation erronée de la loi (dans le cadre d'une procédure non conforme aux dispositions légales), les évangélistes montrent leur acharnement à produire à tout prix des preuves allant dans le sens de leur propre thèse et leur souci de diminuer la responsabilité des Romains. Ils peuvent manipuler l'histoire à leur aise, sachant qu'ils s'adressent à un public non averti des subtilités du droit juif et prêt à accepter les faits tels qu'on les lui présente. Pour mieux orienter l'indignation du lecteur contre Caïphe et les membres de son tribunal, on n'hésite pas à affirmer que ces mêmes membres et leurs serviteurs crachent au visage de Jésus et vont jusqu'à l'accabler de coups et de gifles (Mt 26.67/68). On cherche ainsi à créer une situation contrastant avec le comportement très digne de Ponce Pilate qui, à l'ouverture de la séance, discute avec Jésus du bien-fondé de l'accusation et qui, pour terminer, fait le geste de se laver les mains. Pas question de crachats ici. Si Jésus avait déclaré devant Caïphe qu'il était le Messie issu de la maison royale de David, le grand prêtre aurait, tout au plus, conclu à une usurpation de fonctions commise par un Juif et risquant d'entraîner des mesures de répression contre le peuple entier. Le fait en lui-même ne constituait pas un crime aux yeux des lois juives [237].

Aucun membre de la communauté primitive de Jérusalem n'aurait considéré la revendication messianique comme un blasphème. Pendant de longues années, Jacques, frère de Jésus, enseigne la messianité de Jésus sans être inquiété par les autorités. À la base du conflit entre Paul et la judaïcité se trouve non pas sa reconnaissance de Jésus-Messie et sa filiation divine, mais sa prise de position vis-à-vis de la Loi. « C'est seulement au moment où les chrétiens rejettent tout lien avec la Loi que les Juifs commencent à percevoir le christianisme comme une religion étrangère. Dès lors, l'adhésion à la thèse de Jésus-Messie, Fils de Dieu, devient une hérésie exposée désormais à toutes les poursuites. La profession de foi est devenue blasphème [238]. »

À l'époque de Jésus, on pouvait se dire Messie, sans encourir un châtiment, à la seule condition d'observer la Loi. L'histoire juive ne compte pas les prétendants à ce titre, ni les pseudo-messies. Bultmann parle de soulèvements localisés à Jérusalem et dans les campagnes. On y voit apparaître des prophètes messianiques et même des « rois » qui, selon le récit de Flavius Josèphe, auraient cherché à mobiliser le peuple contre l'oppresseur et à l'entraîner dans le désert pour mieux le préparer à la lutte contre l'occupant romain. Celui-ci a étouffé tous ces mouvements messianiques dans le sang. Leurs instigateurs furent crucifiés ou massacrés [239]. Les sadducéens, dont l'intérêt est d'assurer la sécurité et le maintien de l'ordre, n'ont pourtant jamais poursuivi ces pseudo-messies qu'ils considéraient comme de simples résistants. Aucun d'eux n'ayant réussi à libérer Israël du joug romain, on leur refusa le titre de Messie.

Bar-Kokhba est le dernier de cette lignée. Simon Bar Giora, Menahem et Éléazar ben Deinaeus avaient ouvert la marche [240]. Bar Giora, vêtu des habits royaux de Messie, est capturé après le siège de Jérusalem. On le conduit à Rome où le spectacle de sa strangulation est offert à la population romaine en apothéose de la fête de la victoire. Menahem se trouve à la tête de la rébellion des zélotes; à Jérusalem on le vénère comme Messie. Il tombe aux mains des Romains et il est crucifié. En 53, Éléazar ben Deinaeus (à ne pas confondre avec Éléazar, le défenseur de Massada qui entraîna tous ses partisans dans le suicide pour échapper à la captivité romaine) est arrêté par le procurateur romain Antonius Felix qui l'accuse d'être un pseudo-messie et l'amène à Rome pour y être exécuté sur la place publique.

Le célèbre rabbi Akiba proclame Simon Bar-Kokhba Messie après les premiers succès de sa révolte (écrasée par les Romains en 135). Pendant un temps, il fait croire à une victoire militaire. La seule prétention à la filiation de la maison royale de David n'est pas suffisante pour donner droit au titre de Messie. Seule une victoire définitive sur l'occupant romain, permettant le rétablissement attendu du règne de Dieu, autoriserait cette prétention au titre de Messie.

Si le grand prêtre et le Haut Conseil considéraient que le rabbi de Galilée était passible d'exécution capitale pour avoir prétendu indûment au titre de Messie, cela ne pouvait signifier qu'une seule chose : il était en infraction vis-à-vis des règles imposées par les Romains.

Infractions à la Loi non comprises dans l'acte d'accusation?

David Flusser précise que (nulle part) les synoptiques dans leur description de la vie religieuse de Jésus ne font état d'un manquement à ses devoirs religieux [241]. Bien au contraire, les Évangiles parlent souvent de sa stricte observance des commandements de la Torah. Le Sermon sur la Montagne nous le montre : *N'allez pas croire que je sois venu abroger la Loi ou les prophètes : je ne suis pas venu abroger mais accomplir. Car, en vérité, je vous le déclare, avant que ne passent le ciel et la terre, pas un « i », pas un point sur l'« i » ne passera de la Loi que tout ne soit arrivé. Dès lors celui qui transgressera un seul de ces plus petits commandements et enseignera aux hommes à faire de même sera déclaré le plus petit dans le royaume des cieux; au contraire, celui qui les mettra en pratique et les enseignera, celui-là sera déclaré grand dans le royaume des cieux.* (Mt 5.17/19.)

À bien chercher, on aurait sans doute pu dénicher quelques infractions à la Loi commises par Jésus et susceptibles d'être condamnées sans que l'on puisse pour autant accuser le tribunal de prévarication. Les tribunaux de l'Inquisition se sont contentés de bien moins pour condamner – au nom de Jésus – certains prévenus au bûcher!

Les historiens relèvent plusieurs points de droit qui auraient pu justifier une condamnation à mort prononcée par Caïphe et le Sanhédrin à l'encontre de Jésus. Strobel écrit : « Le rôle et la prise de position de Caïphe sont motivés par une loyauté absolue vis-à-vis de la Loi. Il lui incombait donc, tragiquement, d'appliquer toute la rigueur de la Loi à Jésus. Caïphe n'était nullement l'homme abject tiraillé entre une jalousie morbide, une soif inextinguible de vengeance et le désir d'assassiner que certains textes chrétiens mal interprétés aiment à nous présenter. Blinzler se trompe, lorsqu'il met en doute la bonne foi de Caïphe sans tenir compte des pressions auxquelles était soumis le grand prêtre [242]. » Küng, lui, en arrive à la conclusion que Jésus, dont les faits et paroles avaient si souvent mis sa vie en danger, devait bien s'attendre à une fin tragique... À moins d'opérer un changement radical et d'adhérer au message propagé, avec tout ce que cela impliquait, la hiérarchie juive était obligée, de par sa Loi, d'agir contre le mauvais prophète, le blasphémateur et agitateur [243]. Stauffer cherche à sauver l'honneur de Caïphe en affirmant que le Sanhédrin n'a pas condamné un innocent et que son jugement était parfaitement valable sur le plan juridique.

Une appréciation aussi rigoureuse paraît inacceptable. L'activité et les paroles de Jésus justifiaient-elles vraiment la peine de mort? Son seul souci est d'annoncer la bonne nouvelle de l'avènement proche du royaume du Seigneur et d'inciter le peuple au repentir. Quel mal y a-t-il à cela? Aucun précédent ne permet de le qualifier de *blasphémateur* ni d'*agitateur*. Les prédicateurs errants non conformistes sont légion – les faiseurs de miracles également. Jean le Baptiste n'est pas présenté comme hérétique ou comme prophète de mensonge, mais comme la victime d'intrigues politiques.

On ne peut écarter l'hypothèse de certaines entorses aux commandements religieux, telles que des violations du shabbat et la non-observance des rites de purification. L'Antiquité – et surtout l'univers judaïque – ne distinguait pas entre un délit de droit pénal et une transgression des lois religieuses. Le profane côtoyait le religieux. Dans un tel contexte, la libération ou la condamnation de Jésus ne dépendaient que des rapports de force au Sanhédrin et du bon vouloir des membres du tribunal. Dans le cas de Jésus, les violations du shabbat étaient-elles vraiment aussi nombreuses et accablantes qu'on voudrait bien le dire?

Violations du shabbat

Le shabbat est le jour où l'on vénère Dieu, le jour de l'union entre l'Éternel et les hommes. C'est là que réside la distinction fondamentale entre Israël et le monde païen. Dieu a créé le shabbat pour pouvoir l'imposer à Israël, son peuple élu.

Tous les évangélistes relèvent le reproche fait à Jésus d'avoir violé le shabbat [244]. Ce reproche est peut-être fondé et, d'après la loi mosaïque, toute profanation du shabbat est susceptible de la peine de mort. Un homme surpris en train de ramasser du bois le jour du shabbat avait été lapidé par toute la communauté (Nb 15.32/36).

On sait qu'une observance scrupuleuse de nombreuses règles concernant le shabbat a eu des incidences fâcheuses dans le domaine militaire. On pourrait citer par exemple l'échec du soulèvement juif contre le roi syrien Antiochus IV [245]. De même, en l'an 64, lors du siège de Jérusalem par Pompée, les Juifs auraient refusé de saisir leurs armes le jour du shabbat, geste qui devait largement contribuer à la victoire des Romains [246]. Pourtant la Loi permet d'invoquer l'état de nécessité, qui n'est pas étranger au droit mosaïque. La préservation de la vie prévaut sur les exigences du shabbat, les règles ayant été conçues pour stimuler le besoin de survivre et non pour faciliter l'acceptation de la mort. En cas d'attaque, le peuple est parfaitement en droit d'avoir recours aux armes. Des événements récents nous le prouvent. Lorsqu'en 1973 Israël fut attaqué par l'Égypte le jour du Yom Kippour, aucune voix, même dans les rangs des orthodoxes, ne s'éleva contre une riposte militaire instantanée.

Flusser estime que Jésus n'a jamais transgressé les prescriptions shabbatiques qui autorisaient le traitement des malades le jour du shabbat tout en excluant l'usage de médicaments [247]. D'ailleurs, du temps de Jésus, la stricte observance des prescriptions du shabbat s'était sans doute quelque peu adoucie (surtout grâce à l'enseignement relativement libéral du grand rabbi Hillel). Les infractions mineures, depuis longtemps, ne faisaient plus encourir une condamnation à mort et, dans le cas de Jésus, il s'agissait uniquement là de délits mineurs.

Lehmann, qui considère Jésus comme un essénien, attire l'attention sur un détail intéressant [248] : les esséniens ne fêtaient pas le shabbat le samedi, mais le mercredi. Face aux pharisiens qui l'accusaient de ne pas avoir respecté le shabbat, Jésus aurait pu arguer de sa qualité d'essénien pour qui le shabbat des pharisiens n'était qu'un jour ouvrable comme les autres. Pourtant, d'après les Écritures, Jésus n'a jamais invoqué cette raison.

La vraie question n'est pas là. Il est bien plus important de noter que Jésus s'est explicitement prononcé contre une observance trop rigoureuse du shabbat : *Mais il leur dit : « Qui d'entre vous, s'il n'a qu'une brebis et qu'elle tombe dans un trou le jour du sabbat, n'ira la prendre et l'en retirer? »* (Mt 12.11.) Jésus adopte donc un point de vue qui pouvait être considéré, à la rigueur, comme une provocation face aux conservateurs. Dans ses discours, on ne trouve qu'une seule concession aux règles du shabbat, lorsqu'il exprime sa crainte que ses disciples n'aient à s'enfuir ce jour-là (Mt 24.20). En revanche, il se voit amené à justifier son comportement certains jours de shabbat : *Et il leur disait : « Le sabbat a été fait pour l'homme et non l'homme pour le sabbat, de sorte que le Fils de l'homme est maître même du sabbat. »* (Mc 2.27/28.) De toute évidence, Jésus ne semble pas disposé à épiloguer sur les conditions pour lesquelles on a le droit de secourir son prochain le jour du shabbat.

Pour lui, la question de circonstances exceptionnelles ne se pose même pas, le devoir d'assistance passe avant tout. Küng pense que Jésus ne considérait pas le shabbat comme une fin en soi, mais comme une institution visant l'homme. Le shabbat ne devait pas être considéré comme le jour où il fallait s'abstenir de toute activité, mais comme un jour voué au bien. Si l'on était autorisé à sauver les bêtes, à plus forte raison avait-on le droit de venir au secours des hommes. Mais, en adoptant cette attitude, Jésus admettait implicitement que l'observance des prescriptions du shabbat était l'affaire de tout un chacun – point de vue intolérable pour n'importe quel Juif orthodoxe. Il reste que ce point ne figure pas parmi les chefs d'accusation et ne peut donc pas peser dans le jugement.

Refus des commandements de purification?

Jésus a également été accusé d'avoir refusé de reconnaître les commandements de purification dictés par l'Ancien Testament : *Écoutez-moi tous et comprenez. Il n'y a rien d'extérieur à l'homme qui puisse le rendre impur en pénétrant en lui, mais ce qui sort de l'homme, voilà ce qui rend l'homme impur.* (Mc 7.14/15.) Beaucoup ne semblent pas avoir compris la portée de ces paroles, que même ses disciples trouvent énigmatiques. Jésus en conçoit de l'humeur et leur explique : *« Vous aussi, êtes-vous donc sans intelligence? Ne savez-vous pas que rien de ce qui pénètre de l'extérieur dans l'homme ne peut le rendre impur, puisque cela ne pénètre pas dans son cœur, mais dans son ventre, puis s'en va dans la fosse? Il déclarait ainsi que tous les aliments sont purs. Il disait : « Ce qui sort de l'homme, c'est ce qui rend l'homme impur. »* (Mc 7.18/20.) Il ne s'agit donc pas du lavage des mains traditionnel avant les repas, que Jésus aurait parfois négligé (Mc 7.5), mais d'un refus fondamental de faire la différence entre mets et animaux purs et impurs.

Jésus ne se contente d'ailleurs pas de mettre en pratique ses propres idées sur ce point crucial, il n'hésite pas à entraîner ses disciples dans la voie de l'apostasie. Il proclame une définition nouvelle et révolutionnaire de ce qui est pur et de ce qui doit être considéré comme impur. La grande péricope de Marc (7.1/23) représente une sorte de ligne de partage des eaux : en matière de notions de pureté et d'impureté, les *eaux* de l'Église s'écoulent dans une direction résolument opposée à celle des *eaux* de la religion juive [249].

Une fois de plus, la fiabilité historique de l'évangéliste peut être mise en doute. Pourquoi Jésus, Juif fidèle à la Torah, renierait-il sa foi judaïque sur une question aussi importante? De plus, il est trop bon patriote pour frayer avec des collecteurs d'impôt et des païens qui pourraient l'inciter à goûter à des mets interdits. Il faudrait voir dans ce passage plutôt une intention de l'évangéliste d'établir un rapport entre Jésus et une communauté chrétienne qui ignore tout de la différence entre des aliments purs et ceux qui ne le sont pas. L'apôtre Paul a préparé la voie : *Tout ce qu'on vend au marché, mangez-le sans poser de question par motif de conscience; car la terre et tout ce qu'elle contient sont au Seigneur.* (1 Co 10.25/26.)

Quoi qu'il en soit, ces éventuelles entorses aux commandements de purification n'entrent en rien dans la condamnation de Jésus. Même si Trilling prétend qu'aux yeux des Juifs de la Torah Jésus était un apostat, rien ne prouve qu'ils aient porté l'affaire devant le tribunal.

L'histoire du droit et de la procédure dans le monde juif de l'époque ne fait état d'aucune inculpation ou condamnation à mort pour transgression des prescriptions alimentaires. Selon Haim Cohn, juriste juif qui fait autorité sur la question du procès de Jésus, la punition de toute offense dans ce domaine relevait de Dieu et non des instances pénales [250].

Blasphémateur?

La non-observance du shabbat et les infractions contre les commandements de purification paraissent secondaires en regard des délits dont Jésus est accusé dans l'Évangile de Jean.

On lui attribue ici des paroles si blasphématoires qu'elles auraient dépassé l'entendement de tout prêtre et de tout juge juif – s'il les avait vraiment prononcées. Le délit de blasphème aurait été lourdement aggravé par celui de l'incitation à l'apostasie et à l'écoute des visionnaires (Dt 13.2/8) et des faux prophètes (Dt 18/20) [251]. Voici quelques-unes de ces paroles : *Personne ne va au Père si ce n'est par moi.* (Jn 14.6.) *Le Père ne juge personne, il a remis tout jugement au Fils.* (Jn 5.22.) *Je suis la Résurrection et la Vie.* (Jn 11.25.) *Celui qui mange ma chair et boit mon sang a la vie éternelle et moi, je le ressusciterai au dernier jour.* (Jn 6.54.) *Vous êtes d'en bas; moi, je suis d'en haut; vous êtes de ce monde, moi je ne suis pas de ce monde.* (Jn 8.23.) *Avant qu'Abraham fût, Je Suis.* (Jn 8.58.)

Mais ne pourrait-on pas envisager que de telles déclarations, si elles avaient donné lieu à une intervention des autorités romaines, auraient pu être une planche de salut? On peut penser que – tout comme dans le cas de son homonyme, Jésus, fils d'Ananos – le tribunal aurait pu conclure à la totale irresponsabilité du rabbi de Galilée.

C'est là pure spéculation, car il est aujourd'hui universellement admis que ces paroles attribuées à Jésus n'ont jamais été prononcées par lui et qu'il s'agit, en fait, d'éléments introduits par Jean dans l'enseignement post-pascal [252].

Il a souffert sous Ponce Pilate

La situation du prisonnier

La véritable question n'est pas de savoir si Jésus a été arrêté par les Romains, ni de savoir s'il leur a été « livré » par les autorités juives. Une chose est certaine, quelle qu'en soit la raison, Jésus n'a pas été condamné par un tribunal juif, pas plus qu'il n'a été exécuté par des bourreaux juifs.

Tant que Jésus se trouve placé sous la juridiction romaine, il lui reste une chance de rester en vie. Une chance minime certes, et bien moindre que celle que se complaisent à décrire les évangélistes qui, paradoxalement, avancent que Ponce Pilate aurait préféré remettre Jésus en liberté. Mais cette chance existe. Il lui suffit de convaincre les Romains qu'il est un homme paisible, n'entretenant aucun rapport avec les zélotes, malgré sa sévère critique de la misère sociale et son engagement résolu en faveur des opprimés, des persécutés et des misérables (Lc 12.49; 22.36; Mt 10.34/36).

Contrairement aux zélotes qui appellent à la révolte armée contre les forces d'occupation pour rétablir Israël dans les limites territoriales du royaume de David, Jésus prêche la non-violence [253] : *À qui te frappe sur une joue, présente encore l'autre. À qui te prend ton manteau, ne refuse pas non plus ta tunique.* (Lc 6.29.) *Mais je vous dis, à vous qui m'écoutez : Aimez vos ennemis, faites du bien à ceux qui vous haïssent.* (Lc 6.27.) *Remets ton épée à sa place, car tous ceux qui prennent l'épée périront par l'épée.* (Mt 26.52.)

Les parallèles avec son maître à penser, Jean le Baptiste, sont évidents. Flavius Josèphe dit du Baptiste qu'il est un homme noble, incitant les Juifs à rechercher la perfection en pratiquant la justice et la dévotion envers Dieu [254]. Bien que les discours de Jean-Baptiste soient basés uniquement sur des principes pacifistes, leur effet charismatique sur les foules est tel que le tétrarque Hérode Antipas, fidèle allié de Rome, n'hésite pas à le taxer d'agitateur politique susceptible de pousser le peuple à la rébellion. Ce simple soupçon suffit à justifier son incarcération et, finalement, son exécution dans la forteresse de Machéronte.

On s'est souvent demandé ce qui ce serait passé si Pilate s'était laissé convaincre de la non-violence de Jésus, si celui-ci avait retrouvé la liberté et, ainsi, la possibilité de poursuivre son enseignement pacifiste et de réussir à l'imposer aux zélotes dans les années 40 et 50. Il est certain que le christianisme n'aurait jamais vu le jour. Mais il est également certain que le soulèvement suicidaire des Juifs contre les Romains, qui devait se terminer en 70 par la destruction du Temple, l'anéantissement de l'État hébreu, la déportation et l'esclavage du peuple juif, n'aurait pas eu lieu non plus.

Mais, en ce jour mémorable où les forces d'occupation soupçonnent Jésus d'activités subversives, la situation est, somme toute, assez banale. Jésus a très peu de chances d'échapper au procurateur Ponce Pilate [255]. Les occupants romains, qui vivent dans la crainte permanente d'un coup d'État, sévissent avec une rigueur extrême. Aucun peuple n'a opposé autant de résistance à l'occupant que le peuple juif. Pendant les journées précédant la Pâque, la garnison de Jérusalem est mise en état d'alerte et la tension monte. En raison des innombrables pèlerins (parmi lesquels maints zélotes de Galilée), les Romains se trouvent en état d'infériorité numérique. Les pèlerins ne viennent pas seulement des grandes diasporas de Babylone et d'Alexandrie, mais également de la Grande-Bretagne, des rives du Rhin et du Danube et de tous les pays méditerranéens. Une seule petite étincelle suffirait à mettre le feu aux poudres. Flavius Josèphe parle d'une émeute qui aurait éclaté pendant la Pâque quelques années plus tard, sous le procurateur Cumanus, et qui aurait coûté la vie à quelque trente mille Juifs [256]. Pour déclencher ce massacre, il avait suffi qu'un garde romain se postât dans l'enceinte du Temple et manifeste par un geste obscène le mépris qu'il portait au peuple juif.

Pour parer à toute éventualité – les synoptiques nous apprennent incidemment qu'une petite révolte a effectivement eu lieu et que deux meneurs ont été arrêtés et crucifiés en même temps que Jésus –, Pilate a quitté Césarée, sa résidence côtière, pour se rendre à Jérusalem, accompagné vraisemblablement d'une troupe de cavaliers destinée à renforcer la garnison de la ville.

On ignore l'emplacement exact de la résidence de Ponce Pilate à Jérusalem. Flavius Josèphe rapporte que le procurateur Gessius Florus, nommé préfet de Judée par Néron en l'an 64, avait élu domicile dans l'ancien palais d'Hérode, plus exactement dans une des trois tours [257]. L'une d'entre elles, la *tour de David*, est toujours debout, à la porte de Jaffa. De nombreux auteurs pensent que Pilate aurait élu domicile au même endroit. D'autres supposent qu'il aurait choisi de s'établir dans la forteresse Antonia, un ensemble prestigieux au nord du Temple, qu'Hérode avait fait construire à la gloire de Marc Antoine, son bienfaiteur. L'Antonia offrait une curieuse combinaison de palais, forteresse, caserne et prison [258].

Depuis le XIIIe siècle, la tradition chrétienne a adopté la forteresse Antonia comme lieu de la condamnation à mort de Jésus par Ponce Pilate. Depuis cette époque, les pèlerins s'engagent dans la Via Dolorosa pour se diriger, en souvenir du martyre de Jésus, vers le Saint-Sépulcre érigé sur la colline supposée du Golgotha, bien que l'on ne connaisse pas l'emplacement historique du lieu d'exécution.

Des fouilles effectuées dans les années 1927-1932 dans la cour intérieure de la forteresse ont permis la mise au jour d'une cour pavée de dalles magnifiques qui pourrait bien correspondre à la place du jugement mentionnée par Jean : *Dès qu'il entendit ces paroles, Pilate fit sortir Jésus et l'assit sur l'estrade, à la place qu'on appelle Lithostrôtos – en hébreu Gabbatha.* (Jn 19.13.) Flavius Josèphe parle du *marché en haut* et de la *ville haute* où se trouvait le palais d'Hérode. Comme la cour du palais était recouverte de dalles de pierre, on la désignait sous le nom grec de Lithostrôtos [259]. Si Flavius Josèphe avait raison, cela voudrait dire que les points de départ et d'arrivée de la Via Dolorosa seraient historiquement mal situés.

Comme tous les puissants de ce monde, Pilate pratique l'intimidation. Après tout, on lui a livré un agitateur présumé. Si le Sanhédrin a remis Jésus entre les mains des Romains après son interrogatoire par Caïphe et sa réponse affirmative à la question fatale sur sa filiation divine, on dispose des aveux de l'inculpé concernant son rôle de rebelle, aveux pesant lourd dans la procédure pénale romaine (contrairement à la procédure juive). *Fils de Dieu* signifie que l'intéressé prétend être le roi sacré issu de la maison de David, c'est-à-dire le Messie annoncé [260]. Si les Romains prennent cette prétention au sérieux, ils doivent la considérer comme une provocation de tout premier ordre. Dans toutes les prophéties, le Messie est un combattant pour qui la priorité : chasser l'oppresseur passe avant la réconciliation spirituelle du peuple avec Dieu. Même Paul partage ce point de vue : *Ensuite viendra la fin, quand il remettra la royauté à Dieu le Père, après avoir détruit toute domination, toute autorité, toute puissance. Car il faut qu'il règne, jusqu'à ce qu'il ait mis tous ses ennemis sous ses pieds.* (1 Co 15.24/25.)

Rien n'interdit de penser que Jésus ait fait naître des espérances messianiques dans certaines couches sociales de la population. L'ambiance générale s'y prête. Bultmann précise que bon nombre de communautés messianiques s'étaient réfugiées dans une attente pacifique de la fin de l'occupation romaine et de l'avènement du royaume de Dieu. Les Romains ne faisaient pas la différence : à leurs yeux tous ces mouvements étaient des foyers de révolte [261].

L'enthousiasme de la foule qui accompagne Jésus a pu contribuer à faire monter la tension. Si l'on y ajoute qu'en ces jours de préparation de la grande fête juive, l'homme de Nazareth entre dans la ville monté sur un âne, comme pour renforcer la prédiction du prophète Zacharie (9.9), les forces d'occupation ont là de bonnes raisons de le prendre pour un révolutionnaire. D'après Goguel, les synoptiques considèrent l'entrée dans Jérusalem comme la concrétisation de toutes les prophéties de l'Ancien Testament : l'arrivée de Jésus en Judée est la marche triomphale d'un prétendant à la messianité [262].

Jésus est de plus un rabbi galiléen, ce qui le rend suspect a priori dans l'optique du procurateur romain. Luc (23.6) rapporte que Pilate apprend incidemment, au cours de l'interrogatoire, que Jésus est galiléen. C'est vraisemblable. Dans un procès régulier, on procède d'abord à l'établissement de l'identité de l'accusé. Il en va tout autrement devant une cour martiale, où l'interrogatoire peut révéler des faits favorables aussi bien que des faits défavorables à l'accusé, ce qui est le cas pour Jésus. Les Galiléens ont une réputation bien établie de patriotes farouches et de fauteurs de troubles. Strobel nous dit que Pilate ne pouvait pas ignorer que la Galilée était le sol nourricier de nombreux mouvements fanatiques et hostiles à Rome [263]. Lorsque Quirinius avait levé l'impôt de la capitation (impôt par tête) en l'an 6 ap. J.-C. il avait provoqué un soulèvement mené par Judas le Galiléen (Ac 5.37), qui fut réprimé dans le sang par les Romains et suivi d'une expédition punitive contre plusieurs localités galiléennes – un événement qui a pu rester à jamais gravé dans la mémoire du jeune garçon que fut Jésus.

Les pharisiens ont plusieurs points en commun avec les zélotes. Eux aussi sont d'ardents patriotes et, bien que leurs principes excluent toute action violente contre l'oppresseur, ils espèrent qu'une intervention de Dieu les en délivre. Malgré leurs divergences, bon nombre de pharisiens sympathisent avec les zélotes, que l'on peut considérer comme l'aile militante des pharisiens [264]. Judas le Galiléen, appelé aussi Judas de Gamala passe pour un maître pharisien. Zélotes et pharisiens confondus considèrent la Palestine comme un don personnel de Dieu aux enfants d'Israël ; à leurs yeux, l'occupation romaine constitue un sacrilège et, en cela, ils déclarent que le premier des préceptes du Décalogue leur interdit de reconnaître à l'empereur de Rome un statut divin et de lui verser des impôts. C'est pour cela que se soulèvent les zélotes au début du Ier siècle contre la taxation imposée par Auguste, et c'est ce même principe qui motive la rébellion de 66 qui trouvera son aboutissement tragique à Jérusalem et Massada.

Alors qu'à Jérusalem, le parti des sadducéens occupe une place prédominante et s'efforce d'entretenir avec les Romains des relations aussi harmonieuses que possible, les Galiléens prônent l'action violente [265]. Le terme galiléen est devenu synonyme de zélote. Le fait que les Évangiles ne parlent pratiquement pas des esséniens ou des zélotes a intrigué bon nombre de chercheurs [266]. Certains les soupçonnent même d'avoir cherché à masquer le fait que Jésus, en bon essénien soutenu par ses fidèles, avait voulu appuyer une révolte des zélotes entraînant les masses populaires à sa suite [267].

Il est prouvé que Jésus compte des zélotes dans son sillage et même dans son entourage immédiat. Le plus souvent cité est Judas Iscarioth [268]. (Iscarioth peut signifier : l'homme de Cariot, mais aussi « le sicaire », celui qui porte la courte épée, *sica*.) Deux autres apôtres, Jacques et Jean, tous deux fils de Zébédée, reçoivent *le surnom de Boanerguès, c'est-à-dire fils du tonnerre* (Mc 3.17) ce qui semble indiquer qu'ils aient été zélotes. Simon Pierre en est peut-être un autre. Après tout, lors de l'arrestation de Jésus, il porte un sabre dont il se sert pour trancher l'oreille d'un serviteur juif, et son surnom de *Barjona* (Mt 16.17) semble le désigner comme zélote [269]. D'après Kolping, ce surnom indique clairement son appartenance à un groupe terroriste [270]. La liste des apôtres établie par Luc (6.15) mentionne un autre apôtre du même nom : *Simon qu'on appelait le zélote.* Si l'on admet qu'André, frère de Pierre, faisait également partie des zélotes, on arrive vite à un nombre impressionnant de « factieux » parmi les proches de Jésus [271]. La méfiance des Romains ne semble donc pas a priori totalement injustifiée [272].

Il est pourtant peu probable que Jésus lui-même ait été membre du parti des zélotes. Certes, certaines paroles qui lui ont été attribuées pourraient faire croire à son appartenance au mouvement, par exemple lorsqu'on lui fait dire qu'il n'est pas venu apporter la paix, mais le feu et le glaive (Lc 12.49; Mt 10.34) et qu'il demande aux apôtres de se procurer des armes (Lc 22.36). Mais comment concilier cette attitude avec le commentaire dont il gratifie ses disciples qui lui annoncent qu'ils ne possèdent que deux glaives en tout et pour tout : *« C'est assez! »* (Lc 22.38.) Ce n'est pas avec deux épées qu'une révolte peut se mener. C'est surtout Luc qui souligne l'horreur de Jésus devant des actes de violence. Lorsque Pierre, par un coup d'épée, emporte l'oreille d'un serviteur du grand prêtre, Jésus s'interpose immédiatement, touche le blessé et guérit sa plaie – ce qui va être son dernier miracle – car aucune violence ne doit être exercée en sa présence ni en son nom.

Lorsque des auteurs comme Carmichael ou Lehmann entreprennent de présenter Jésus comme le chef d'une petite bande de zélotes, on reste sceptique. Bien entendu, un défenseur de cette théorie pourrait faire valoir que les nombreuses références des évangélistes au pacifisme de Jésus ne constituent pas en elles-mêmes une preuve de sa doctrine de non-violence. Le propos (politique) des évangélistes pourrait être destiné, une fois de plus, à laver Jésus de tout soupçon de contestation. Pourtant, ce refus de Jésus de tout acte de violence et son inclination inconditionnelle vers la fraternité apparaissent comme un leitmotiv tout au long des Évangiles. Cette option n'est nullement au bénéfice des forces d'occupation (ce qui aurait pu paraître suspect), mais à celui de ses concitoyens juifs. Il n'existe pas non plus le moindre indice indiquant que Jésus se serait écarté de l'enseignement de Jean, et les parallèles plus ou moins occultes établis par les évangélistes entre Jean le Baptiste et Jésus semblent plutôt indiquer le contraire [273]. Autre considération : si Jésus était réellement un chef zélote, son nom serait connu des masses comme ceux des autres chefs rebelles cités par Flavius Josèphe et les historiens de l'époque.

De toute évidence, Jésus appartient au courant modéré du judaïsme de son temps, qui espère et attend patiemment une intervention miraculeuse du Dieu Sabaoth le délivrant du joug romain et instaurant le règne du Seigneur sur terre. C'est en cela qu'il se distingue des zélotes, résolus quant à eux à opérer cette libération de leurs propres mains, se sentant assurés à l'avance de l'assistance du Dieu des armées célestes [274]. Küng constate que Jésus prend soin d'éviter toute prétention à un titre pouvant prêter à confusion sur le plan politique [275]. Nulle trace de manœuvre politique, aucune tentative de se saisir du pouvoir. Au contraire. Il ne parle que de renonciation à l'exercice du pouvoir, de tolérance, de miséricorde et de paix, que de la délivrance du cercle vicieux de la violence qui engendre la violence et du crime qui appelle le châtiment. La parabole de la semence qui pousse d'elle-même (Mc 4.26/29) met cet enseignement bien en évidence.

Il serait absurde d'imaginer que Pilate ait cherché à éclaircir cette question d'appartenance ou non-appartenance au parti des zélotes par une instruction approfondie suivie d'un procès en bonne et due forme et qu'il ait consenti à libérer un agitateur présumé. Dans la Jérusalem agitée des années 30, en pleine préparation pascale, un homme arrêté pour rébellion ne peut compter que sur un miracle pour sauver sa peau.

On ne peut pourtant pas s'empêcher de se demander pourquoi Jésus ne tente-t-il pas de convaincre les Romains de sa bonne foi. Pourquoi ne cherche-t-il pas à prouver que son œuvre n'est pas politique mais uniquement religieuse? Pourquoi ne leur dit-il pas qu'il enseigne aux hommes l'amour universel, qu'il les incite à la conversion et au repentir et que son seul but est de poursuivre l'enseignement commencé? Peu de temps avant, il prêchait encore en Galilée : *Venez à moi, vous tous qui peinez sous le poids du fardeau, et moi je vous donnerai le repos. Prenez sur vous mon joug et mettez-vous à mon école, car je suis doux et humble de cœur, et vous trouverez le repos de vos âmes. Oui, mon joug est facile à porter et mon fardeau léger.* (Mt 11. 28/30.) Dans le Sermon sur la Montagne, Jésus a particulièrement mis à l'honneur *ceux qui procurent la paix car ils seront appelés fils de Dieu.* (Mt 5.9.) Il incite ses auditeurs à s'accorder promptement avec leurs adversaires (Mt 5.25), à ne pas résister aux méchants et à présenter l'autre joue à celui qui avait frappé la joue droite. (Mt 5.39.) Les corvées imposées par les oppresseurs devaient non seulement être exécutées ponctuellement, mais avec zèle : *Si quelqu'un te force à faire un mille, fais-en deux avec lui.* (Mt 5.41.)

Cependant, Jésus est un vrai Israélite et, à ce titre, il ne peut rester indifférent au fait que son pays est occupé par des troupes étrangères[276]. Il appelle de tous ses vœux l'avènement du royaume de Dieu qui présuppose la fin de l'occupation, tout en se gardant de la moindre incitation à la révolte contre l'oppresseur. Étant donné la situation politique et militaire, il estime sans doute qu'il faut *rendre à César ce qui est à César*[277]. (Mc 12.17.) Il pratique le commandement de l'amour de son prochain à sa manière : il ne dédaigne pas de fréquenter les collaborateurs, les collecteurs d'impôts, dans l'espoir d'un revirement toujours possible de leur part. Il n'y a pas trace de polémique et, en certaines occasions, il n'hésite pas à prendre la défense des occupants : *À ce moment survinrent des gens qui lui rapportèrent l'affaire des Galiléens dont Pilate avait mêlé le sang à celui de leurs sacrifices. Il leur répondit : « Pensez-vous que ces Galiléens étaient de plus grands pécheurs que tous les autres Galiléens pour avoir subi un tel sort? Non, je vous le dis, mais si vous ne vous convertissez pas, vous périrez tous de même. »* (Lc 13.1/3.) Cette attitude philoromaine que les évangélistes cherchent à susciter doit être regardée de plus près. Pourquoi Jésus ne fait-il pas remarquer à Pilate qu'il ne s'est jamais rendu coupable d'activités antiromaines? Pourquoi se laisse-t-il désigner comme le *roi des Juifs,* le Messie combattant venu délivrer son peuple du joug étranger?

Jean l'évangéliste rapporte que Jésus renvoie un jour environ cinq mille de ses compatriotes qui cherchent à le faire roi : *Mais Jésus, sachant qu'on allait venir l'enlever pour le faire roi, se retira à nouveau, seul, dans la montagne.* (Jn 6.15.) L'authenticité de cette scène n'est pas prouvée, mais on y voit apparaître, en filigrane, toute la complexité de la situation. Cette question de la dignité royale n'est peut-être qu'un reflet allégorique d'une version prépaulinienne d'après laquelle les occupants romains n'auraient vu en Jésus qu'un agitateur zélote et l'auraient crucifié comme tel.

Acceptation de la mort ou volonté de vivre?

Vu sous un angle strictement réaliste, on ne comprend évidemment pas pourquoi Jésus n'a pas fait le moindre effort pour sauver sa vie. D'après l'Évangile, il répond affirmativement à toutes les accusations portées contre lui, même aux plus insensées. Nous ne savons pas grand-chose de la personnalité de Jésus, mais il est permis de croire qu'il ne disait pas systématiquement « oui » à tout ce qui se passait autour de lui. Le fataliste que nous présentent les évangélistes n'est pas très crédible, car il faudrait alors admettre que Jésus ait souhaité sa propre mort. Une attitude si négative est difficilement acceptable de la part d'un homme qui se propose de répandre la Bonne Nouvelle et qui entretient des relations aussi confiantes avec Dieu.

L'affirmation selon laquelle Jésus aurait accepté la crucifixion de son plein gré paraît absurde, ne serait-ce que parce que la notion d'aspiration à la mort est totalement étrangère à la pensée juive [278].

L'un des plus beaux commandements, propre à Jésus et au judaïsme, dit : *Tu aimeras ton prochain comme toi-même.* (Mt 22.39.) Aimer son prochain – s'aimer soi-même! Pourquoi donc cet homme jeune, aimant la bonne chère, les vins et les femmes souhaiterait-il la mort? D'autant plus, qu'il vient seulement de s'atteler à sa tâche et que les premiers succès commencent tout juste à se dessiner. Il a toutes les raisons du monde pour tenir à la vie. Rien ne permet de penser le contraire [279].

En route vers le mont des Oliviers, après le repas de la Cène, il fait aux disciples une révélation : il n'a pas l'intention de retourner en ville et de participer aux festivités du lendemain, mais préfère se retirer en Galilée, estimant que le pavé de Jérusalem est devenu un peu trop brûlant pour lui. Il s'enfuira seul, les disciples le rejoindront par la suite : *Et Jésus leur dit : « Tous vous allez tomber, car il est écrit : " Je frapperai le berger et les brebis seront dispersées. Mais une fois ressuscité, je vous précéderai en Galilée. " »* (Mc 14.27/28.) Bien entendu, Jésus, en prononçant ces paroles, ne veut sans doute pas parler de sa propre résurrection, et les disciples ne peuvent les interpréter en ce sens. Le récit de l'évangéliste qui rapporte que lorsque *le sabbat fut passé, Marie de Magdala, Marie, mère de Jacques et Salomé achetèrent des aromates pour aller l'embaumer* (Mc 16.1) ne serait plus plausible, et on ne comprendrait pas davantage pourquoi elles s'enfuient loin du tombeau toutes tremblantes et bouleversées après avoir constaté que le corps de Jésus n'y est plus. (Mc 16.8.)

La *halakha* (explicitation traditionnelle de la loi mosaïque) ordonne aux Juifs de rester à l'intérieur des murs de Jérusalem après le sacrifice de la Pâque. Seul un désir de fuite pressant [280] peut pousser Jésus à passer outre cette prescription. Jésus a peur de la persécution; peut-être craint-il même pour ses jours. Il tient à la vie. Il implore ardemment Dieu de le protéger. Un homme de foi s'attend certainement à voir sa prière exaucée : *« Mon Père* [281], *s'il est possible, que cette coupe* [282] *passe loin de moi! Pourtant, non pas comme je veux, mais comme tu veux! »* (Mt 26.39.) Cette imploration s'adresse directement à Dieu [283]. Les paroles : *non pas comme je veux, mais comme tu veux* auraient été ajoutées plus tard par les évangélistes qui ne pouvaient imaginer que Dieu n'écouterait pas cette prière du Messie, véritable appel d'un fils à son père [284]. Selon une autre interprétation de ce passage, on pourrait y trouver certains parallèles avec la prière juive des dix-huit bénédictions [285]. L'attitude exprimée serait celle d'un quémandeur formulée également dans le « Notre Père », et c'est précisément dans cette acception de l'accomplissement de la volonté de Dieu et non pas de celle du suppliant que résiderait le mystère de l'exaucement de la prière.

L'auteur de l'Évangile de Luc souligne encore davantage cette peur et cet espoir bien humains : *Alors lui apparut du ciel un ange qui le fortifiait. Pris d'angoisse, il priait plus instamment, et sa sueur devint comme des caillots de sang qui tombaient à terre.* (Lc 22.43/44.) Ce passage de Luc ne s'insère pas bien dans l'image de Jésus que l'Église cherche à nous transmettre : un homme ayant sublimé la mort et se sentant depuis toujours dans la main rassurante de Dieu car il sait que, peu de jours après sa mort, il sera élevé aux cieux pour siéger à la droite du Seigneur. Au contraire, les synoptiques, surtout Luc, décrivent dans la scène de Gethsémani un homme à bout de forces, empli de peur et au bord du désespoir [286]. Il ne lui reste qu'une seule ressource : la prière. Ce passage des Évangiles, d'après Craveri, a très souvent été contesté parce qu'il révèle une faille dans la personnalité de Jésus, indigne non seulement du Fils de Dieu mais de tout philosophe cherchant à dépasser les limites de la condition humaine. De nombreuses sources, y compris le Codex Vaticanus, rapportent cette péricope. D'autres font valoir que cette description sans fard est une preuve de plus du souci de véracité des Évangiles [287].

Où sont les témoins de la peur de Jésus qui se tient à l'écart de ses disciples endormis? Le tourment et la peur contrastent fortement avec le calme qu'il manifestera dès son arrestation.

Vu sous cet angle, l'incident de Gethsémani acquiert une vérité intrinsèque. Comme le dit Ben-Chorin, nous n'avons affaire ni à un héros, ni à un demi-dieu, ni à un mythe. Nous nous trouvons en face d'un homme qui tremble pour sa vie. Cet instant de l'angoissante peur de la mort nous rend Jésus plus proche : nous voyons son combat avec la mort, cette hantise qui habite tout être dès sa naissance, cet aboutissement inéluctable dont il cherche à retarder l'échéance tout au long de sa vie [288].

Jésus ne veut pas mourir. Mais puisqu'il doit en être ainsi pourquoi choisit-il une mort romaine, sous sa forme la plus cruelle et la plus infamante? Jésus aurait dû se défendre, mettre les choses au point. Malheureusement, il semble que l'occasion de se défendre ne se présente pas à lui (passons sous silence la discussion avec Pilate sur le sens de l'existence et sur la recherche de la vérité métaphysique rapportée par Jean [289]). Le sort de Jésus n'est pas lié à la forteresse, mais au moment où Pilate prend la décision de le faire arrêter [290]. Le procurateur se limite à quelques mots : « Tu es le roi des Juifs? Eh bien, tu seras crucifié [291] ! »

Pilate tient Jésus en son pouvoir, et il importe peu qu'il l'ait fait arrêter de sa propre initiative, ou à la suite d'une dénonciation ou encore qu'il lui ait été livré par les autorités juives. Il n'est pas essentiel de savoir si le procurateur a vraiment posé la question fatidique : « Es-tu le roi des Juifs? » Ce qui est certain, c'est que le prisonnier est accusé d'être un agitateur politique, et, conformément à la loi romaine, les agitateurs sont condamnés à la crucifixion, sans autre forme de procès, sans interrogatoire formel et sans interprète. Il en est de Jésus comme des autres agitateurs, vrais ou présumés. La *lex Julia majestatis* fournit une solide base d'accusations. Qu'un Juif de plus ou de moins meure sur une croix, ce n'est pas ce qui peut tracasser un homme comme Pilate, dont la haine des Juifs est bien connue.

Le procurateur et les Juifs

Juge et gentilhomme

Ponce Pilate est entré dans l'histoire sous les traits d'un homme particulièrement sanguinaire. Le philosophe juif Philon d'Alexandrie cite une lettre du roi Agrippa Ier à l'empereur Caligula. Les méfaits de Pilate y sont stigmatisés dans les termes suivants : « corruption, violences, spoliations, brutalités, vexations, incessantes exécutions sans jugement, perpétuelles et intolérables cruautés » [292]. Ce n'est pas pour rien que les auteurs rabbiniques l'ont surnommé *Haman,* du nom de ce despote païen qui avait, autrefois, projeté l'extermination des Juifs (Est 3).

C'est en l'an 26 que Pilate est nommé, soit par l'empereur Tibère, soit par Sejan, le plus important personnage du gouvernement impérial, procurateur, plus exactement *praefectus,* de la Judée. Sur l'origine de son nom, il n'est permis d'énoncer que des hypothèses dont l'une est qu'il aurait eu pour père un officier auquel on aurait décerné le javelot honorifique *(pilum).* Selon d'autres hypothèses, il serait le propre fils de Marcus Pontius qui, sous Auguste, commandait les troupes lors de la campagne contre les Cantabres (26-19 av. J.-C.) [293]. Comme tous les procurateurs de Judée, il appartient à la classe des chevaliers, dont le rang est supérieur à celui des sénateurs. En comparant sa carrière à celle d'autres chevaliers, on suppose qu'il exerce déjà des responsabilités militaires avant son arrivée en Judée. À la tête de sa province, il a tout pouvoir de disposer de vie ou de mort sur ses sujets.

Contrairement à ses prédécesseurs, Pilate est un homme qui se préoccupe fort peu des sentiments religieux des Juifs. Ce fait est attesté par Flavius Josèphe [294]. Il est historiquement prouvé qu'en l'an 36, à la demande de son supérieur hiérarchique Vitellius, gouverneur de Syrie, Pilate est révoqué par l'empereur Tibère. Nous n'en savons guère plus à son sujet. Quand il revient à Rome, Tibère vient de mourir. Il est vraisemblable que Ponce Pilate est exilé alors dans la ville gauloise de Vienne. Ce qui avait provoqué sa révocation, c'est la brutalité toute particulière que Pilate avait déployée en réprimant une révolte des Samaritains. Sa haine notoire envers les Juifs, son manque de subtilité et son absence d'égards vis-à-vis de la population dans la zone occupée étaient devenus, pour Rome, une gêne insupportable.

Le plus élémentaire bon sens interdit de croire qu'un tel homme, connu pour son obstination bornée, qui, dans un esprit typiquement colonial, n'a que haine et mépris pour la population juive, soit justement celui qui se serait laissé influencer dans ses décisions par quelques indigènes massés devant sa porte, au point de prononcer sous leur pression une condamnation à mort...

Les évangélistes cherchent à dresser de Ponce Pilate un portrait le représentant comme un personnage urbain, un homme qui ne sait pas se dépêtrer d'une situation tragique : « Le procurateur non seulement a horreur des effusions de sang, mais il cherche à éviter tout conflit avec la population juive. Ses trois tentatives d'éviter le pire sont soigneusement formulées. Son souci principal est de ne pas blesser les Juifs. Il cherche par tous les moyens à imposer une justice digne de ce nom et à protéger les innocents [295]. » Lorsqu'on interprète les textes sous cet angle, on s'aperçoit qu'au fur et à mesure leurs auteurs s'efforcent d'atténuer la responsabilité de Ponce Pilate.

Pour Marc, la procédure tourne à la consultation populaire, le peuple juif exige la crucifixion et c'est lui qui domine la situation d'un bout à l'autre [296] : *Prenant encore la parole, Pilate leur disait : « Que ferai-je donc de celui que vous appelez le roi des Juifs? » De nouveau, ils crièrent : « Crucifie-le! »* (Mc 15.12.)

D'après Matthieu, Pilate esquive toute responsabilité et s'en remet entièrement à la foule : *Je suis innocent de ce sang. C'est votre affaire.* (Mt 27.24.) Selon Luc, Pilate déclare purement et simplement l'innocence de Jésus : *Ainsi il n'y a rien qui mérite la mort dans ce qu'il a fait.* (Lc 23.15.) Jean parle de trois efforts désespérés de Ponce Pilate qui ne veut pas condamner Jésus : *Pilate leur dit alors : « Prenez-le et jugez-le vous-mêmes suivant votre Loi... Pour ma part, je ne trouve contre lui aucun chef d'accusation... Voyez, je vais vous l'amener dehors : vous devez savoir que je ne trouve aucun motif d'accusation contre lui. »* (Jn 18.31/38; 19.4.)

Marc précise que Jésus a été crucifié à neuf heures du matin, ce qui implique une procédure expéditive. Dans le quatrième Évangile (Évangile de Jean), par contre, Pilate prononce la condamnation vers douze heures, ce qui fixe l'heure de la crucifixion à treize heures au plus tôt [297]. Jean cherche ainsi à démontrer que le Romain oppose aux Juifs une résistance considérable [298]. Tout comme pour l'établissement de la date de la mort, l'Église donne en l'occurrence la préférence à l'indication johannique. D'entrée de jeu, les accusateurs juifs adoptent un ton résolument désinvolte, voire agressif pour répondre aux questions posées courtoisement par Pilate [299] : *Pilate vint donc les trouver à l'extérieur et dit : « Quelle accusation portez-vous contre cet homme? » Ils répondirent : « Si cet individu n'avait pas fait de mal, te l'aurions-nous livré? »* (Jn 18.29/30.) Bien que la question posée par Pilate n'ait pas reçu de réponse, il sait cependant parfaitement à quoi s'en tenir. Il demande aux Juifs de le laisser mener l'affaire à sa guise et fait venir Jésus dans le prétoire où il l'interroge franchement : *« Es-tu le roi des Juifs? »* (Jn 18.33.) Après cette réponse plutôt évasive de l'accusé : *« Dis-tu cela de toi-même ou d'autres te l'ont-ils dit de moi ? »* (Jn 18.34), s'engage alors un dialogue au cours duquel Pilate est de plus en plus persuadé de l'innocence de Jésus. *Jésus répondit : « Ma royauté n'est pas de ce monde, mes gardes auraient combattu pour que je ne sois pas livré aux Juifs. Mais ma royauté n'est pas d'ici... Je suis né et je suis venu dans le monde pour rendre témoignage à la vérité. Quiconque est de la vérité écoute ma voix. » Pilate lui dit : « Qu'est-ce que la vérité ? »* (Jn 18.36/38.) Dès sa sortie du prétoire, le procurateur est assailli par la foule qui veut connaître le résultat de l'interrogatoire et le verdict. Après plusieurs allées et venues, sa conviction première est ébranlée et il cède aux cris de la populace : Jésus sera crucifié!

La non-historicité de la version johannique est évidente. Rien que sur le plan purement formel Pilate aurait commis une bévue monumentale car selon le code pénal romain, les parties adverses devaient être confrontées et non entendues séparément (cf. Ac 25.16). Sur le plan pratique, une question se pose : qui aurait bien pu assister au prétendu dialogue entre Jésus et Pilate dans le prétoire et le transmettre par la suite à la communauté chrétienne? De plus la discussion relatée est difficilement crédible : un historien peut difficilement admettre que le procurateur aurait pu engager avec un Juif, soupçonné d'activités subversives, un dialogue selon le mode des philosophes grecs. D'ailleurs une affirmation philosophique telle que : *Mon royaume n'est pas de ce monde* prononcée par un Juif relève de l'utopie; elle ne serait possible que venant d'un chrétien. C'est un exemple type de la théologie de Jean tout imprégnée de gnosticisme.

Il y a là un contraste infranchissable par rapport aux récits de Marc et de Matthieu qui mettent l'accent sur le silence persistant de Jésus qui surprend tant Pilate : *Il ne lui répondit sur aucun point, de sorte que le gouverneur fut fort étonné.* (Mt 27.14.) Matthieu introduit l'épouse du Romain, prétendument petite-fille de l'empereur Auguste et appelée tantôt Claudia, tantôt Procula : *Pendant qu'il siégeait sur l'estrade, sa femme lui fit dire : « Ne te mêle pas de l'affaire de ce juste! Car aujourd'hui j'ai été tourmentée en rêve à cause de lui. »* (Mt 27.19.) Bien que le procurateur ait rendu un verdict injuste, son épouse voit les événements à plus long terme. L'Église orthodoxe la vénère comme sainte.

Toutes les tentatives de Ponce Pilate en faveur de la libération de Jésus se heurtent aux souhaits sanguinaires des Juifs. Pourfendeur solitaire du droit, il mène un combat voué à l'échec contre la *vox populi.* Au début, d'après Luc, il n'évoque que des points de droit. Il ne fait aucun commentaire sur l'accusation portée contre Jésus par les membres du Sanhédrin qui lui reprochent d'avoir semé le trouble dans la nation, d'avoir incité les gens à ne pas payer le tribut à César et d'avoir prétendu être *Messie, roi.* (Lc 23.2.) Jésus aurait voulu se faire passer pour le roi des Juifs? Et alors?! : *Pilate l'interrogea : « Es-tu le roi des Juifs? » Jésus lui répondit : « C'est toi qui le dis. » Pilate dit aux grands prêtres et aux foules : « Je ne trouve rien qui mérite condamnation en cet homme. »* (Lc 23.3/4.)

Les réclamations persistantes des fonctionnaires juifs et de la foule mettent Pilate dans une situation périlleuse. Il se sert alors d'un subterfuge. Bien qu'il s'agisse, en apparence, d'un cas de rébellion contre l'empereur romain, il se déclare incompétent et remet la procédure entre les mains du tétrarque Hérode Antipas, représentant des autorités juives, qui, entouré de toute sa suite, est venu en pèlerinage à Jérusalem. Le hasard semble avoir bien fait les choses pour renforcer la thèse de Luc l'évangéliste, mais la suite des événements lui donne tort. Antipas, lui non plus, ne trouve pas de motif valable pour condamner Jésus à la peine capitale. Il refuse de s'occuper de l'affaire [300]. Il aurait, pourtant, quelque raison de se venger. Le Nazaréen l'aurait traité de *renard* en public, quelques mois auparavant. (Lc 13.32). Mais Antipas se contente d'exprimer son mépris envers Jésus : *Hérode en compagnie de ses gardes le traita avec mépris et se moqua de lui; il le revêtit*[301] *d'un vêtement éclatant et le renvoya à Pilate.* (Lc 23.11.)

L'affaire revient donc devant le procurateur. Mais, cette fois-ci, il dispose d'une pièce maîtresse en faveur de la libération de Jésus : il n'est plus seul à être persuadé de l'innocence de l'accusé puisqu'un personnage aussi considérable que le tétrarque de la Galilée s'est déclaré convaincu de son innocence : *Pilate alors convoqua les grands prêtres, les chefs et le peuple et il leur dit : « Vous m'avez amené cet homme-ci comme détournant le peuple du droit chemin; or, moi qui ai procédé devant vous à l'interrogatoire, je n'ai rien trouvé en cet homme qui mérite condamnation parmi les faits dont vous l'accusez; Hérode, non plus, puisqu'il nous l'a renvoyé. Ainsi il n'y a rien qui mérite la mort dans ce qu'il a fait. »* (Lc 23.13/15.) Mais le peuple obstiné ne veut rien entendre, il réclame la mort du prisonnier : *« Supprime-le et relâche-nous Barabbas. »* (Lc 23.18.)

Luc est le seul évangéliste à mentionner la rencontre Jésus-Pilate-Hérode Antipas (Lc 23.7/15). C'est typiquement un récit post-pascal, où l'on présente les deux ennemis de toujours, Pilate et Hérode Antipas, comme les premières personnes venant de bords différents qui ont pu se rapprocher grâce au sacrifice de Jésus. On y voit une preuve de plus du but recherché par Luc : démontrer que le christianisme ne présente aucun danger pour l'État puisque Jésus est considéré comme un homme inoffensif tant par le gouverneur juif que par le procurateur romain.

Qui était Barabbas?

Pilate ne ménage pas ses efforts pour sauver la vie de Jésus. Il propose à la foule la libération d'un condamné à mort, Barabbas, fermement convaincu que le peuple saura faire le bon choix entre le rabbi et le truand : *Pilate demanda donc à la foule rassemblée : « Qui voulez-vous que je vous relâche,*

Jésus Barabbas ou Jésus qu'on appelle Messie[302]*? »* (Mt 27.17.) Mais ses espoirs sont déçus; la préférence de la populace va au mécréant : *Mais eux criaient de plus en plus fort : « Qu'il soit crucifié! »* (Mt 27.23.) *Ils s'écrièrent tous ensemble : « Supprime-le et relâche-nous Barabbas... »* (Lc 23.18.) *« Mais comme il est d'usage chez vous que je vous relâche quelqu'un au moment de la Pâque, voulez-vous donc que je vous relâche le roi des Juifs? » Alors ils se mirent à crier : « Pas celui-là, mais Barabbas! »; or ce Barabbas était un brigand.* (Jn 18.39/40.)

Ce nom de Barabbas pose problème. En traduction littérale, il signifie « fils du père » et ne peut donc pas être considéré comme un nom propre. D'après certains auteurs, son nom complet aurait été Barabbas Jésus, nom qui apparaît dans différentes versions récentes du Nouveau Testament, non comme faisant partie d'un patronyme, mais comme signe distinctif d'un Jésus de plus parmi tant d'autres[303]. *Jésus Barabbas ou Jésus Messie.* (Mt 27.17.) Il ne faudrait cependant pas confondre Jésus avec un de ses nombreux homonymes. Origène pensait que Matthieu avait pu se tromper de nom. Une autre version est encore très répandue parmi les théologiens, selon laquelle Matthieu aurait cherché à exprimer sous une forme allégorique que les Juifs s'étaient prononcés en faveur du mauvais Jésus au détriment du bon[304].

Il existe une autre interprétation, diamétralement opposée. Ce ne serait que plusieurs décennies plus tard que les noms de Bar-Abbas et celui du Jésus qui nous occupe auraient été coupés en deux pour désigner deux personnes distinctes. En réalité, les deux noms sont parfaitement identiques. Bar-Abbas, « fils de Dieu », n'étant pas un patronyme, pouvait tout aussi bien s'appliquer à Jésus : fils de Dieu/fils d'Abbas. D'autant plus que Jésus, lorsqu'il s'adresse à Dieu, l'appelle *Abba.*

Cette argumentation mène forcément à une autre conclusion : s'il y a identité de personne, les Juifs, en exigeant la libération du dénommé Jésus Bar-Abbas, n'auraient, en fait, pas réclamé l'exécution de Jésus, mais sa mise en liberté – un souhait tout à fait légitime puisqu'à leurs yeux il s'agissait non seulement du prophète dont l'entrée dans la ville, quelques jours auparavant, avait déclenché l'enthousiasme des foules, mais également d'un compatriote qui avait été fait prisonnier par l'occupant sous une inculpation de rébellion et qui risquait la mort. Il s'ensuit tout naturellement que, la réclamation de la mise en liberté de Jésus ayant été refusée et sa crucifixion décidée, *une grande multitude du peuple l'accompagna, entre autres des femmes qui se frappaient la poitrine et se lamentaient sur lui.* (Lc 23.27.) Il est difficile d'admettre que le peuple ait considéré cette condamnation comme un malheur après l'avoir réclamée.

La description de la scène de Barabbas et le récit que nous fait Luc de la tristesse de la foule pourraient avoir comme origine commune une très ancienne tradition de la Passion [305]. Dans la version ultérieure, le personnage de Jésus *Bar-Abbas,* alias Jésus *Fils de Dieu,* aurait été, en quelque sorte, coupé en deux, de même que le peuple éploré se trouvait transformé en une foule juive bouillonnante de haine. Une fois de plus, on retrouve la griffe des évangélistes, soucieux, avant tout, de répandre la Bonne Nouvelle sans offusquer l'occupant et d'occulter le fait que leur Seigneur vénéré n'était, en fait, qu'un agitateur galiléen exécuté par les Romains.

Si l'on ne retient pas cette thèse d'une identité entre Jésus-Barabbas et Jésus-Fils de Dieu, il faut pourtant admettre que Barabbas en tout cas, – dans l'hypothèse, toujours, qu'il ait existé – était un partisan qui avait su gagner la sympathie du peuple et – qui sait? – peut-être même celle de Jésus et de ses compagnons. Matthieu (27.16) appelle Barabbas un prisonnier *fameux.* Quoi de plus naturel alors que le désir des Juifs de vouloir faire libérer ce héros populaire?

Le but des évangélistes décrivant l'épisode de Barabbas est cependant tout autre. Cette péripétie doit établir l'incommensurable culpabilité des Juifs qui ont fait leur choix entre un truand assassin et Jésus : *Vous avez refusé le Saint et le Juste et vous avez réclamé pour vous la grâce d'un meurtrier.* (Ac 3.14.) Un commentaire de Martin Luther va dans le même sens lorsqu'il affirme que Pilate aurait proposé comme alternative aux Juifs le plus atroce des criminels pour les empêcher d'implorer sa grâce.

Pilate au pied du mur

Malgré l'échec de ses tentatives pour faire libérer Jésus, Pilate ne renonce pas. En dernier recours, il en appelle à la pitié de la foule. Il emmène son prisonnier et le fait fouetter par ses soldats (Jn 19.1), dans l'espoir d'apaiser les Juifs [306]. Hélas! une fois de plus, ses calculs se révèlent faux. La vue de Jésus, couvert de plaies et portant une couronne d'épines ne fait qu'accroître l'hystérie de la foule [307]. *Mais dès que les grands prêtres et leurs gens le virent, ils se mirent à crier : « Crucifie-le! Crucifie-le! » Pilate leur dit : « Prenez-le vous-mêmes et crucifiez-le; quant à moi, je ne trouve pas de chef d'accusation contre lui. » Les Juifs lui répliquèrent : « Nous avons une loi, et selon cette loi il doit mourir parce qu'il s'est fait Fils de Dieu... mais les Juifs se mirent à crier et ils disaient : quiconque se fait roi, se déclare contre César. »* (Jn 19.6/12.)

La populace ne recule devant aucun argument, si perfide soit-il. Renversant toutes les valeurs ethniques et nationales, les Juifs désavouent leur propre credo [308], renient leur aspiration la plus profonde, que Dieu seul soit le roi de son peuple [309], et reconnaissent l'autorité de l'empereur Tibère. Ils jouent ainsi leur « va-tout » [310] : *« Nous n'avons pas d'autre roi que César. »* (Jn 19.15.)

Cependant, la confusion d'idées de Pilate ne le cède en rien à celle des Juifs. Pour lui aussi, c'est le monde à l'envers. En entendant les propos des Juifs, il est de plus en plus effrayé (Jn 19.8). N'avaient-ils pas essayé de faire pression sur lui en le menaçant de signaler à Rome son laxisme à l'égard de cet agitateur juif du nom de Jésus de Nazareth?

Les évangélistes poursuivent leur présentation : Pilate craque sous la pression croissante et les cris étourdissants. Bien malgré lui, il cède finalement aux exigences des Juifs. Il se produit alors un incident insolite. Avant de remettre Jésus entre les mains de ses soldats aux fins d'exécution, ce représentant de l'Empire romain se conforme aux prescriptions du psaume 26 du roi David, inscrit dans la Bible juive : il lave ses mains en signe d'innocence [311]. *Voyant que cela ne servait à rien mais que la situation tournait à la révolte, Pilate prit de l'eau et se lava les mains en présence de la foule, en disant : « Je suis innocent de ce sang. C'est votre affaire. »* (Mt 27.24.)

La responsabilité collective

Il est difficilement compréhensible que la population juive ait, dans un premier temps, réservé à Jésus un accueil enthousiaste et se soit solidarisée avec son message, pour ensuite, au prix d'un revirement subit et totalement inexpliqué, le déclarer ennemi du peuple, prenant ainsi parti pour les dirigeants du Sanhédrin. Impossible que cette même population ait réclamé à l'audience la crucifixion de l'homme qui comparaissait devant Ponce Pilate en tant que patriote juif en lui reprochant de s'être, au dire de certains, fait passer pour « roi des Juifs ». Un tel revirement ne peut être le fait de la versatilité des foules dont le premier enthousiasme s'émousse très vite. Car, même s'il était vrai que Jésus ait, en quelques jours, subitement, et entièrement, perdu la faveur populaire, la perte du soutien populaire a habituellement pour seule conséquence que le héros cesse d'être célébré comme tel, puis rencontre indifférence et dédain, avant de sombrer complètement dans l'oubli. Pourquoi, dès lors, un prophète, dont l'image se serait ainsi ternie, aurait-il, du jour au lendemain été persécuté avec cette hargne sanguinaire, dénoncé auprès de l'occupant, puis exécuté à la demande générale? Il y a plus : pourquoi les Juifs opprimés, qui souffraient et gémissaient sous le joug des Romains, et dont le vœu le plus ardent était de voir partir l'armée d'occupation, se seraient-ils soudain métamorphosés en loyaux sujets de l'empereur de Rome? *Ils se mirent alors à l'accuser en ces termes : « Nous avons trouvé cet homme mettant le trouble dans notre nation : il empêche de payer le tribut à César et se dit Messie roi... »* (Lc 23.2.) *Dès lors, Pilate cherchait à le relâcher, mais les Juifs se mirent à crier et ils disaient : « Si tu le relâchais, tu ne te conduirais pas comme l'ami de César! Car quiconque se fait roi, se déclare contre César. »* (Jn 19.12.)

Et que dire de la contradiction flagrante entre cette haine populaire et, d'autre part, la crainte des grands prêtres, attestée par tous les synoptiques, de provoquer un soulèvement populaire en faveur de Jésus s'ils faisaient arrêter celui-ci en public! *Les grands prêtres et les scribes cherchaient la manière de le supprimer car ils craignaient le peuple.* (Lc 22.2.) *Tout le peuple, suspendu à ses lèvres, l'écoutait.* (Lc 19.48.) Même Jean qui met un soin tout particulier à charger le peuple juif dans son ensemble de la condamnation, ne parvient pas à évacuer l'attachement que celui-ci porte à Jésus : *Si nous le laissons continuer ainsi, tous croiront en lui.* (Jn 11.48.)

Marc, quant à lui, relève sans équivoque la contradiction qui existe entre le peuple et ses dirigeants, en même temps qu'il situe Jésus, très clairement, du côté du peuple. Quand Jésus discute avec les sadducéens, et met à nu leurs faiblesses en s'exprimant par paraboles, ses adversaires veulent le faire arrêter, mais n'osent agir, craignant les réactions du peuple : *Ils cherchaient à l'arrêter, mais ils eurent peur de la foule.* (Mc 12.12.) La crainte d'une révolte populaire est exprimée à nouveau quelques jours plus tard : *La Pâque et la fête des Pains sans levain devaient avoir lieu deux jours après. Les grands prêtres et les scribes cherchaient comment arrêter Jésus par ruse pour le tuer. Ils disaient en effet : « Pas en pleine fête de peur qu'il n'y ait des troubles dans le peuple. »* (Mc 14.1/2.)

C'est en rusant vis-à-vis de ses propres sujets que Caïphe et sa suite, s'il faut en croire les récits des synoptiques, agissent pour éliminer Jésus « discrètement ». Dans l'éventualité d'une arrestation *parmi la foule rassemblée pour la fête,* ce n'est pas seulement avec des gestes de sympathie en faveur de l'homme arrêté, mais avec un véritable soulèvement populaire, qu'il faudrait compter. Comment concilier cela avec l'affirmation de Luc selon laquelle une populace grondante de haine aurait réclamé la mort de Jésus?

Indépendamment de ce qui précède, même si les inquiétudes concernant d'éventuelles manifestations violentes en faveur de Jésus avaient été sans fondement, le constat n'en demeure pas moins que seule la petite troupe des partisans de Caïphe, en accord avec les autorités militaires romaines, trouve son intérêt à éliminer Jésus. En quoi cela concerne-t-il les Juifs [312]? Le peuple n'a pas le moindre droit de regard sur les décisions de ses dirigeants. Klausner cite une chanson populaire de l'époque (une sorte de rengaine), où les petites gens brocardent la classe au pouvoir. Même le grand prêtre Hanne, dont il est fait mention dans les Évangiles, apparaît dans cette chansonnette :

> « Malheur à moi devant la demeure de Bœthus :
> Malheur à moi devant leurs gourdins!
> Malheur à moi devant la maison de Hanne;
> Car ce sont des grands prêtres,
> Et leurs fils sont grands trésoriers,
> Et leurs gendres sont grands intendants,
> Et leurs serviteurs frappent le peuple à coups de bâton [313]. »

Dès lors, en quoi la condamnation à mort prononcée contre Jésus concerne-t-elle les simples habitants de Jérusalem ou les pèlerins de passage? Leurs pensées, leurs émotions, ce jour-là, ne sont tournées que vers la grande fête de Pâque. En quoi le procès de Jésus peut-il toucher les habitants de Jéricho, d'Hébron et Bethléem, ou encore toute la population rurale, les bergers, les fermiers qui travaillent aux champs, les pêcheurs du lac de Génézareth?

L'Évangile de Jean prête à Pilate les paroles suivantes : *Est-ce que je suis Juif, moi? Ta propre nation, les grands prêtres t'ont livré à moi!* (Jn 18.35.) Et Jean, dans sa version des faits, présente les choses comme si Pilate avait résolument soutenu la libération de Jésus et n'avait cédé, finalement, qu'à la demande des Juifs qui exigeaient sa crucifixion sous leur propre responsabilité (Jn 19.16). Citons à ce sujet Lapide : « Il faut être à même de se représenter les milliers de croix romaines sur lesquelles Pilate, ses prédécesseurs et ses successeurs ont fait clouer d'innombrables Juifs, sans procès, ou à l'issue d'un jugement sommaire, pour apprécier la sanglante ironie de ce texte, lequel fait ouvertement peu de cas des pratiques judiciaires d'Israël, nation qui ne connaissait pas la crucifixion [314]. »

Quant à Matthieu, il voudrait nous faire croire que le peuple juif, dans un délire d'autodestruction, implore Dieu de faire payer aux Juifs la mort de Jésus : *Tout le peuple répondit : « Nous prenons son sang sur nous et sur nos enfants! »* (Mt 27.25.) C'est au peuple juif tout entier que Matthieu entend faire porter la responsabilité collective du supplice de Jésus [315]. Pourtant, avec une clarté qui ne laisse rien à désirer, la Torah, dans un passage très explicite du Deutéronome, proscrit la notion de responsabilité étendue à l'ensemble de la famille : *Les pères ne seront pas mis à mort pour leurs fils; les fils ne seront pas mis à mort pour leurs pères; c'est à cause de son propre péché que chacun sera mis à mort.* (Dt 24.16.) Le même avertissement se trouve dans Ézéchiel et sera entériné dans le droit juif, constituant ainsi une jurisprudence vieille de trois mille ans : *Celui qui pèche, c'est lui qui mourra; le fils ne portera pas la faute du père ni le père la faute du fils; la justice du juste sera sur lui et la méchanceté du méchant sera sur lui.* (Éz 18.20.) La thèse de la prétendue *automalédiction des Juifs*, présentée dans l'Évangile de Matthieu, est absolument inconciliable avec les principes de la pensée juridique juive; et la notion, fondée sur cette thèse, d'une faute qui serait portée par la famille « jusqu'à la millième génération », constitue un regrettable développement de la doctrine chrétienne.

Origène, le plus important théologien du IIIe siècle, écrit dans ses commentaires sur Matthieu : *Les Juifs ont cloué Jésus sur la croix. Aussi son sang ne retombe-t-il pas seulement sur les Juifs de son temps, mais aussi sur toutes les générations des Juifs jusqu'à la fin des siècles* [316].

Augustin et Martin Luther ne voyaient pas les choses autrement. Saint Thomas d'Aquin non plus : « Et c'est ainsi que le sang du Christ est réclamé jusqu'à ce jour. Et c'est fort proprement que s'applique à eux ce qui est dit dans le Livre de la Genèse : *La voix du sang de ton frère crie de la terre jusqu'à moi.* (Gn 4.10.) Mais le sang du Christ est plus puissant que le sang d'Abel [317]. » Aussi, dans l'Épître aux Hébreux (12.24) : *Le sang de l'aspersion qui parle mieux encore que celui d'Abel.*

La thèse de l'automalédiction est encore, à l'heure actuelle, défendue par des théologiens chrétiens, tant protestants que catholiques. Ainsi le protestant Stauffer : « Et parlant à l'unisson, voici que le peuple assemblé prononce la terrible formule de l'automalédiction conditionnelle... La judaïté ne tarda pas à payer ce choix : quelques décennies plus tard, Jérusalem était détruite [318]. »

De même Blinzler, de confession catholique : « Alors que Pilate dégageait, de la façon la plus expresse, toute responsabilité vis-à-vis de la mort de Jésus, le peuple juif, lui, dans un déchaînement sacrilège, a explicitement revendiqué cette responsabilité... Matthieu, qui écrivait pour les Juifs chrétiens, s'emploie, de toute évidence, à faire comprendre à ses lecteurs le caractère monstrueux de la faute assumée par leur peuple [319]. » Dans le débat qui l'oppose à ceux qui soulignent la participation des

Romains à la mort de Jésus, Blinzler affirme une fois pour toutes que les Juifs par haine et par malignité sont responsables de la mort de « l'Envoyé de Dieu ».

Les faits ont été complètement déformés dès le départ et il y a toujours eu, jusqu'à notre époque même, des théologiens comme Blinzler et Stauffer pour entretenir ces affirmations, et pour contrer de toutes leurs forces quiconque cherchait à atténuer la violence du mensonge.

Les évangélistes soumis aux pressions politiques

Si nous nous en tenons aux résultats d'une interprétation « dé-théologisée », il n'est pas exclu que les Évangiles aient accentué la participation des autorités juives à la mort brutale de Jésus – tout au moins la participation d'une institution nationale comme le Haut Conseil juif, le Sanhédrin, dans laquelle le groupe patriotique influent des pharisiens est représenté. Il ne faut pas oublier que les Évangiles ont été rédigés à une époque où la secte chrétienne, dont la première génération est exclusivement composée de Juifs, s'est déjà dégagée du judaïsme et vit une situation conflictuelle avec la religion mère.

La nécessité de différencier Jésus des mouvements de résistance juifs apparaît très tôt. C'est le seul moyen pour Paul de réussir dans son activité de missionnaire qui ne s'adresse pas aux Juifs de Palestine, mais aux Juifs et païens résidant dans l'Empire romain, au-delà des frontières de la Judée. L'échec de la révolte des Juifs contre les Romains, en l'an 70, revêt une importance particulière. À l'heure actuelle, certains théologiens, tels que l'exégète protestant Schmithals, vont jusqu'à affirmer que, sans la destruction de l'État juif, les évangélistes n'auraient pas songé à rendre les Juifs responsables de la mort de Jésus. Schmithals ne voit là ni manifestation d'antijudaïsme ni romanophilie, mais seulement une appréciation réaliste de la situation. De plus, après l'échec de 70, les Juifs, ayant perdu la protection que Rome accordait à une religion reconnue, auraient cherché querelle à l'Église. L'accusation formulée par les Évangiles ne serait rien d'autre qu'une défense contre les calomnies propagées par la Synagogue à l'encontre des chrétiens.

Hormis le fait que les Romains ne distinguaient pas entre religion reconnue et religion interdite [320], ayant toujours observé une très grande tolérance vis-à-vis de toutes les religions et n'ayant jamais persécuté les chrétiens en raison de leur croyance, cette argumentation est à réfuter a priori, car la désignation des Juifs comme coupables ne date pas de 70, époque où sont rédigés des Évangiles, mais remonte plus haut.

La funeste thèse de la responsabilité des Juifs a manifestement été élaborée par Paul, un quart de siècle avant le déclenchement de la guerre judéo-romaine. Paul enseigne que les Juifs (il parle d'eux en tant que communauté religieuse) ont tué le Seigneur tout comme ils ont tué les prophètes avant lui : *Eux qui ont tué le Seigneur Jésus et les prophètes, ils nous ont aussi persécutés, ils ne plaisent pas à Dieu et sont ennemis de tous les hommes.* (1 Th 2.15.) La thèse paulinienne selon laquelle les autorités juives sont renégates, ont toujours persécuté les prophètes et finalement attiré sur elles la malédiction en assassinant le Messie, va dominer dans les Évangiles. Ceci est admirablement illustré par la parabole des vignerons meurtriers, reprise par tous les synoptiques [321]. Un propriétaire (Dieu) donne sa vigne (la terre d'Israël) en fermage à des vignerons (les Juifs). Le propriétaire envoie de temps en temps ses serviteurs (les prophètes) pour recevoir sa part des fruits de la vigne. Mais les fermiers infidèles tuent, les uns après les autres, tous les serviteurs qui leur sont envoyés. En dernier lieu, le Seigneur envoie son fils unique en se disant qu'on le respecterait. Mais tel n'est pas le cas. Les fermiers assassinent également l'héritier dans l'espoir de s'emparer ainsi de la vigne. Que fait alors le maître de la vigne? Il vient, fait périr les vignerons et confie son exploitation à d'autres.

Quand les Évangiles font leur apparition, la tendance

hellénistique (paulinienne) l'a définitivement emporté sur la tendance hébraïque. L'issue tragique de la guerre des Juifs en Palestine a fait perdre beaucoup de son influence à la communauté primitive de Jérusalem. Les chrétiens de la diaspora, Juifs ou non-Juifs, ont pris parti pour les vainqueurs romains. « Pour les évangélistes il s'agissait donc, avant tout, d'offrir aux chrétiens d'origine païenne, après 70, un moyen d'affirmer : nous ne sommes pas juifs. Jésus lui-même n'était pas juif. Seul le hasard de sa naissance l'a fait naître comme tel. Comme nous, il a toujours observé une attitude loyale à l'égard de Rome », écrit Maccoby [322]. Et les exégètes interprètent la destruction du Temple comme le symbole du rejet de la judaïcité non chrétienne (Mt 21.23 et suite; Lc 21.22).

Les chrétiens de Rome forment la plus importante communauté chrétienne en dehors de la Palestine. Ses membres subissent durement le contrecoup de la victoire des Romains sur le peuple d'Israël. Paul leur recommande fortement une loyauté sans faille vis-à-vis de l'empereur : *Que tout homme soit soumis aux autorités qui exercent le pouvoir, car il n'y a d'autorité que par Dieu et celles qui existent sont établies par lui.* (Rm 13.1.) Cette Épître, Paul l'écrit sous le règne de Néron, « un clown politique, fratricide et matricide... Alors que les intellectuels romains n'hésitent pas à s'attaquer sévèrement au système de l'inégalité des droits, Paul et ses adeptes ferment un œil complaisant devant l'injustice flagrante [323] ».

Le véritable point de friction et les problèmes auxquels la jeune Église doit faire face proviennent des pharisiens (Mt 23.29/35). La guerre a détruit les rangs des zélotes et des esséniens, l'aristocratie sadducéenne est privée de ses biens et réduite à l'impuissance, les hérodiens se sont retirés d'eux-mêmes ou assimilés aux Romains. Les pharisiens représentent l'unique courant spirituel ayant survécu à la catastrophe de l'an 70 [324]. Ces hommes restés fidèles à la Loi, et par conséquent de tendance antiromaine, forment le gros de la résistance intellectuelle face aux activités missionnaires chrétiennes [325]. Cela explique pourquoi les évangélistes s'efforcent de déprécier ce groupe qu'ils opposent constamment à Jésus. Les auteurs des Évangiles ne tiennent donc pas compte du fait que Paul, leur mentor, a proclamé avec insistance qu'il est pharisien, fils de pharisien (Ph 3.5; Ac 23.6), et que Pierre doit sa mise en liberté – après son arrestation sur ordre du grand prêtre quelques années après la mort de Jésus – à l'intervention de Gamaliel, chef de file des pharisiens au Sanhédrin (Ac 5.34). En effet, au début, les pharisiens ont observé une attitude résolument favorable vis-à-vis des judéo-chrétiens; preuve en est leur protestation massive contre la condamnation de Jacques, évêque de Jérusalem et frère de Jésus. Jacques était d'ailleurs un pharisien pratiquant (contrairement à Paul qui n'évoque ses origines pharisiennes que lorsque cela peut le servir).

Après l'an 70, quand l'Église prend ses distances vis-à-vis des Juifs pharisiens pour adopter une position pro-romaine, la situation change. La confrontation devient inévitable entre chrétiens (y compris les judéo-chrétiens) et pharisiens. Sans aucun doute, les évangélistes, Matthieu en tête, reproduisent dans leurs textes leur désapprobation, l'aversion même qu'ils éprouvent à l'égard des pharisiens. Ils n'hésitent pas à tirer avantage des remises en cause qui, au sein de la communauté juive, selon la tradition rabbinique, revêtent souvent une forme d'autocritique. Ruth Kastning-Oldesdahl écrit à ce propos : « On croyait que les pharisiens étaient représentatifs de la judaïcité tout entière et la critique des pharisiens visait l'ensemble du peuple juif [326]. »

Les faits historiques apparaissent ainsi sous un éclairage grossièrement déformé, car, sur le fond, le parti religieux des pharisiens est, parmi les nombreuses tendances spirituelles de la religion juive, celle dont le christianisme se sent le plus proche. Kolping écrit à propos des pharisiens : « L'immortalité, le jugement après la mort, la résurrection (tout au moins des justes), l'existence des anges, le libre arbitre et l'intervention de la Providence, telles sont les thèses fondamentales de ce parti religieux. Leur notion du prochain comprenait également les non-israélites. Une culpabilité morale n'était concevable que par rapport à la volonté divine; la piété personnelle n'ôte rien à la nécessité de la grâce divine. Face aux sadducéens conservateurs, les pharisiens représentaient la tendance progressiste sur le plan théologique. Leurs scribes, bien qu'en petit nombre, leur assuraient une grande influence au sein du Sanhédrin. Leur interprétation de la Loi était beaucoup plus libérale que celle des sadducéens... À partir de 70, le Sanhédrin entièrement renouvelé était passé sous la direction absolue des pharisiens. On doit se garder de juger les pharisiens uniquement d'après l'image du pharisien hypocrite que nous présente l'Évangile, ou d'après l'ensemble de la description globalement négative qu'en donne le Nouveau Testament [327]. »

On pourrait même aller jusqu'à considérer Jésus comme pharisien, bien qu'à première vue, l'idée puisse paraître choquante. Et pourtant, comme tout pharisien particulièrement instruit (les fameux scribes) [328], Jésus accepte qu'on s'adresse à lui par le titre honorifique de *rabbi*. Ce titre est accordé aux seuls dignitaires pharisiens; par ailleurs, Jésus se sert surtout de paraboles dans son enseignement, méthode caractéristique des pharisiens. Jésus, tout comme les pharisiens, croit à la résurrection des morts à la fin des temps. Les rabbis déclarent, d'une manière plutôt apodictique : *Celui qui ne croit pas en la résurrection des morts n'entrera pas dans le monde nouveau* [329]. Rabbi Hillel formule ainsi la règle d'or des pharisiens : *Ne fais pas à ton prochain ce que tu ne voudrais pas que l'on te fasse!* Jésus dit (Mt 7.12) : *Ainsi, tout ce que vous voulez que les hommes fassent pour vous, faites-le vous-mêmes pour eux :c'est la Loi et les Prophètes : Faites aux autres tout ce que vous attendez d'eux!* L'attitude politique que reflètent les paroles et l'activité de Jésus va également dans le sens des pharisiens – contrairement à la prise de position de la caste des sadducéens ou des autorités locales (parti des hérodiens) qui désirent vivement collaborer avec les forces d'occupation romaines.

Les pharisiens sont les véritables interlocuteurs de Jésus. C'est leur compagnie qu'il recherche avant tout. Il aime prendre ses repas chez eux (Lc 7.36), et ce sont eux qui le préviennent des recherches d'Hérode Antipas (Lc 13.31) et le mettent en garde contre les agents des forces d'occupation romaines lorsque les disciples font trop bruyamment éclater leur joie à l'entrée dans Jérusalem (Lc 19.39).

On compte environ six mille pharisiens qui forment une sorte d'association [330]. Jésus se sent proche d'eux, et il semble naturel qu'ils soient ses partenaires dans des discussions privilégiées. Plus d'une fois ces échanges dégénèrent en âpres disputes lorsqu'il a affaire à des pharisiens accrochés à la lettre et non à l'esprit de la loi. Ses prises de position, quant à l'observance du shabbat et du rituel de purification, par exemple, sont sans doute une véritable provocation pour les pharisiens orthodoxes. Jésus a-t-il traité les pharisiens globalement d'*engeance de vipères* (Mt 12.34) ou d'*hypocrites* barrant aux hommes l'entrée du royaume des cieux et condamnés eux-mêmes à n'y jamais entrer? (Mt 23.14.) Les disputes sont une forme typique de l'explication entre Juifs, mais n'atteignent pas le degré d'animosité personnelle que soulignent les évangélistes. « Il est très important, pour la bonne compréhension de Jésus et du Nouveau Testament, de ne pas interpréter ces discussions comme autant de manifestations d'un antipharisianisme de principe. Il s'agit simplement d'une forme de débat entre Juifs qui date de l'Ancien Testament, exacerbée par l'approche du règne de Dieu [331]. » Alors, qu'en est-il au juste?

La motivation politique des évangélistes n'est que trop apparente : ils cherchent après la chute de Jérusalem en 70, à construire un antagonisme entre Jésus et les pharisiens, afin de faire sortir Jésus, dans toute la mesure du possible, du carcan de la judaïcité pour l'intégrer à l'univers proromain des chrétiens d'origine païenne. De ce point de vue, il est facile de comprendre les efforts entrepris par les auteurs du Nouveau Testament pour atténuer la part de responsabilité des Romains dans la crucifixion. Cela fait partie du plan visant à une diffusion efficace de l'Évangile dans l'Empire romain.

La tendance politico-apologétique ressort surtout dans l'Évangile de Luc. Selon lui, Pilate n'aurait pas prononcé une condamnation à mort mais se serait contenté de remettre le prisonnier *entre les mains des Juifs* qui, à leur tour, l'auraient conduit à la croix : *...quant à Jésus, il le livra à leur volonté. Comme ils l'emmenaient...* (Lc 23.25/26.) L'évangéliste attribue à Pierre des paroles que celui-ci n'aurait jamais reconnues comme siennes. Il lui fait dire, peu de temps après la tragédie du Golgotha : *Que toute la maison d'Israël le sache donc avec certitude : Dieu l'a fait et Seigneur et Christ, ce Jésus que vous, vous aviez crucifié. Sachez-le donc, vous tous et tout le peuple d'Israël, c'est par le nom de Jésus Christ le Nazôréen, crucifié par vous, ressuscité des morts par Dieu, c'est grâce à lui que cet homme se trouve là, devant vous, guéri. Le Dieu de nos pères a ressuscité Jésus que vous aviez exécuté en le pendant au bois.* (Ac 2.36; 4.10; 5.30.) Selon Jean, les Juifs exigent que Jésus soit condamné en tant que dissident politique et non en tant que blasphémateur, et qu'eux-mêmes soient chargés de l'exécution de la sentence : *C'est alors qu'il le leur livra pour être crucifié. Ils se saisirent donc de Jésus.* (Jn 19.16.) Les forces d'occupation romaines n'apparaissent que rarement et de façon indirecte dans les Évangiles, alors que leur présence est ressentie comme un lourd fardeau par la population. Les commentaires négatifs concernent surtout les légionnaires, qui, à la manière habituelle de la soldatesque, ont pris plaisir à torturer Jésus et à se moquer de lui.

Il ne semble pas indiqué de faire apparaître Jésus comme un homme ayant subi le sort de tous les rebelles arrêtés. Même Blinzler, qui ne cesse d'attribuer l'entière responsabilité aux seuls Juifs, concède qu'il valait mieux « ne pas présenter trop ouvertement le fondateur du christianisme sous les traits d'un accusé condamné et exécuté légitimement par un tribunal juif [332] ». Peter Fiedler interprète : « Il faut bien comprendre le problème qui se posait aux premiers missionnaires dans l'Empire romain. Le fondateur de la nouvelle religion, annoncé comme le Seigneur et Messie, avait été condamné comme agitateur par le représentant officiel des pouvoirs publics et exécuté comme tel de la manière la plus infamante! Pour désamorcer cette constatation, il fallait affirmer que le haut fonctionnaire romain responsable, tout en ayant constaté et reconnu l'innocence de Jésus, avait cédé à la pression des Juifs [333]. » La sympathie pour la religion chrétienne ne doit en aucun cas être confondue avec une prise de parti pour un rebelle. C'est pour cette raison que les évangélistes rapportent que Jésus est reconnu coupable par les Juifs d'abord et condamné à mort par eux. Pour Lutz : « Israël, méprisé et mis au ban depuis la rébellion zélote, était le bouc émissaire tout trouvé pour atténuer d'avance d'éventuels conflits entre les chrétiens et les autorités romaines [334]. »

Les efforts des chrétiens tendent à démontrer que l'Empire romain n'a rien à craindre du fondateur de la jeune religion. Pilate, déjà, aurait bien compris cela et pour cette raison n'aurait prononcé la condamnation à mort qu'après de longues hésitations et sous la pression des Juifs. De ce retournement de responsabilité, habilement introduit dans le récit du procès, on attend une certaine tolérance de la part des Romains. Cette tolérance est indispensable à la survie de l'Église naissante. « Il est vital pour les évangélistes de réduire à un minimum la part prise par les Romains dans la mort de leur Messie, afin d'accabler davantage les Juifs, dont la réputation de rebelles n'était plus à faire », écrit Lapide [335].

Les historiens romains ne font pas le moindre effort pour nier la responsabilité de leurs concitoyens. La question ne se pose même pas. Pour eux, le cas Jésus manque totalement d'intérêt. La société romaine du Ier siècle considère le christianisme comme une méprisable superstition orientale [336]. Tacite (*Annales* XV. 44) se contente d'une brève allusion à un certain *Chrestus*, dont les *Christiani* tirent leur nom. Pour lui, le fondateur de cette secte n'est qu'un criminel exécuté, quel qu'ait pu être son nom (le nom Jésus de Nazareth lui est inconnu). Tandis que pour Tacite cet homme a été exécuté « par » Ponce Pilate, on peut lire dans le Symbole des apôtres qu'il a été exécuté « sous » Ponce Pilate. Entre-temps, on avait trouvé scandaleux, choquant de rendre les Romains responsables de la crucifixion.

En tenant compte de tous ces faits et en considérant que l'Évangile selon Jean met en exergue la participation des Romains dès l'arrestation, on peut difficilement écarter l'idée que ce sont eux qui ont mené exclusivement *l'affaire Jésus de Nazareth* depuis l'arrestation jusqu'à l'exécution du jugement.

On dénote dans les Évangiles (non seulement chez Matthieu et Jean), comme partout dans le Nouveau Testament, une attitude nettement antijuive. Jésus représente le *Verus Israel.* Seuls les chrétiens sont les enfants d'Abraham, d'Isaac et de Jacob; ils sont *l'Israël de Dieu.* C'est à eux qu'appartient désormais la Bible hébraïque qu'ils utilisent comme arme contre les Juifs de l'ancienne alliance : les renégats ne sont pas les chrétiens mais les Juifs. La colère de Dieu a voué le peuple de l'alliance du Sinaï à l'extermination. Seule une partie infime de ce peuple sera sauvée : celle qui se sera convertie au christianisme. C'est pour cela (et uniquement pour cette raison) que Dieu n'a pas décidé la perte totale de son peuple (Rm 11.2) [337].

Une interprétation récente, qui commence à se répandre, veut qu'il s'agisse là d'un débat interne propre à l'univers juif, sans rapport avec l'antijudaïsme. Cela n'est pas très convaincant. C'est un argument purement apologétique et volontiers proclamé depuis que l'antisémitisme a été mis en sourdine. Dans le passé, les Pères et les Docteurs de l'Église, les papes et les théologiens n'étaient que trop contents de pouvoir prendre appui sur le Nouveau Testament pour exprimer leur antijudaïsme : Luc écrit : *Les pharisiens qui aimaient l'argent écoutaient tout cela, et ils ricanaient à son sujet. Jésus leur dit : « Vous, vous montrez votre justice aux yeux des hommes, mais Dieu connaît vos cœurs : ce qui pour les hommes est supérieur est une horreur aux yeux de Dieu »* (Lc 16.14/15), Paul enseigne que les Juifs de l'ancienne alliance *ne plaisaient pas à Dieu* et que *la colère de Dieu est tombée sur eux à la fin.* (1 Th 2.16.)

Une demande d'annulation du jugement prononcé contre Jésus de Nazareth sera introduite par des théologiens chrétiens auprès de la Cour suprême d'Israël, en juillet 1972. Démarche non dépourvue de certaines arrière-pensées [338]. Le président de la Cour y répondra en signifiant, fort courtoisement, qu'à son grand regret il se voit obligé de déclarer la plainte non recevable, et il conseille aux auteurs de la requête de se pourvoir devant un tribunal italien.

Épilogue

Il y a toujours eu, jusqu'à notre époque même, des théologiens pour alimenter la thèse de la responsabilité des Juifs dans la mort de Jésus. Ce sont ces enseignements qui constituent les racines de l'antijudaïsme. C'est là-dessus que l'on s'est appuyé, au cours de presque deux millénaires, pour faire des Juifs des citoyens de deuxième classe, pour les persécuter, les exclure et les assassiner.

Depuis Titus jusqu'à Hitler, la mort de Jésus a été une cause de tourments et de souffrances. Les mots de pardon prononcés par Jésus [339] : *Père, pardonne-leur car ils ne savent pas ce qu'ils font* (Lc 23.34) englobent tous les hommes qui ont enfreint le commandement de l'amour du prochain, qu'il s'agisse de Juifs, de Romains, ou encore des chrétiens, mais ils n'ont pas suffi à mettre le holà aux persécutions. Voici ce qu'en disent des théologiens contemporains. Karl Rahner : « Les chrétiens n'ont jamais cessé de causer des torts graves, voire épouvantables, aux Juifs. Nous devons répondre à cette accusation; il nous faut écouter jusqu'au bout les accusations de ceux qui nous disent ce que les chrétiens ont fait subir aux Juifs [340]. » Hans Küng : « Le génocide nazi a été l'œuvre de criminels sans religion, mais s'il n'y avait pas eu, presque 2 000 ans durant, le précédent créé par l'antijudaïsme chrétien... ce génocide n'aurait pas été possible... La chrétienté ne saurait faire l'économie d'un aveu sans équivoque de sa culpabilité [341]. » Karl Barth : « Vis-à-vis des Juifs, l'Église tout entière a une dette infinie; et cette dette subsiste encore intégralement jusqu'à ce jour [342]. »

Julius Streicher, rédacteur en chef de la revue de propagande nationale-socialiste *Der Stürmer,* a pu faire valoir, lors du procès de Nuremberg, que, si Luther était encore de ce monde, il aurait dû comparaître au même titre que lui. « Le *Stürmer,* ajoutait-il, ne disait rien d'autre que ce que chacun pouvait lire dans Luther. Ici, à Wittemberg, en notre église abbatiale, chacun peut voir une truie sculptée dans la pierre; et sous cette truie sont nombre de jeunes verrats et de Juifs qui tètent; et derrière la truie se tient un rabbin, lequel, de la main droite, soulève la patte arrière droite de la truie, et de la gauche tend au-dessus de sa tête la queue de l'animal, et ce faisant, penché en avant, il plonge avec ferveur son regard dans le Talmud de la bête, juste sous la queue, comme s'il y voulait voir quelque chose de profond et d'extraordinaire... Car c'est ainsi, chez les Allemands, que nous parlons d'un homme qui, sans argumentation valable, se targue d'une grande sagesse : " Où a-t-il lu cela? Dans le cul (pour parler crûment) d'une truie? " »

Dans le Journal religieux de l'archevêché de Fribourg, daté du 27 mars 1941, on lit, sous la plume de l'archevêque, une lettre pastorale intitulée « L'Homme des douleurs ». Ce texte transmet à travers une exégèse très particulière le message pascal : « Leurs yeux étaient aveuglés par une volonté, toute judaïque, de dominer le monde... Égaré par les pharisiens, c'est désormais le peuple même qui se soulève contre Lui... Les services secrets des pharisiens avaient éveillé la bête dans le cœur de la foule, en usant du mensonge et de la diffamation, et voici que la populace avait soif de sang et d'émotions horribles... " Agitateur! ", crient et grincent les uns, " Faux Messie! ", " Imposteur! ", insistent les autres, au long des trottoirs, tandis que les femmes surexcitées couvrent de leurs cris aigus les vociférations des hommes... Mais le Sauveur tourne vers la foule ses yeux tuméfiés par les ecchymoses.

Un regard dont ils emporteront le souvenir jusque dans l'éternité. Un regard de tristesse qui fait honte à l'homme, enfoui chez eux, sous l'animal... Mais la Bête a senti l'odeur du sang de l'homme qui, seul, peut étancher sa soif monstrueuse et brûlante. Elle ne s'apaisera pas avant que l'homme ait expiré, cloué au bois de la croix... Et pendant ce temps retentit sur Jérusalem la folle mais prophétique malédiction que les Juifs ont appelée sur eux-mêmes : “ Que son sang retombe sur nous et sur nos enfants! ” cette malédiction les a frappés, de façon terrible, et ce, jusqu'à ce jour. » Jusqu'à ce jour, en effet, car en ce 27 mars 1941, la postérité juive de Jésus marchait à la mort et à l'extermination massive. Ce n'est pas cela qui aurait empêché notre archevêque d'adresser au Sauveur crucifié cette prière de louanges : « Nous te saluons, nous qui sommes les chrétiens d'une ère nouvelle et allemande! » Ainsi pouvait s'exprimer une revue catholique allemande officielle, il y a moins de cinquante ans. Une publication protestante aurait pu d'ailleurs, tout aussi bien, publier cette prose.

Les Évangiles, seule source à notre disposition, ne sont pas une chronique neutre des événements. D'un côté, par le biais du récit de la Passion, ils devaient faire paraître Jésus comme l'ultime exécutant du grand dessein de rédemption de Dieu et, d'un autre côté, pour éviter tout antagonisme avec les autorités romaines toutes-puissantes de l'époque, ils devaient servir à faire porter aux Juifs la responsabilité de la mort de Jésus.

Les Juifs sont représentés comme ennemis de Jésus. Cependant, grâce à son intervention, les non-Juifs pourront avoir accès auprès du Dieu des Juifs, le seul et vrai, le Dieu déclaré d'Abraham, d'Isaac et de Jacob. Jésus représente un appel lancé à tous les humains, une invitation à entrer dans une communauté unique, celle de

Jésus, celle du peuple d'Israël. *Souvenez-vous donc qu'autrefois, vous qui portiez le signe du paganisme dans votre chair, vous que traitaient d'« incirconcis » ceux qui se prétendent les « circoncis », à la suite d'une opération pratiquée dans la chair, souvenez-vous qu'en ce temps-là, vous étiez sans Messie, privés du droit de cité en Israël, étrangers aux alliances de la promesse, sans espérance et sans Dieu dans le monde. Mais maintenant, en Jésus-Christ, vous qui jadis étiez « loin », vous avez été rendus « proches » par le sang du Christ.* (Ép 2.11/13.)

D'après Paul, le peuple juif est le *bon olivier* dont les racines nourrissent la communauté chrétienne. Pie XI a déclaré que tous les chrétiens étaient *spirituellement des Sémites.* Cela n'a pas empêché que, bien des années après Auschwitz, dans le monde entier, la liturgie catholique du Vendredi saint comprenne encore cette prière : « Prions pour les Juifs infidèles! » C'est le pape Grégoire le Grand qui avait introduit cette prière en l'an 600. Pie XII avait admis en 1948 que cette prière demandait à être révisée; mais il fallut attendre Jean XXIII qui s'engagea, dès Pâques 1959, à la faire abolir.

Encore aujourd'hui, des chrétiens inamendables reprochent aux Juifs d'être « les assassins de leur Sauveur ». Ce n'est qu'au cours du concile de Vatican II que s'est amorcée une certaine prise de distance officielle vis-à-vis de la notion de « déicides ». Elle fut qualifiée d'« inconvenante » et de « théologiquement inquiétante ». Le moins que l'on puisse dire, c'est que les termes choisis ne furent pas à la hauteur de la situation. Dans la *Déclaration aux Juifs,* le concile déplore toutes les persécutions dont les Juifs ont fait l'objet; il condamne résolument l'antijudaïsme sous toutes ses formes, sans se résoudre, toutefois, à l'aveu d'une culpabilité ou d'une coresponsabilité de la part des chrétiens. Peu de temps avant sa mort, Jean-XXIII, au nom de l'Église, aurait apporté ce témoignage de repentance qui a été publié par l'*American Commentary* en janvier 1965 :

> « Nous sommes aujourd'hui conscients qu'au cours de beaucoup, beaucoup de siècles, nos yeux étaient si aveugles que nous n'étions plus capables de voir encore la beauté de ton peuple élu ni de reconnaître le visage de nos frères privilégiés. Nous comprenons que le signe de Caïn soit inscrit sur notre front. Au cours des siècles, notre frère était couché ensanglanté et en pleurs par notre faute, parce que nous avions oublié ton amour. Pardonne-nous la malédiction que nous avions injustement attribuée à leur nom de Juif. Pardonne-nous de t'avoir crucifié une deuxième fois en eux dans leur chair, parce que nous ne savions pas ce que nous faisions [343]. »

Si la mort de Jésus faisait partie du plan de Dieu, il n'y a pas de coupable. Dans son Épître aux Romains (8.32), Paul écrit que Dieu n'a pas épargné son propre Fils mais l'a livré pour le bien de tous. Selon la conception chrétienne, cette mort était essentielle : sans elle ni le pardon des péchés ni la résurrection n'étaient concevables. L'humanité était condamnée à rester dans les ténèbres. La mort de Jésus ne signifie donc rien d'autre qu'un acte de bienveillance de la Providence divine : *À vous grâce et paix de la part de Dieu notre Père et du Seigneur Jésus-Christ, qui s'est livré pour nos péchés, afin de nous arracher à ce monde du mal, conformément à la volonté de Dieu qui est notre Père. À lui soit la gloire pour les siècles des siècles. Amen.* (Ga 1.3/5.)

Quoi qu'on ait pu dire, les paroles de Jésus sortaient de la bouche d'un Juif et non de la bouche d'un chrétien. Quiconque pense que la foi chrétienne impose une attitude hostile à l'égard du judaïsme s'éloigne, en réalité, de celui qui a été le premier à proclamer la bonne nouvelle du Nouveau Testament.

La crucifixion de Jésus par les Juifs ne constitue pas l'élément essentiel qui fonde la foi en la divinité de Jésus. On peut croire que Jésus est la deuxième personne de la Sainte Trinité, le Fils de Dieu qui a accepté de partager la vie des hommes de la naissance jusqu'à la mort, sans pour autant rendre les Juifs responsables de sa fin cruelle. Le noyau de toute croyance chrétienne restera à tout jamais le suivant : c'est par la faute d'un homme que la mort a fait son apparition sur la terre et le Fils de Dieu s'étant fait homme devait donc suivre son destin jusqu'au bout. Mais la victoire sur la mort, la résurrection, représente l'accomplissement de l'œuvre de rédemption :

Et si Christ n'est pas ressuscité, votre foi est illusoire, vous êtes encore dans vos péchés. Dès lors, ceux qui sont morts en Christ sont perdus. Si nous avons mis notre espérance en Christ pour cette vie seulement, nous sommes les plus à plaindre de tous les hommes. Mais non; Christ est ressuscité des morts, prémices de ceux qui sont morts. En effet, puisque la mort est venue par un homme, c'est par un homme aussi que vient la résurrection des morts : comme tous meurent en Adam, en Christ, tous recevront la vie. (1 Co.15.17/22.)

Il s'est avéré que l'accusation de déicide formulée à l'égard des Juifs est historiquement fausse, théologiquement superflue et moralement foncièrement nuisible.

Si mon ouvrage pouvait contribuer à effacer à tout jamais ce reproche aussi insensé que nocif, si en d'autres termes, il pouvait s'insérer dans la grande mosaïque du dialogue judéo-chrétien, alors j'aurais atteint mon but.

Notes

1. D'autres religions ont dû surmonter le même problème. L'enseignement de Bouddha n'a été fixé par écrit qu'un demi-siècle après sa mort et les pensées de Confucius n'ont été publiées que sept siècles après leur conception.

2. Il ne faut pas perdre de vue que ces écrits font partie du patrimoine spirituel juif, rédigés par des Juifs.

3. Cité d'après Augstein, *Jesus Menschensohn,* p. 130, Munich, 1972.

4. Cité d'après Schillebeeckx, *Jesus. Die Geschichte von einem Lebenden,* p. 38, Fribourg-Bâle-Vienne, 1975.

5. Küng, *Être chrétien,* Paris, 1978.

6. Les historiens chrétiens ont tendance à exagérer le nombre des martyrs pour renforcer la thèse selon laquelle le sang versé par eux aurait permis à la foi chrétienne d'être élevée au rang d'Église officielle. Origène relativise ce conte épique en taxant les victimes chrétiennes de « peu nombreuses et faciles à compter ». (Deschner, *Abermals Krähte der Hahn,* Düsseldorf, 1980.) Si Néron a réellement persécuté les chrétiens, ce n'est, à coup sûr, pas à cause de leur religion, mais plutôt parce qu'il fallait un bouc émissaire pour l'incendie de Rome. D'un autre côté, on pourrait soupçonner Tacite d'avoir inventé de toutes pièces la persécution des chrétiens sous Néron pour marquer son mépris à leur égard.

7. Mendelssohn, *Jesus-Rebell oder Erlöser,* p. 116, Hambourg, 1981.

8. Craveri, *Das Leben des Jesus von Nazareth,* p. 28, Stuttgart, 1970; Landmann, *Jesus und die Juden,* p. 310, Munich, 1987.

9. On ne dispose malheureusement pas de texte autographe d'un auteur de l'Antiquité, et Josèphe ne fait pas exception. Les papyrus découverts récemment ne sont que des copies. Les plus anciennes copies de l'œuvre de Flavius Josèphe datent du Xᵉ siècle.

10. Ananos est la traduction grecque de Hanne. Il s'agit d'un fils du grand prêtre Hanne cité par Luc (3.2) et Jean (18.13). Josèphe parle d'Ananos le Jeune et d'Ananos l'Ancien.

11. Burckhardt, *Die Zeit Constantins des Großen,* p. 276, Stuttgart, 1970.

12. On connaît même une petite chronique familiale de Nicodème; c'était un des plus riches patriciens de Jérusalem.

13. Kolping écrit : « La mort des grands de ce monde s'accompagne souvent de phénomènes naturels extraordinaires. » Kolping, *Fundamentaltheologie*, t. 2, p. 661, Ratisbonne-Munster, 1974.

14. Craveri, *op. cit.*, qui se réfère à Harnarck, *Das Wesen des Christentums*, Stuttgart, 1971.

15. Kolping, théologien catholique, voit dans l'exécution de Jésus une péripétie insignifiante dans l'histoire de l'Empire romain, qui serait sans doute tombée dans l'oubli si les fondateurs de l'Église post-pascale n'en avaient pas fait le point de départ de leur religion.

16. Schweitzer, *Geschichte der Leben Jesu. Forschung*, t. 1 (Tubingen, 1913) Gütersloh, 1977; avant-propos, 6e édition.

17. Mt 11.19; Lc 7.34.

18. Il faut également tenir compte de certains passages dont l'incompatibilité évidente n'est certainement pas due au hasard. On constate parfois un enchaînement de locutions ne présentant entre elles aucun lien commun, comme par exemple, la dispute autour des préséances (Mc 9.33/37).

19. Les plus dogmatiques parmi les théologiens ne sont pas toujours disposés à concéder cette erreur à Jésus. Ils remontent à la fausse promesse faite par Pierre dans sa deuxième Épître (3.8/13) qui se réfère au psaume bien connu (90.4) où il est dit : *Pour le Seigneur un seul jour est comme mille ans et mille ans comme un jour.* Küng proteste : « L'erreur est humaine; et Jésus était vraiment homme, il avait le droit de se tromper » *(op. cit.)*

20. Dans la version œcuménique de la Bible publiée en allemand par les éditions Herder en 1980, il n'est pas question de l'épouse mais de la fiancée. Étant donné les variantes que font apparaître les textes dont on dispose, les deux traductions paraissent également plausibles.

21. La traduction grecque de l'Ancien Testament fut établie dans le sillage de la conquête de la Palestine par Alexandre le Grand et l'hellénisation du pays qui s'ensuivit.

22. Küng, *op. cit.*

23. Kolping, *op. cit.*, p. 322 : « L'envoi d'un ange auprès d'une vierge a dû heurter la sensibilité juive de l'époque. »

24. Lapide, *Fils de Joseph*, Paris, 1978.

25. Après Matthieu et Luc, Ignace d'Antioche, martyrisé sous Trajan, fut le premier à répandre le thème de la naissance virginale.

26. Craveri, *op. cit.*, p. 35.

27. L'un des instruments de torture de la Sainte Inquisition s'appelait « La Vierge de fer » ou encore « Mater Dolorosa ».

28. Au gré du temps, on faisait coïncider arbitrairement le début de l'année avec la date de l'ascension au trône d'un monarque ou d'un pape. Le calendrier

religieux contribua à la confusion car il ne tenait aucun compte des jours et des mois officiels et fixait ses propres références, telles que : *Trois jours avant la naissance de la Vierge, ou encore : Le troisième dimanche du Carême.*

29. Claude devint empereur en 41, après l'assassinat de Caligula. Il comptait parmi ses amis Agrippa Ier, petit-fils d'Hérode le Grand, un ancien camarade de classe. Agrippa réussit à faire abolir par Claude le statut de procurat, de sorte que sous son gouvernement la Palestine redevenait royaume (vassal). Mais dès la mort d'Agrippa, en 44, Claude rétablit le procurat.

30. Craveri, *op. cit.*, p. 51.

31. Une dernière indication permettant de situer l'année de naissance de Jésus est fournie par Luc (3.23) : *Jésus, à ses débuts, avait environ trente ans.*

32. Jean ignorait probablement l'existence des Évangiles synoptiques.

33. Conzelmann, *Die Religionen in Geschichte und Gegenwart,* p. 624, Tubingen, 1959, fait remarquer que depuis les premières déportations la prédominance juive avait été fortement entamée par les Assyriens puis consolidée par l'œuvre de rejudaïsation entreprise par les Maccabées. Du temps de Jésus, la majorité de la population rurale était juive.

34. Kolping, *op. cit.*, p. 314.

35. En tant que premier-né, l'enfant appartenait à l'Éternel et aurait dû lui être consacré. (Ex 13.1/2.) Mais au moment de la naissance de Jésus, cette prescription avait depuis longtemps été remplacée par des sacrifices d'animaux ou le versement d'une somme appropriée.

36. Lapide, *op. cit.*

37. Lapide, *op. cit.*

38. Schweitzer, *op. cit.*, p. 28.

39. Bultmann, *Jésus,* Paris, 1968.

40. Schoeps, *Das Judenchristentum – Untersuchungen über Gruppenbildungen und Parteikämpfe in der frühen Christenheit,* Taschenbuch, 1964 : « Ce n'est pas Pierre qui dirige la communauté, mais Jacques, frère de Jésus, qui avait été nommé évêque de Jérusalem. Pierre était tenu de lui soumettre des rapports annuels sur ses sermons et ses activités. »

41. Cité d'après Deschner, *op. cit.*, p. 154. Voir également Schoeps, *op. cit.*, p. 23.

41*bis* Ben-Chorin, *Mon frère Jésus,* Paris, 1983. Kung, *op. cit.*

42. Pour Küng, un fait est certain, Jésus n'est pas né à Bethléem, *op. cit.*

43. En donnant son nom au fils né de son épouse légitime, Joseph reconnaissait formellement celui-ci et lui conférait tous les droits liés à ce lignage.

44. Lapide, *op. cit.*, p. 27.

45. L'irréalisme se trouve encore accru du fait que les arbres généalogiques ne s'arrêtent pas au roi David, mais remontent plus loin dans le temps. Matthieu

va jusqu'à Abraham et Luc pousse jusqu'à Adam. Matthieu parle de 26 aïeux de Joseph avant d'aboutir à Abraham, alors que Luc en mentionne 41.

46. Blinzler, *Le procès de Jésus,* Paris, 1962, place le mot « frère » entre guillemets. Le proto-évangile de Jacques présente les frères et sœurs de Jésus comme des enfants issus d'un premier mariage de Joseph.

47. Pesch, *Das Markusevangelium,* partie 2, p. 324, Fribourg-Bâle-Vienne, 1980.

48. Flusser, *Jésus,* Paris, 1970.

49. Kolping, *op. cit.*, pp. 316 et 326; Stauffer, *Jesus, Gestalt und Geschichte,* Berne, 1957.

50. Craveri, *op. cit.*, p. 26, le dit clairement : « Au lieu d'admettre simplement tout ce qui a été transmis sur la naissance de Jésus et le bonheur du ménage de Marie et Joseph, jamais assombri par le moindre nuage d'infidélité, ces critiques acceptent comme point de départ l'infidélité de la jeune fille, ne reculant devant aucune insinuation si basse soit-elle, devant aucune insulte ou calomnie, pour découvrir l'auteur de la faute. »

51. Craveri, *op. cit.*, p. 27.

52. Ben-Chorin, *Mon frère Jésus,* Paris, 1983.

53. Friedell, *Der historische Jesus-Christus,* p. 32, Salzbourg-Vienne, 1947. « Que me veux-tu, femme? »

54. Friedell, *op. cit.*, p. 311 poursuit : « Le culte de Marie, mère de Dieu, a joué un rôle primordial dans la pénétration du christianisme notamment dans le pays du sud de la Méditerranée. Encore aujourd'hui, le peuple de Naples est convaincu que Jésus, par cette remarque, avait pleinement mérité sa crucifixion. »

55. Reprise d'une formulation sévère de Pöhlmann, *Wer war Jesus von Nazareth?* p. 91, Gütersloh, 1987.

56. Küng, *op. cit.*

57. Augstein, *op. cit.*, p. 299 et suite, présente l'ensemble des versions les plus sérieuses sur l'aspect extérieur de Jésus.

58. Craveri, *op. cit.*, p. 164.

59. Stauffer, *op. cit.*, p. 50, s'efforce de reconstruire l'apparence de Jésus : « Les Juifs de la Palestine antique avaient les yeux bruns et le teint légèrement hâlé. Les Évangiles ne parlent pas de la couleur des yeux de Jésus. On apprend, toutefois, qu'il pouvait passer pour quadragénaire (Jn 8.57). Doit-on en déduire que le visage de Jésus portait déjà la trace d'une vie marquée par l'effort et la peine? »

60. Swidler, *Der Jude Jesus,* p. 73, dans le cadre d'une série d'émissions du Südwestfunk « Begegnungen mit dem Judentum », 1980.

61. IR. 8.41/43; Es 49.6.

62. *Encyclopaedia judaica* « Jesus », t. 10, Jérusalem, 1973.

63. Ben-Chorin, *Paulus*, p. 184 et suite, Munich, 1981.

64. Ben-Chorin, *Paulus*, p. 51.

65. Selon la transcription théologique, Jésus aurait prononcé ces paroles : *Sur ordre du Seigneur.*

66. Küng s'oppose formellement à cette interprétation assez répandue selon laquelle Paul serait le véritable fondateur du christianisme.

67. Certains doutes ont été émis quant à l'authenticité de ces paroles de Jésus. Il est impensable que l'on ait renoncé à l'exécution du seul fait de son intervention.

68. Craveri, *op. cit.*

69. Wolff, *Jesus der Mann. Die Gestalt Jesu in tiefenpsychologischer Sicht*, Stuttgart, 1975.

70. Évangile de Philippe, cité d'après Vardiman, *Die Frau in der Antike*, Düsseldorf, 1982.

71. Ben-Chorin, *Paulus*, Munich, 1981.

72. Vardiman, *op. cit.*, p. 108.

73. Les collecteurs d'impôts étaient des auxiliaires des forces d'occupation, qui, seules ou en association, louaient, contre un forfait, un certain territoire dans lequel les collecteurs étaient plus ou moins maîtres de lever les impôts à leur guise.

74. Wolff, *op. cit.*, p.121.

75. Cf. Mt 25.14; Mc 13.34; Lc 12.42 et suite. Cependant, l'historicité de la parabole des talents est fortement contestée.

76. Pöhlmann, *op. cit.*

77. Sermon sur la montagne : on désigne ainsi le discours inaugural de Jésus, proposant huit « Béatitudes » à ses disciples (Mt 5.3/11 et Lc 6.20/26).

78. Bodo Volkmann, professeur de mathématiques à l'université de Stuttgart, déclencha l'hilarité générale lorsqu'il déclara, le 6 juin 1985 à Stuttgart, lors d'un colloque de la communauté protestante : « Une interprétation politique du Sermon devrait donner à peu près ceci : l'abolition de la justice (Ne jugez pas!) ; l'abolition de la police (Ne vous opposez pas au mal!) ; la suppression de la retraite (Ne vous souciez pas du lendemain!), etc. »

79. Craveri, *op. cit.*, p. 171.

80. Paul et ses disciples se déclarent encore plus nettement en faveur de l'esclavage, par exemple, Ep 6.5 ; I Co 7.20/22 ; 1 P 2.18/20.

81. Küng, *op. cit.*

82. D'après Marc, Jésus aurait répliqué de la même manière en s'adressant aux disciples : *Jusqu'à quand aurai-je à vous supporter?* (Mc 9.19.)

83. Au début de ses voyages, Jésus proposait le règne de Dieu eschatologique ; mais, après le refus de son offre par le peuple d'Israël, il se comporte comme si le refus de son enseignement équivalait à un refus de sa propre personne.

84. La citation des malédictions de Jésus par les évangélistes n'a peut-être pas d'autre but que de souligner la déception éprouvée après l'échec de ses activités en Galilée. Elles n'auraient donc qu'un caractère purement symbolique.

85. Kolping, *op. cit.*, p. 160 : « Jésus n'a certainement pas éprouvé des ambitions de Messie. »

86. Schillebeeckx, *op. cit.*, p. 265.

87. Kolping, *op. cit.*, p. 620 : « Le voyage à Jérusalem constitue un tournant pour Jésus. Si jusqu'ici, il ne s'est adressé qu'au menu peuple, il doit désormais envisager la confrontation avec les grands personnages du gouvernement. »

88. Landmann, *op. cit.*, p. 160.

89. Ben-Chorin, *Mon frère Jésus*, Paris, 1983.

89*bis* Conzelmann, *op. cit.*, p. 646.

90. Bornkamm, *Jesus von Nazareth*, p. 137, Stuttgart, 1977.

91. Mackey, *Jesus, der Mensch und der Mythos*, Munich, 1981.

92. Certains auteurs vont jusqu'à affirmer ce point (cf. Schonfield, *Der lange Weg nach Golgatha*, Bergisch Gladbach, 1978).

93. L'insertion d'un mois supplémentaire s'est faite sur une base essentiellement empirique. Vers l'an 50 ap. J.-C., rabbi Gamaliel écrivit à un ami à ce sujet : « Nous aimerions te faire savoir que les pigeons sont encore tendres, que les agneaux sont encore jeunes et que le blé n'est pas encore mûr. Cela m'a inspiré certaines réflexions et j'ai décidé d'ajouter trente jours à l'année. » (Cité d'après Edwards, *Chronologie des Lebens Jesus und das Zeitgeheimnis der drei Jahre*, Stuttgart, 1978.)

94. La fête chrétienne de Pâques adhère d'assez près à ce calendrier traditionnel. Elle tombe toujours sur le dimanche suivant la première pleine lune du printemps.

95. Bornkamm, *op. cit.*, p. 142.

96. Il n'est pas exclu que Jésus ait fêté la préparation de la Pâque selon le rite essénien ; il serait alors tout à fait plausible que seuls des hommes aient assisté à ce repas.

97. Kolping, *op. cit.*, p. 596, exprime quelques réserves à ce sujet : « Le seul fait que le caractère pascal du repas ait pu être mis en doute, démontre que son existence est difficile à prouver. »

98. Le fait que Marc mentionne nommément les deux fils de Simon de Cyrène (Alexandre et Rufus) semble attester l'historicité de ce passage. Les autres évangélistes ignorent ce détail.

99. Ben-Chorin, *Mon frère Jésus,* Paris, 1983.

100. Cf. également le tableau d'Edwards, *op. cit.*, p. 81 et suite, qui aboutit à une date de décès différente de celle des autres exégètes : pour lui, tout comme pour Rudolf Steiner, Jésus est mort le 3 avril 33. L'Évangile selon Jean fait encore état d'une autre datation : au moment de l'entrée de Jésus à Jérusalem, on lui dit que le Temple avait été mis en chantier quarante-six ans plus tôt (Jn 2.20). Si cette datation doit être considérée comme historiquement exacte (ce qui n'est pas sûr), Jésus aurait été exécuté en l'an 28. Hérode avait décidé la reconstruction du Temple dans la dix-huitième année de son règne (Flavius Josèphe, *Antiquités judaïques* XV. II.1), c'est-à-dire 20/19 av. J.-C. (Blinzler, *op. cit.*, p. 103.)

101. Blinzler, *op. cit.*

102. Le culte de Marie, qui va croissant, se réfère également à ce passage de Jean : la prétendue présence de Marie au pied de la croix lui confère un rôle dans la vie publique de Jésus.

103. Augstein (*op. cit.*, p. 381) cite Bultmann qui fait remarquer le caractère symbolique de cette scène : la mère de Jésus représente la chrétienté juive alors que l'apôtre chéri représente les chrétiens venus du monde païen.

104. Luc (23.49) s'en tient à une formulation générale : *Tous ses familiers se tenaient à distance, ainsi que les femmes qui le suivaient depuis la Galilée et qui regardaient.*

105. Bornkamm, *op. cit.*, p. 145.

106. Goguel, *La vie de Jésus,* Paris, 1932.

107. Strobel, *Die Stunde der Wahrheit. Untersuchungen und Strafverfahren gegen Jesus,* p. 10, Tubingen, 1980, cite Conzelmann (*op. cit.*).

108. Ailleurs, notamment dans les Actes des apôtres, Luc présente les faits sous un jour diamétralement opposé : la faute incombe au peuple juif. Tous les Juifs sont responsables de l'exécution de Jésus et de la trahison de Judas (Ac 2.23 ; 4.10 ; 5.30).

109. Flusser, *Die letzten Tage in Jerusalem,* Stuttgart, p. 172, 1954.

110. Les mercenaires syriens ne comprenaient probablement pas l'hébreu ; ils parlaient l'araméen. On peut supposer qu'ils ignoraient tout de la Bible. Le passage de Marc (15.36) : *Attendez, voyons, si Élie va venir le descendre de là,* ne saurait donc être considéré comme historique.

111. Cela est vrai pour la période en question. À l'époque hellénistico-asmonéenne les Juifs auraient cependant également pratiqué la crucifixion (cf., entre autres, les rouleaux de Qumrân).

112. Craveri, *op. cit.*, p. 394.

113. Le simple soldat ne touchait qu'une solde minime.

114. Drews, *Die Christusmythe*, p. 74, Jena, 1909.

115. *Le sang et l'eau* préfigurent pour Jean l'eucharistie et le baptême!

116. Flavius Josèphe, *La Guerre des Juifs*, V.11.1.

117. La crucifixion ne fut jamais pratiquée en Grèce.

118. Aurelius Victor, *De Caesaribus*, 1b.41.4.

119. Goguel, *op. cit.*, p. 316.

120. Schillebeeckx, *op. cit.*, p. 165 : « En ce temps-là, tous les Juifs savaient que les Romains avaient le droit de crucifier, qu'Hérode Antipas disposait du " Ius gladii " et que le Sanhédrin pouvait prononcer une condamnation à la lapidation. »

121. Les véritables raisons de la lapidation d'Étienne restent inconnues. Il fut probablement condamné à mort pour hérésie.

122. Cf. Flusser, *op. cit.*, p. 10 ; Bätz/Mack, *Sachtexte zur Bibel*, p. 29, Munich, 1985.

123. Flavius Josèphe, *Antiquités judaïques*, XX.9.1.

124. Strobel, *op. cit.*, p. 23 et suite, présente un ensemble très complet des arguments.

125. Goguel, *op. cit.*, p. 355.

126. Dans son œuvre *Pontius Pilatus Defensus* (cf. Blinzler, *op. cit.*, p. 24). Selon une interprétation plus récente, particulièrement infamante, qui n'a pas trouvé une grande audience, les Juifs auraient livré Jésus aux Romains pour qu'il soit crucifié. Ils souhaitaient voir le Messie mourir de cette mort infamante plutôt que de lui accorder une lapidation qui, à leurs yeux, aurait pu être considérée comme une mort relativement honorable. Cette thèse était encore défendue par Bornhäuser, théologien protestant, en 1947, trois ans après Auschwitz!

127. Doerr, *Der Prozess Jesu in rechtsgeschichtlicher Betrachtung*, p. 53, Berlin-Stuttgart-Leipzig, 1920 (en se référant à Mommsen, *Das Weltreich der Römer*, Stuttgart).

128. Gibbon, *Verfall und Untergang des römischen Reiches* (nouvelle édition), p. 57, Nordlingen, 1987. Cf. également Flavius Josèphe, II.8.1.

129. Blinzler, *op. cit.*, se réfère à un passage de Flavius Josèphe pour faire remarquer que c'étaient surtout les membres de la maison de Hanne qui avaient organisé un fructueux commerce de reliques de sacrifices.

130. Le récit de Jean, bien que chronologiquement déphasé par rapport aux synoptiques, mérite attention car il situe l'événement au début et non à la fin des activités de Jésus. Jn 2.13 et suite.

131. Kolping, *op. cit.*, p. 265.

132. De l'avis unanime des exégètes, la trahison n'a pas été scellée par le funeste baiser de Judas.

133. Ben-Chorin, *Mon frère Jésus*, Paris, 1983.

134. Marc (14.3) mentionne également une troupe qui, chez Matthieu (26.47), devient même une grande troupe.

135. Stauffer, *op. cit.*, p. 90 et suite.

136. Goguel, *op. cit.*, p. 315.

137. Blinzler, *op. cit.*, p. 92.

138. Cette interprétation contraire formulée par Blinzler (*op. cit.*, p. 96) est reprise, non sans une réserve prononcée, par Kroll *(op. cit.)* et Kolping (*op. cit.*, p. 637). L'origine des auteurs de l'arrestation reste controversée. Bultmann et d'autres considèrent l'arrestation par les Romains comme un fait historique. Nous pensons plutôt que les sbires étaient en réalité des serviteurs.

139. D'après Luc 22.50, il s'agit de l'oreille droite.

140. Harenberg, *Was glauben die Deutschen*, p. 89, Munich, 1968.

141. À comparer avec Jens, *Der Fall Judas*, p. 48, Stuttgart, 1975, qui se réfère à une déclaration de membres de l'ordre des Dominicains datant de 1962 selon laquelle « le baiser dans le jardin de Gethsémani et le suicide de Judas tendraient à prouver que la trahison était en fait un acte d'amour ».

142. Limbeck, *Heilvoller Verrat? Judas im Neuen Testament*, p. 41, Stuttgart, 1976.

143. Kolping, *op. cit.*, p. 566.

144. 1. Co 15.5. L'élection de Matthieu comme douzième apôtre n'a eu lieu que quarante jours plus tard (Ac 1.21./26).

145. Ben-Chorin, *Mon frère Jésus*, Paris, 1983.

146. Jens, *op. cit.*, p. 85. Landmann, *op. cit.*, p. 203.

147. Trilling, *Gegner Jesu*, p. 203.

148. Ben-Chorin, *Mon frère Jésus*, Paris, 1983. Est-ce que Jésus a vraiment appelé Judas ami? Il est permis d'en douter car cela ressemble un peu trop à un souci de faire coïncider les faits avec une prédiction. Cf. Ps 41.10 et Ps 55.13/15.

149. Jens, *op. cit.*, p. 57.

150. Cf. Jens, p. 15 et suite, dans une argumentation fictive : pourquoi Jésus se soucierait-il du nœud de chanvre que Judas tressera? N'a-t-il pas déjà sa croix?

151. Jens, *op. cit.*, p. 5 et suite, citation reprise par Limbeck, *op. cit.*, p. 85.

152. Jens, *op. cit.*, p. 24, 37.

153. Flavius Josèphe, *La Guerre des Juifs*, II.20.5.

154. Luc ne mentionne pas cette scène de dérision. C'est lui qui, parmi les évangélistes, s'acharne le plus à démontrer que Rome n'a jamais été hostile aux Juifs.

155. La mise en terre des morts à l'approche des fêtes était très strictement réglementée : Haenchen, p. 540, *Der Weg Jesu,* Berlin, 1968, nous rapporte l'incident suivant : « Un certain vendredi, un homme qui sentait la mort approcher, dit à ses proches : " Je sais bien pourquoi vous me fermez les yeux et pincez le nez : vous ne voulez pas profaner le shabbat. Comme tel est également mon désir, je vous prie de continuer. " »

156. A. Jaubert, *La Date de la Cène,* Paris, 1957, Blinzler, *op. cit.,* p. 109 et suite.

157. Kroll, *op. cit.,* p. 375.

158. Ces termes : *comme un bandit* n'ont de sens que s'ils s'adressent à un commando d'arrestation romain. De plus, seuls les Romains (en aucun cas les Juifs) étaient autorisés à porter l'épée. Les Juifs pouvaient tout au plus agir en tant que sbires. Le passage de Marc (14.49) : *Chaque jour, j'étais parmi vous dans le Temple à enseigner et vous ne m'avez pas arrêté. Mais c'est pour que les Écritures soient accomplies,* doit être considéré comme une insertion christologique ultérieure.

159. Pesch, *op. cit.,* p. 15 tient à les désigner comme terroristes.

160. Seul Luc raconte que les autorités juives auraient fait part de cette accusation à Pilate. Selon Marc, Matthieu et Jean, Pilate prend note des faits, sans plainte préalable.

161. Flavius Josèphe, *Antiquités judaïques,* XVII.10.8.

162. Klausner, *Jesu von Nazareth,* p. 490, Jérusalem, 1952 : « Le rusé tyran romain ne voulait pas se priver d'une si belle opportunité de se moquer de tout le peuple juif en faisant porter cette inscription en haut de la croix. Regardez à quelle mort infamante nous, les Romains, avons condamné le prétendu " roi des Juifs " ! » Par contre, Haenchen, *op. cit.,* p. 514, écrit : « roi des Juifs » n'aurait de sens que si Pilate avait voulu se moquer des Juifs.

163. Kolping, *op. cit.,* cite Haenchen, *op. cit.,* p. 663.

164. Haenchen, *op. cit.,* p. 512.

165. Blinzler, *op. cit.,* p. 136.

166. Pesch, *op. cit.,* p. 411.

167. Klausner, *op. cit.,* p. 471 (avec référence à Flavius Josèphe).

168. L'écrivain juif Maccoby, *König Jesus, die Geschichte eines jüdischen Rebellen,* Tubingen, 1982, est d'un avis légèrement différent. Pour lui, Caïphe est un Juif pour qui les intérêts de Rome passent avant ceux d'Israël.
Considérant Jésus comme un agitateur œuvrant contre le régime de l'occupant, il aurait déclenché l'arrestation et fait le nécessaire pour que Jésus soit mis entre les mains des Romains. Ni le Sanhédrin, et encore moins le peuple, n'auraient pris part à cette manœuvre. L'entière responsabilité en incombe à Caïphe seul, traître à son pays.

169. Kümmel, *Dreißig Jahre Jesuforschung : 1950-1980*, p. 402, Bonn, 1985, cite Sadosan.

170. Ben-Chorin, *Mon frère Jésus*, Paris, 1983.

171. Stauffer, *op. cit.*, p. 194.

172. Cette interprétation reste controversée. Mais, si Pilate n'avait pas appartenu au parti de Sejan, la chute de celui-ci n'aurait eu aucune incidence sur Caïphe.

173. De toute manière, la version des paroles qu'aurait prononcées Caïphe devant le Sanhédrin s'éloigne passablement de la réalité, car l'*annexion des terres* n'était certainement pas un sujet d'actualité à cette époque. Les Romains ne se sont emparés du territoire juif qu'après l'an 70 (destruction de Jérusalem par Titus). Les Évangiles sont postérieurs.

174. Lapide, *Wer war schuld an Jesu Tod?*, p. 107, Gütersloh, 1987.

175. Bultmann, *op. cit.*, p. 21 et la suite : Cette possibilité est indirectement évoquée par Kolping, *op. cit.*, qui, de son côté, se réfère à Haenchen, *op. cit.*, p. 688 : « Que les instances politiques des Juifs à Jérusalem aient dénoncé Jésus auprès des Romains, qui se chargèrent alors de l'exécuter en raison de ses activités d'agitateur, semble encore aujourd'hui l'explication la plus vraisemblable. »

176. Blinzler, *op. cit.*, p. 394, a ce raisonnement : si Pilate accorda si facilement l'autorisation de reprendre le cadavre, c'est qu'il aurait prononcé à contrecœur la condamnation à mort. Cette idée se retrouve dans l'*Encyclopaedia Judaica*.

177. Goguel, *op. cit.*, p. 372.

178. Goguel, *op. cit.*, p. 374.

179. Goguel, *op. cit.*, p. 375.

180. Kastning Oldesdahl, *Die Juden der Tod Jesu*, p. 91, Munich, 1980 : « De nombreux chrétiens restent fermement convaincus que ce sont les Juifs qui ont voulu et entraîné la mort de Jésus, parce qu'ils refusaient de le reconnaître comme leur Seigneur, comme le Messie. À certains égards, on dirait qu'il est essentiel pour la conscience chrétienne de pouvoir se démarquer par rapport aux Juifs, ces juges et assassins de Jésus. »

181. Kolping, *op. cit.*, p. 653 ; Küng, *op. cit.*, p. 320 ; Bornkamm, *op. cit.*, p. 143 ; Holtz, *Jesus aus Nazareth*, p. 128, Zurich-Einsiedeln-Cologne, 1981.

182. Kolping, *op. cit.*, p. 269, une corporation aristocratique à tendance politico-religieuse plutôt qu'un parti.

183. Speidel, *Das Urteil des Pilatus*, p. 34, Stuttgart, 1976. Kolping, *op. cit.*, p. 270, semble considérer les scribes comme une troisième fraction autonome du Sanhédrin, tout en indiquant que, « pour la plupart, ils appartenaient au parti des pharisiens ». Il ne partage pas l'opinion de Speidel qui affirme que les pharisiens auraient constitué la « fraction majoritaire » (*op. cit.*, p. 34).

184. Le surnom était vraisemblablement un nom honorifique. Tout comme Kephas, il vient du mot araméen *kepha* (rocher).

185. Hanne avait été nommé grand prêtre par le procurateur Coponius en l'an 6. Il a, par la suite, établi une véritable dynastie de grands prêtres. Même après sa destitution, il continua à exercer une influence politique considérable, jouant le rôle d'*éminence grise.*

186. Les trois prédictions de Jésus visant la Passion (Mc 8.31; 9.31; 10.33) ne sont pas seulement des témoignages de foi, mais constituent de véritables créations de la foi qui animait la communauté *(vaticinia ex eventu)*. Dans les première et troisième prophéties, Jésus annonce qu'il sera condamné à mort par le Sanhédrin; dans la seconde il ne spécifie pas qui sera son exécuteur.

187. Cf. Mt 23.

188. Kolping, *op. cit.*, p. 642. La condamnation à mort est sous-entendue, mais non relatée.

189. Pilate provoque une brisure dans la logique du déroulement des événements. D'après le récit de Jean, après avoir ordonné l'arrestation de Jésus, il aurait exigé des éclaircissements sur le fond de l'action au moment de la remise du prisonnier entre ses mains. Il aurait demandé aux autorités juives de ne pas l'importuner avec cette affaire (Jn 18.29/31).

190. C'est ce que relatent Marc (14.53/54) et Matthieu (26.57/58). Dans une version volontairement différente, Luc omet de mentionner cette session nocturne dans la résidence du grand prêtre, mais parle plutôt d'une réunion du Sanhédrin le lendemain matin (Lc 22.66). Strobel (*op. cit.*, p. 66) en déduit qu'il a dû exister une *tradition primitive* qui distinguait nettement entre l'interrogatoire dans le palais du grand prêtre et la séance décisive dans la grande salle de réunion du Sanhédrin.

191. Cf. Mendelssohn, *op. cit.*, p. 67.

192. Kolping, *op. cit.*, p. 640, estime cependant qu'il s'agit là d'un incident non négligeable.

193. Par exemple Strobel, *op. cit.*, p. 3 et suivante. Il cherche à contourner la difficulté que représentent les énormes, sinon grotesques entorses à la procédure qui pèsent sur le procès de Jésus et en réduisent la crédibilité historique.

194. Le récit de Matthieu ne correspond pas tout à fait. Après la comparution de *nombreux faux témoins* (on ignore tout du contenu de leurs dépositions) apparaissent *enfin deux hommes* qui viennent témoigner à propos de la destruction du Temple. Matthieu ne dit pas qu'il s'agissait de faux témoins; il ne dit pas non plus que leurs témoignages ne concordaient pas.

195. La vue du Temple monumental a dû être saisissante. Hérode le Grand l'avait fait transformer et agrandir. Du temps de Jésus, le Temple de Jérusalem comptait parmi les plus grandes merveilles de l'Antiquité.

196. L'auteur du Livre de Daniel auquel les premiers chrétiens se référaient volontiers à cause de la prétendue prédiction de la destruction du Temple (Dn 9.27; Mt 24.15) n'est plus cité en référence dans l'histoire de l'Église, depuis que Porphyre a prouvé que Daniel ne parlait pas en tant que prophète, mais en tant qu'historien relatant le passé. Wilckens, *Das Neue Testament*, p. 152, Hambourg, 1971.

197. Interprétation de Jean l'évangéliste : *Mais lui parlait du temple de son corps* (Jn 2.21). Ceci est, sans doute, une prédiction de la résurrection *au bout de trois jours.*

198. Cité par Mendelssohn, p. 68.

199. Ben-Chorin, *Mon frère Jésus*, Paris, 1983.

200. Conzelmann, *op. cit.*

201. Kolping, *op. cit.*, p. 642.

202. Bornkamm, *op. cit.*, p. 152.

203. Lapide, *op. cit.*, p. 34.

204. Lapide, *op. cit.*, p. 29-31.

205. Conzelmann, *op. cit.*, p. 646 : « Cette mise en garde respectueuse et bienveillante de la part des pharisiens peut être traitée comme un fait historique, car des acclamations triomphantes de la part des disciples n'auraient pas manqué d'attirer l'attention des occupants. »

206. Schneider, *Ökumenischer Taschenbuchkommentar zum Neuen Testament*, vol. 3/2, p. 387, Wurzbourg, 1979.

207. Conzelmann, *op. cit.*, p. 630.

208. Ben-Chorin, *Mon frère Jésus*, Paris, 1983.

209. Augstein, p. 74 et suivantes, renvoie à Bloch.

210. Même si tel avait été le cas, cela n'aurait eu aucune incidence sur le déroulement du procès, parce que d'après Moïse (Dt 19.15) ce n'est que sur les déclarations de deux ou trois témoins qu'une affaire pouvait être instruite.

211. Blinzler, *op. cit.*, p. 192.

212. Ben-Chorin, *Mon frère Jésus*, Paris, 1983.

213. Kolping, *op. cit.*, p. 645.

214. Ben-Chorin, *Mon frère Jésus*, Paris, 1983.

215. Blinzler, *op. cit.*, p. 151 : « Aucun lecteur non prévenu des deux Évangiles ne peut se défendre contre cette impression... que la réussite ou l'échec des desseins de ses adversaires dépendait de la réponse de Jésus. Si la réponse avait été oui, ils auraient gagné, alors qu'un non aurait détruit tous leurs espoirs. »

216. Blinzler, *op. cit.*, p. 189, cite Shaw qui avait fait la même confusion : « Jésus a été exécuté comme blasphémateur ; il avait prétendu être Dieu... et c'est pour cette raison que Caïphe le juge comme tel alors que de nos jours il serait traité comme psychopathe... Si Jésus s'était trouvé devant un tribunal moderne, il aurait été examiné par deux médecins, on aurait constaté qu'il était obsessionnel, on l'aurait déclaré irresponsable de ses actes et expédié dans un asile psychiatrique. »

217. En Ga 4.4 Paul semble situer l'origine de la filiation divine à un autre niveau.

218. Bultmann, *op. cit.*, p. 18.

219. Bätz-Mack, *op. cit.*, p. 84.

220. *En ce jour-là, je traiterai pour eux une alliance avec les bêtes des champs, les oiseaux du ciel et les reptiles de la terre, je briserai dans le pays l'arc, l'épée et la guerre, et je les ferai reposer avec sécurité.* (Os. 2.20.)

221. Ac. 15.1.

222. Dans l'Antiquité, les récits de miracles faisaient partie du quotidien. Les poètes grecs et romains ont relaté une multitude de miracles accomplis par d'éminents contemporains. Tacite et Suétone rapportent que Vespasien, après avoir été proclamé empereur, aurait guéri un aveugle en Égypte. Craveri (*op. cit.*, p. 120) estime que la fiabilité d'un Tite-Live ou d'un Tacite n'est pas plus assurée que celle des auteurs des Évangiles. On ne saurait donc affirmer, a priori, que les prodiges décrits par les évangélistes constituent une preuve de la divinité de Jésus. De plus, dans l'enseignement théologique, les miracles attribués à Jésus n'ont jamais occupé une place prépondérante. La foi en Jésus peut se dispenser de preuves concrètes que constitueraient les miracles.

223. Wilcken, *Die frühen Christen – Wie die Römer sie sahen*, p. 189, Vienne, 1968.

224. On n'avait pas même concédé un rôle de médiateur à Jésus : *Or, ce médiateur n'est pas médiateur d'un seul. Et Dieu est unique.* (Ga 3.20.)

225. Constantin se convertit à l'arianisme et se fit baptiser en l'an 337, peu de temps avant sa mort. C'est ainsi que le premier empereur chrétien mourut en hérétique.

226. Ben-Chorin, *Mon frère Jésus*, Paris, 1983, fait remarquer que, dès l'ascension au trône, le roi des Juifs est considéré comme le fils nouveau-né de Dieu. Il en va de même pour David : *J'ai trouvé David, mon serviteur, je l'ai sacré avec mon huile sainte... Lui m'appellera : « Mon Père!, mon Dieu! le rocher qui me sauve! » Et moi, je ferai de lui l'aîné, le très-haut parmi les rois de la terre.* (Ps 89.21.27/28.)

227. Kolping, *op. cit.*, p. 641 et suivante.

228. Dans un désir bien évident de ne pas relativiser le caractère extraordinaire de la relation Dieu/fils de Dieu, Luther n'a pas hésité devant une erreur de traduction – Ils seront appelés *les enfants de Dieu.*

229. Curieusement, Paul, Marc et Matthieu semblent tout ignorer d'une Pentecôte chrétienne. Jean fait même coïncider Pâques avec la fête de la Pentecôte.

230. Pour ce qui concerne la réincarnation, les avis sont partagés : Jésus et certains de ses disciples retrouvent Élie revenu sur terre en Jean le Baptiste; d'autres confondent Jésus avec Élie, et d'autres encore voient en Jésus le Baptiste ressuscité (Mt 16.13/14).

231. Cité chez Wilcken, *op. cit.*, p. 208.

232. Cité chez Wilcken, *op. cit.*, p. 215.

233. Harnack, *op. cit.*, p. 92.

234. Küng, *op. cit.*

235. Kolping, *op. cit.*, p. 633.

236. Mackey, *op. cit.*, p. 76.

237. Kolping, *op. cit.*, p. 646 : « C'est la version du Messie propagée par les chrétiens. Cette image de Jésus, tout proche de Dieu (à la droite du pouvoir), devait forcément provoquer la résistance juive. Mais cette interprétation du rôle messianique de Jésus n'a pas pu jouer un rôle déterminant dans la discussion qui opposait Jésus au Sanhédrin. Le récit de Marc ne nous permet pas de comprendre ce qui a bien pu motiver le rejet de Jésus par les représentants de son peuple. »

238. Haenchen, *op. cit.*, p. 514.

239. Bultmann, *op. cit.*, p. 19 et suivante.

240. Lapide, *op. cit.*, p. 31. Deux combattants de la résistance sont cités par les Actes des apôtres (5,36 sq.) : Theudas et Judas le Galiléen.

241. Flusser, *op. cit.*, p. 35.

242. Strobel, *op. cit.*, p. 139.

243. Küng, *op. cit.*

244. Jn 5.1/16; Mc 3.1/6; Mt 12.9/14; Lc 6.6/11.

245. M 1 3.33/36.

246. Landmann, *op. cit.*, p. 123, va jusqu'à expliquer la conquête de la forteresse de Massada par les Romains en l'an 73 par une trop stricte observance des commandements du shabbat par les assiégés.

247. Flusser, *op. cit.*, p. 44.

248. Lehmann, *Jesus-Report*, p. 98 et suivante, Dusseldorf, 1970.

249. Les Évangiles nous fournissent d'autres détails sur ce qui était *pur* et sur ce qu'il fallait considérer comme *impur*, notamment à propos de la guérison des lépreux. Mussner, *op. cit.*, p. 100, traite ce sujet en profondeur.

250. Haim Cohn, *The Trial and Death of Jesus*, New York, 1971.

251. C'est le cas chaque fois qu'un prophète se manifeste pour annoncer des signes et des miracles. Ces prédictions sont généralement associées à des appels pour servir des divinités jusque-là inconnues.

252. Käsemann, *Das Problem des historischen Jesus*, p. 188, Göttingen, 1960.

253. Cf. Mackey, *op. cit.*, p. 79-81 : « Jésus, loin d'être pacifiste, incitait les gens, tout au long de ses activités publiques, à l'action révolutionnaire contre l'occupant. Étant donné son expérience des zélotes, Pilate pouvait de bonne foi considérer les agissements de Jésus comme criminels et susceptibles d'entraîner la peine de mort... »

254. Flavius Josèphe, *Antiquités judaïques,* XVIII 5.2.

255. C'est sous cette dénomination que Pilate est généralement connu ; son véritable titre était *Praefectus Judaeae.*

256. Flavius Josèphe, *La Guerre des Juifs,* II 12.1.

257. Flavius Josèphe, *La Guerre des Juifs,* II 4.8.

258. Le procurateur Ventidius Cumanus (48-52 av. J.-C.) y avait établi ses quartiers lors d'une révolte qui avait éclaté pendant la fête des Tabernacles. Flavius Josèphe, *Antiquités juives,* XX 5.3 ; *La Guerre des Juifs,* II 12.1.

259. Speidel, *op. cit.,* p. 97.

260. Il est certain que la revendication du titre de roi constituait un crime de lèse-majesté à l'égard de l'empereur Tibère. Ben-Chorin, *Mon frère Jésus,* Paris, 1983.

261. Bultmann, *op. cit.,* p. 20.

262. Goguel, *op. cit.,* p. 269. Le récit que font les Évangiles de l'entrée messianique de Jésus à Jérusalem est historiquement très contestable, comme, d'ailleurs tout ce qui est rapporté comme l'accomplissement d'une prophétie. Kolping (*op. cit.,* p. 624) : « L'historicité des acclamations messianiques ne semble pas établie. »

263. Strobel, *op. cit.,* p. 111.

264. Küng, *op. cit.*

265. Le chef du soulèvement juif en l'an 66 sera pourtant un sadduccéen : Éleazar, fils du grand prêtre Ananias.

266. Augstein, *op. cit.,* p. 45.

267. On entend parfois une certaine résonance politico-nationale, par exemple : Mt 10.37 ; Lc 19.11, Lc 24.21.

268. Selon une troisième interprétation du surnom *Iscarioth,* celui-ci aurait pour origine le mot araméen *schekra* ou encore *eschkaria* qui signifie *escroquerie* ou *fausseté.* Donc : *Judas le traître.*

269. Bar-Jona ne signifie pas seulement *fils de Jonas,* mais également *l'homme qui vit dehors* ou encore *hors de la loi. Baryonim* (pluriel de *Barjona*) était une des dénominations des rebelles zélotes. Le grand chef des zélotes, *Judas de Galilée,* était désigné par ce nom.

270. Kolping, *op. cit.,* p. 361.

271. 50 %, si l'on part du chiffre douze.

272. Lehmann, *op. cit.,* p. 123 : « Le véritable zélateur de la foi s'est toujours comporté en zélote face à l'occupant que lui imposait l'Histoire. »

273. Voir également Renan, *Vie de Jésus,* Paris, 1863 (nouv. édit., 1974).

274. Mommsen, *op. cit.*, p. 340 et suivante.

275. Küng, *op. cit.*, p. 179.

276. Mc 7.27; Mt 10.5/6; 15.26.

277. Cf. Mc 12.17 ainsi que l'interprétation très fouillée de Lapide (*Er predigte*, p. 35, 41) : « *Rendez à César ce qui est à César!* Cette courte phrase, lourde de conséquences, a servi aux Pères de l'Église, depuis Augustin, à étrangler dans l'œuf toute véritable émancipation religieuse; le trône et l'autel menant le même combat furent institués gardiens de tout statu quo politique. De ce fait, l'Église d'État devint, pendant quinze siècles, citadelle de la réaction politique... »

278. L'aspiration à la mort est un phénomène qui devait devenir plus tard une des caractéristiques des martyrs chrétiens. C'était l'imitation de la souffrance du Christ : *La souffrance d'une heure leur vaut le salut éternel* (*Le martyre de Polycarpe*, cité par Pagels, p. 143. *Versuchung durch Erkenntnis. Die Gnostischen Evangelien*, Taschenbuch, 1987). Faut-il considérer les martyrs comme héros ou comme masochistes? La question reste posée.

279. L'entrée à Jérusalem n'avait pas donné les résultats escomptés. Bien sûr, il avait été acclamé, il avait trouvé une plus grande audience, mais tout cela était bien loin de son véritable but : conquérir Jérusalem par son enseignement (cf. Goguel, *op. cit.*, p. 279). Mt 23.37 : *Jérusalem, Jérusalem, toi qui tues les prophètes et lapides ceux qui te sont envoyés, que de fois j'ai voulu rassembler tes enfants comme une poule rassemble ses poussins sous ses ailes, et vous n'avez pas voulu!*

280. Flusser, *op. cit.*, p. 81.

281. Est-ce que Jésus, dans ses prières et ses appels à Dieu, s'est toujours adressé à Lui en l'appelant *Abba?* L'avis des exégètes n'est pas unanime. Ce mot ressemble un peu trop à un balbutiement d'enfant, comparable à *papa.*

282. Il s'agit de la cinquième coupe (très controversée dans le rituel) de la fête des Azymes : la coupe de l'amertume et de la mort (Ben-Chorin, *Mon frère Jésus*, Paris, 1983).

283. Cf. Épître aux Hébreux, 5.7 : *C'est lui qui, au cours de sa vie terrestre, offrit prières et supplications avec grand cri et larmes à celui qui pouvait le sauver de la mort.*

284. Klausner, *op. cit.*, p. 457.

285. Küng, *op. cit.*, p. 305.

286. Le récit de Jean est tout autre. Plus trace d'angoisse ni de désespoir : *La coupe que le Père m'a donnée, ne la boirai-je pas?* (Jn 18.11.) On aperçoit un parallèle dans les dernières paroles de Jésus sur la croix : si Marc et Matthieu parlent du cri de douleur : *Mon Dieu, mon Dieu, pourquoi m'as-tu abandonné?*, Jean transforme les dernières paroles en exclamation triomphale : *tout est achevé.*

287. Craveri, *op. cit.*, p. 381.

288. Ben-Chorin, *Mon frère Jésus*, Paris, 1983.

289. Jn 18.34/38.

290. Goguel, *op. cit.*, p. 353.

291. Goguel, cité *in* Blinzler, *op. cit.*, p. 31 et 41.

292. Cité d'après Flusser, *Jesus in Selbstzeugnissen,* p. 41, Reinbek, 1978. Cf. Fiedler, *op. cit.*, p. 12.

293. Aziza in *Journal für Geschichte* 3/86, p. 52 et suivantes.

294. Flavius Josèphe, *Antiquités judaïques,* XVIII 3.1/2.

295. Stauffer, *op. cit.*, p. 99.

296. Trilling, *Das wahre Israel?*, p. 73, Leipzig, 1975.

297. La discordance chronologique par rapport à Marc ne s'explique certainement pas du seul fait que dans l'Antiquité toute estimation de l'heure était approximative.

298. Goguel, *op. cit.*, p. 355.

299. Le théologien Gaechter (cité par Blinzler, *op. cit.*, p. 277, note 3) a élaboré sa propre théorie à ce sujet : lorsque Caïphe avait sollicité auprès de Pilate une protection militaire au moment de l'arrestation, on lui aurait plus ou moins promis que Jésus serait exécuté comme rebelle. Les membres du Sanhédrin pouvaient donc espérer voir Jésus crucifié. Quelle a dû être leur déception, en constatant tôt le matin que Pilate ne se sentait nullement d'humeur à satisfaire leur désir! Kohler, un théologien français, est allé jusqu'à affirmer que Pilate n'avait pas tenu parole parce que sa femme (Mt 27.19) était intervenue en faveur de Jésus (Blinzler, *ibid.*, p. 316, note 45).

300. Blinzler, *op. cit.*

301. Dans son ouvrage *La Passione di Cristo,* l'éminent savant italien Lazzarato affirme que Hérode Antipas aurait basé sa sentence sur le chef d'accusation d'*irresponsabilité* (source chez Blinzler, *op. cit.*).

302. Pilate ne déclare donc pas personnellement qu'il tient Jésus pour le Messie, ni que Jésus se considère comme tel. Seul le peuple est de cet avis.

303. Nestle-Aland, *Novum Testamentum Graece,* Stuttgart, 1979.

304. Grant, *Jesus,* Londres, 1977.

305. Bien qu'il ne parle nulle part d'une éventuelle identité entre Jésus et Barabbas, Kolping, *op. cit.*, p. 654, laisse apparaître un certain scepticisme quant à l'authenticité de la scène.

306. Seul Jean mentionne le fouet utilisé comme moyen pour attendrir les foules. Luc se contente d'évoquer l'intention de Pilate de faire fouetter le prisonnier avant de le libérer. Selon Marc et Matthieu, la flagellation a lieu après l'annonce de la condamnation à mort. En effet, la flagellation se situait dans la première phase du rituel de la crucifixion. Les victimes torturées et martyrisées étaient clouées sur la croix tout comme plus tard les victimes de l'Inquisition chrétienne furent liées au poteau du bûcher dans un état de semiconscience après les tortures subies.

307. Personne ne parle de la couronne d'épines, sinon Jean. L'Évangile de Jean ne nous dit pourtant pas si Jésus portait encore cette couronne sur la croix.

308. Le fait que l'évangéliste laisse parler ici les grands prêtres n'a qu'une signification stylistique ; dans le contexte ils restent les Juifs.

309. Kolping, *op. cit.*, p. 657 : « Le Messie est le vicaire de Dieu. »

310. Blinzler, *op. cit.*, p. 377.

311. Blinzler, *op. cit.*, p. 216 explique : « On peut supposer que Pilate s'est conformé à un usage juif, pour se faire comprendre par un auditoire juif qui dans sa grande majorité ne comprenait pas le grec. »

312. Küng, *op. cit.*, fait remarquer qu'à l'origine la distinction entre le peuple juif et ses autorités était de la plus grande importance. Dans sa signification usuelle, négative, l'expression *les Juifs* apparaît 71 fois dans l'Évangile de Jean et seulement 11 fois dans l'ensemble des autres Évangiles.

313. Klausner, *op. cit.*, p. 467.

314. Lapide, *Wer war schuld an Jesu Tod?*, p. 79, Gütersloh, 1987.

315. Trilling, *op. cit.*, p. 72.

316. Lapide, *op. cit.*, p. 239. Origène avait été condamné en tant qu'hérétique, mais cela n'avait rien à voir avec le commentaire cité ici en référence.

317. Thomas d'Aquin, *Super Evangelium S. Matthei Lectura,* Turin-Rome, 1951 (Marietti 2343) (Com. sur Mt 27.5).

318. Stauffer, *op. cit.*, p. 98 et 101.

319. Blinzler, *op. cit.* Dans une note, p. 314, l'auteur fait état d'une phrase de Ben-Chorin (*Mon frère Jésus*, Paris, 1983) dans le but évident de faire croire au lecteur que les deux auteurs sont du même avis. Ben-Chorin écrit que « nul ne saurait affirmer que ce cri (Mt 27.25) ait véritablement été poussé. Cela ne semble pas impossible, bien que la formulation ait de quoi surprendre ». Sachant bien ce qu'il fait, Blinzler escamote ce que Ben-Chorin affirme (*op. cit.*, p. 209) : « Même en admettant que des criards ou des créatures à la solde de la clique du grand prêtre aient effectivement poussé ce cri, cette explosion d'une colère populaire bien orchestrée ne saurait être mise au compte de tous les Juifs de Jérusalem et des pèlerins accourus des quatre coins du pays et de toute la diaspora, sans parler des Juifs du pays profond qui n'avaient pas la moindre idée de ce qui se passait à Jérusalem. Que dire encore des membres des communauté juives dispersées entre Alexandrie et Rome et de tous les Juifs des générations futures ? »

320. Cela devait changer par la suite. Lorsque, à partir de Constantin, le christianisme l'eut emporté sur le paganisme romain, les empereurs chrétiens estimèrent qu'il leur appartenait désormais de décider en matière de religion et déclarèrent que le paganisme serait désormais considéré comme un crime politique.

321. Mc 12.1/12 ; Mt 21.33/46 ; Lc 20.9/19.

322. Maccoby, *op. cit.*, p. 205.

323. Mayer, *op. cit.*, p. 111 : Ses crimes démesurés avaient valu à Néron d'être condamné à mort par le Sénat. Plutôt que de subir l'exécution, il choisit la voie du suicide. Par décision du Sénat, son nom fut rayé de l'histoire de l'Empire *(damnatio memoriae)*.

324. Mommsen, *op. cit.*, p. 348.

325. On distingue sept sortes de pharisiens, parmi lesquelles six sont considérées comme mauvaises et, seule, la septième (pharisiens d'amour), qui obéit à Dieu par amour, a véritablement droit au titre. Cf. Ben-Chorin, *Mon frère Jésus*, Paris, 1983.

326. Kastning-Oldesdahl, *op. cit.*, p. 99.

327. Kolping, *op. cit.*, p. 268.

328. Voir également Mt 22.35 : Ac 5.34. On peut toutefois supposer qu'il y avait des scribes parmi les sadducéens. Kolping, *op. cit.*, p. 270, désigne les scribes comme un des trois groupes constituant le Sanhédrin de Jérusalem.

329. Ben-Chorin, *Mon frère Jésus*, Paris, 1983.

330. Speidel, *op. cit.*, p. 33.

331. Thoma, cité chez Mussner, *op. cit.*, p. 281.

332. Blinzler, *op. cit.*, p. 427.

333. Fiedler, *op. cit.*, pp. 10 et 17.

334. Lutz, *Der Jude Jesus*, p. 139, Zurich, 1980.

335. Lapide, *Er wandelte nicht auf dem Meer*, p. 44, Gütersloh, 1984.

336. Goguel, *op. cit.*, p. 37 : « Dans la mesure où ils ne s'étaient pas adaptés à la culture gréco-romaine, les Orientaux affectaient un certain mépris vis-à-vis des Romains. »

337. L'antisémitisme des Évangiles que déplorent Rosemarie Ruether, *Nächstenliebe und Brudermord, Die theologischen Wurzeln des Antisemitismus*, p. 101, Munich, 1978, et Charlotte Klein, est encore considéré par des théologiens contemporains, comme Romano Guardini et Michael Schmaus, comme parfaitement normal. Charlotte Klein constate que, pour Romano Guardini, le refus du peuple juif de reconnaître Jésus constitue un événement historique de dimension universelle : s'il n'y avait pas eu ce Non, le règne messianique aurait pu être établi dès cette époque. La négation juive a modifié de fond en comble toute l'histoire du messianisme. Ce refus du peuple d'accepter le Seigneur constitue une deuxième chute, dont la portée ne peut être véritablement comprise que par rapport à la première. Schmaus écrit également à ce sujet : « L'effondrement d'Israël et toutes les persécutions ne sont qu'autant d'appels à la réflexion. C'est uniquement parce que Dieu ne peut pas oublier son peuple, qu'il le punit si souvent et si durement. » Les chrétiens sont les exécuteurs de la colère de Dieu ; c'est Paul qui a donné leur chance aux païens. Leur heure est venue parce que les Juifs ont refusé le Salut et condamné à mort le Sauveur envoyé par Dieu. Depuis, ils subissent la malédiction de Dieu.

338. Une première demande avait été formulée en 1948, immédiatement après la création de l'État d'Israël.

339. Il s'agit d'une insertion relativement tardive et qui semble manquer de tout fondement historique. Kolping, *op. cit.*, p. 662 : « Dans les légendes de martyrs, le martyr ne prie jamais pour ses tortionnaires. »

340. Rahner, cité d'après Lapide.

341. Küng, *op. cit.*

342. Bätz/Mack, *op. cit.*, p. 29.

343. L'authenticité de cette prière reste cependant contestée au sein de l'Église catholique.

Bibliographie

Aufhauser, J. B. : *Antike Jesus-Zeugnisse,* Stuttgart, 1925.
Augstein, R. : *Jesus Menschensohn,* Munich, 1972.
Bätz, K./Mack, *R. : Sachtexte zur Bibel,* Lahr-Munich, 1985.
Ben-Chorin, Sch. : *Mon frère Jésus,* Paris, 1983.
Ben-Chorin, Sch. : *Mutter Mirjam,* Munich, 1971.
Ben-Chorin, Sch. : *Paulus,* Munich, 1981.
Benz, E. : *Der gekreuzigte Gerechte bei Plato, im Neuen Testament und in der alten Kirche,* Wiesbaden, 1950.
Blinzler, J. : *Le procès de Jésus,* Paris, 1962.
Bornkamm, G. : *Qui est Jésus de Nazareth?* Paris, 1973.
Bornkamm, G. : *Paulus,* Stuttgart, 1977.
Braun, H. : *Jesus, der Mann aus Nazareth und seine Zeit,* Stuttgart-Berlin, 1969.
Bultmann, R. : *Jésus,* Paris, 1968.
Burckhardt, J. : *Die Zeit Constantins des Großen,* Stuttgart, 1970.
Carmichael, J. : *Leben und Tod des Jesus von Nazareth,* Munich, 1966.
Cohn, C. : *The Trial and Death of Jesus,* New York 1971.
Conzelmann, H. : *Die Religionen in Geschichte und Gegenwart,* Tubingen, 1959.
Craveri, M. : *Das Leben des Jesus von Nazareth,* Stuttgart, 1970.
Dautzenberg, G. : *Der Jesus-Report und die neutestamentliche Forschung. Eine Auseinandersetzung mit Johannes Lehmanns Jesus-Report,* Wuzbourg, 1970.
Deschner, K. : *Abermals krähte der Hahn,* Dusseldorf, 1980.
Dibelius, M. : *Jesus,* Berlin 1960.
Doerr, F. : *Der Prozeß Jesu in rechtsgeschichtlicher Betrachtung.* Berlin-Stuttgart-Leipzig, 1920.
Drews, A. : *Die Christusmythe,* Jean, 1909.
Edwards, O. : *Chronologie des Lebens Jesu und das Zeitgeheimnis der drei Jahre,* Stuttgart, 1978.
Encyclopaedia Judaica : *Stichwort « Jesus »,* Bd. 10, Jerusalem, 1973.
Flavius Josèphe, *Guerre des Juifs,* Paris, 1970.
Flavius Josèphe, *Antiquités judaïques,* Paris, 1929.
Flusser, D. : *Jésus,* Paris, 1970.
Goguel, M. : *La Vie de Jésus,* Paris, 1932.
Goldschmidt, H.L./Limbeck, M. : *Heilvoller Verrat? Judas im Neuen Testament,* Stuttgart, 1976.
Grant, M. : *Jesus,* Londres, 1977.
Haenchen, E. : *Der Weg Jesu,* Berlin, 1968.
Harenberg, W. (Hrsg.) : *Was glauben die Deutschen?,* Munich, 1968.
Harnack : A. : *Das Wesen des Christentums,* Stuttgart, 1903.
Hengel, M. : *La crucifixion dans l'antiquité et la folie du message de la croix,* Paris, 1980.

Holl, A. : *Jesus in schlechter Gesellschaft,* Stuttgart, 1971.
Holtz, T. : *Jesus aus Nazareth,* Zurich-Einsiedeln-Cologne, 1981.
Jens, W. : *Der Fall Judas,* Stuttgart, 1975.
Jüdisches Lexikon : *Stichwort « Jesus »,* Bd. 3, 1927.
Käsemann, E. : *Das Problem des historischen Jesus,* Bd. 1, Göttingen, 1960. (Traduction *in Essais exégétiques,* Neuchâtel 1972, p. 145-173.)
Klausner, J. : *Jesus von Nazareth,* Jerusalem, 1952.
Koch, W. : *Der Prozeß Jesu,* Munich, 1968.
Kolping, A. : *Fundamentaltheologie,* Bd. II, Ratisbonne – Munster, 1974.
Kroll, G. : *Auf den Spuren Jesu,* Leipzig, 1964.
Kümmel, W.G. : *Dreißig Jahre Jesusforschung : 1950-1980,* Bonn, 1985.
Küng, H. : *Être chrétien,* Paris, 1978.
Lapide, P. : *Fils de Joseph,* Paris, 1978.
Lapide, P. : *Er predigte in ihren Synagogen,* Gütersloh, 1985.
Lapide, P. : *Er wandelte nicht auf dem Meer,* Gütersloh, 1984.
Lapide, P. : *Jesu Tod durch Römerhand? in H. Goldstein (Hrsg.) : Gottesverächter und Menschenfreinde?,* Dusseldorf, 1979.
Lapide, P. : *Mit einem Juden die Bibel,* Stuttgart, 1982.
Lapide, P. : *Paulus, Rabbi und Apostel,* Stuttgart-Munich, 1981.
Lapide, P., Lutz. U. : *Der Jude Jesus,* Zurich-Einsiedeln-Cologne, 1980.
Lehmann, J. : *Jesus-Report,* Dusseldorf, 1970.
Lehmann, J. : *Das Geheimnis des Rabbi J.,* Hambourg, 1985.
Levinson, N.P. : *Nichts anderes als Jude, in : H. Goldstein (Hrsg.) : Gottesverächter und Menschenfeinde?,* Dusseldorf, 1979.
Limbeck, M. : *s. Goldschmidt*
Lutz, U. : *s. Lapide*
Maccoby, H. : *König Jesus, die Geschichte eines Jüdischen Rebellen,* Tubingen, 1982.
Mack. R./Volpert, D. : *Der Mann aus Nazareth – Jesus Christus,* Stuttgart, 1981.
Mackey, J.P. : *Jesus, der Mensch und der Mythos,* Munich, 1981.
Mayer, A. : *Der zensierte Jesus,* Olten-Fribourg, 1983.
v. Mendelssohn, H. : *Jesus – Rebell oder Erlöser,* Hambourg, 1981.
Mußner, F. : *Traktat über die Juden,* Munich, 1979.
Pesch, R. : *Das Markusevangelium, II. Teil,* Fribourg-Bâle-Vienne, 1980.
Schillebeeckx, E. : *Jesus. Die Geschichte von einem Lebenden,* Fribourg-Bâle-Vienne, 1975.
v. Schlotheim, H.H. : *Der Prozeß gegen Jesus von Nazareth,* Hambourg, 1959.
Schmithals, W. : *Ökumenischer Taschenbuchkommentar zum Neuen Testament* Bd 2/1, Wurzbourg, 1979.
Schneider, G. : *Jesus vor dem Synedrium,* in Bebel und Leben, 11. Jg. 1979.
Schneider, G. : *Ökumenischer Taschenbuchkommentar zum Neuen Testament, Bd. 3/2.* Wurzbourg, 1977.
Schonfield, H.J. : *Der lange Weg nach Golgatha,* Bergisch Gladbach, 1978.
Schweitzer, A. : *Geschichte der Leben-Jesu-Forschung,* Bd. 1, Gütersloh, 1977.
Simonis, W. : *Jesus von Nazareth,* Dusseldorf, 1985.
Speidel, K.A. : *Das Urteil des Pilatus,* Stuttgart, 1976.
Stauffer, E. : *Jesus. Gestalt und Geschichte,* Berne, 1957.
Strobel, A. : *Die Stunde der Wahrheit. Untersuchungen zum Strafverfahren gegen Jesus,* Tubingen, 1980.
Swidler, L. : *Der Jude Jesus. Theologische Implikationen für Christen, Ms. für die Sendereihe des Südwestfunks « Begegnungen mit dem Judentum »,* 1980.
Trilling, W. : *Jésus devant l'histoire,* Paris, 1966.
Jesu, Dusseldorf, 1966.
Trilling, W. : *Gegner Jesu – Widersacher der Gemeinde – Repräsentanten der « Welt », in H. Goldstein (Hrsg.) : Gottesverächter und Menschenfeinde?,* Düsseldorf, 1979.
Trilling, W. : *Das wahre Israel,* Leipzig, 1975.
Vardiman, E.E. : *Die Frau in der Antike,* Dusseldorf, 1982.

Wilckens, U. : *Das Neue Testament (Wilckens-Bibel),* Hambourg, 1971.
Winter, P. : *On the Trial of Jesus,* Berlin – New York, 1974.
Wolff, H. : *Jesus der Mann. Die Gestalt Jesu in tiefenpsychologischer Sicht,* Stuttgart, 1975.
Zahrnt, H. : *Es begann mit Jesus von Nazareth,* Stuttgart, 1960.

Index des noms (excepté celui de Jésus)

Index des citations bibliques

Évangile selon Marc (Mc)

Table des matières

DEUXIÈME PARTIE
LES FAITS INCRIMINÉS

DISPONIBLES AUX ÉDITIONS
LIANA LEVI

ALBUMS

Giannalberto Bendazzi, *Woody Allen*
Laura Delli Colli, *Les Métiers du cinéma*
Pierre Dumayet, Denis Pessin, *Les Aventures de Petit-Beur*
Jean Glavany, *La Joconde et Platini*
Jean-Jacques Lévêque, *La Peinture amoureuse*
Denis Pessin, *Tout fout le trac*
Gilles Plazy, *Les Aventures de la peinture moderne*
Gilles Plazy, *Cézanne ou la peinture absolue*

HISTOIRE
(Collection « Les Reporters de l'Histoire »)

1871 : La Commune de Paris
La Femme au XIXe siècle
La France colonisatrice
Le Sport à la une

ROMANS ET NOUVELLES

Paul Chatel, *Le Château des étoiles*
Robert Daley, *Le Parfum du danger*
Henri Danon, *Une rue à traverser*
Andrea De Carlo, *Oiseaux de cage et de volière*
Marie-Odile Delacour & Jean-René Huleu, *Sables* (le roman de la vie d'Isabelle Eberhardt)
Gérard Delteil, *Le Miroir de l'Inca*
Isabelle Eberhardt, *Yasmina et autres nouvelles algériennes*
Mickey Friedman, *Masque vénitien*

Primo Levi, *Lilith*
Primo Levi, *Le Fabricant de miroirs*
Valerio Manfredi, *Palladion*
Jean Marcy, *Siho – Le Singe au cerveau d'homme*
Itzhak Orpaz, *La Mort de Lysanda*
Itzhak Orpaz, *Fourmis*
P. M. Pasinetti, *De Venise à Venise*
P. M. Pasinetti, *Demain, tout à coup*
Ibrahim Souss, *Loin de Jérusalem*

ESSAIS ET TÉMOIGNAGES

Giorgio Amendola, *L'Île, mémoires d'un exil*
Uri Avnery, *Mon Frère, l'ennemi*
Françoise Coutou, *Affronter l'école*
Nando dalla Chiesa, *Meurtre imparfait* (l'affaire dalla Chiesa)
Roland Passevant, *Morte par hasard, tout à fait par hasard*
Jacobo Timerman, *Israël au Liban, la guerre des consciences*

POLICIERS
(Collection « Triangle jaune »)

Noël Balen, *La Musique adoucit les meurtres*
Jean-Michel Béquié, *Lumière cendrée*
Gérard Delteil, *Festin de crabes*
Michel Grimaud, *42, Rue Saint-Sauveur*
Jean-Michel Guenassia, *Pour Cent millions*

CET OUVRAGE A ÉTÉ COMPOSÉ
ET ACHEVÉ D'IMPRIMER SUR ROTO-PAGE
PAR L'IMPRIMERIE FLOCH À MAYENNE
EN JANVIER 1989

N° d'édition : 43 : N° d'impression : 27390.
Dépôt légal : janvier 1989.
(Imprimé en France)